글로벌금융위기

남중헌 지음

UUP

글로벌 금융위기

2009년 11월 15일 초판 인쇄
2009년 11월 20일 초판 발행

지은이 | 남중헌
펴낸이 | 김도연
펴낸곳 | UUP(울산대학교출판부)

출판등록 | 제370-1996-000001호(1996.3.13)
주소 | 680-749 울산광역시 남구 대학로 102
전화 | (052) 259-2488
팩스 | (052) 277-3011
홈페이지 | http://uup.ulsan.ac.kr
e-mai | press@mail.ulsan.ac.kr

값 11,000원

ISBN 978-89-7868-196-4 03320

책머리에

지금 인류사회는 전 세계의 영역에 걸쳐서 반복적으로 밀어닥치고 있는 "글로벌 금융위기"라는 거대한 경제 쓰나미의 근본 속성과 그 불확실성 때문에 엄청난 공포 속에 휩싸여 우왕좌왕하고 있는 실정이다. 이 경제적 대재앙들은 기업이나 국가를 집어삼키고 또한 수많은 인명들을 가난과 기아로 몰아가고 있다. 그리고 이러한 대규모의 경제적 지각 변동으로 말미암아 수많은 개인과 기업 그리고 정부의 흥망 성쇄가 크게 좌우되는 기로에 놓이게 되었다.

오늘날 일반적으로 일컬어지고 있는 이 글로벌 금융위기는 왜 발생하였을까? 도대체 그 본질적 정체가 무엇이며 또한 그 근본적인 발생의 원인은 무엇인가? 이것이 이제 끝나가는 단계인가 아니면 오히려 이제 단지 조금 시작했을 뿐인가? 이러한 경제적 대재앙의 규모는 결국 어느 정도가 될 것이고 인류의 피해는 어디까지 일까? 이 글로벌 금융위기는 앞으로 어떤 방향으로 진행될까? 혹시 이것이 계속 반복되고 더욱 증폭되지나 않을까? 그리고 결국 그 종착점과 결과는 무엇일까? 개인, 기업, 정부 및 전 세계는 이러한 현재 및 미래의 상황을 어떻게 대처해야 옳을까? 그리고 지금 우리 정부가 접근하는 방식은 과연 옳은가? 이제 계속 꼬리를 물고 제기되는 수많은 궁금한 점들을 피할 수 없었고 이것을 근본적으로 규명해 볼 중요성은 너무나 크다고 할 것이다.

이 책에서는 글로벌 금융위기에 대하여 단편적이거나 피상적인 현상들이 아닌 주로 향후 그 확대적 반복성의 근본적인 속성을 파악하는데 관심을 집중시켰다. 우리가 지금 경험하고 있는 글로벌 금융위기의 현상은 어쩌면 빙산의 일각에 불과하고 사실상 엄청난 구조적 폭발성이 숨겨져 있는 더 큰 근원을 살펴보는 것이 필요하다. 기존의 경제학은 그 자체가 갖는 전문적 좁은 시각 때문에 광범위하게 진행되는 글로벌 금융위기 현상을 제대로 사전에 예측하거나 또한 충분한 대책을 제시하기에 한계에 부딪힘을 보게 된다고 본다. 필자는 경제학이나 경영학 등의 개별적 분과학문적 접근으로는 이 글로벌 금융위기의 현상을 충분히 파악하기에 결코 충분치 못하다고 생각하고 있다. 이제는 나무만 보는 것 뿐 만이 아니라 숲도 함께 보는 종합적인 시각이 필요한 것이다. 즉 이러한 글로벌 금융위기 현상의 이해를 위해서는 경제학이나 경영학 등의 분과학문적 전문적 관점 뿐 만이 아니라 반드시 여러 분야의 학문이 함께 협력하는 연계학문적(interdisciplinary approach)가 요청되고 있다고 본다.

이 책에서는 최대한 이러한 종합학문적 시각의 사고방식에 근거하여 기술혁신에 의한 생산양식의 대변동, 잉여금의 금융자본화 과정, 자유시장경제체제의 세계질서, 공권력을 무력화시키면서 무섭게 질주하는 세계총자본 덩어리의 증식과정의 모순, 모럴해저드의 심화과정, 전 세계의 빈익빈부익부 현상, 극심한 스테그플레이션의 가능성, 기업환경의 대변동 그리고 글로벌 금융위기의 반복성에 대한 미래의 전망 등을 체계적으로 정리해 보려고 한다.

세계총자본의 덩어리는 이 세상에 고귀하고 가치 있는 많은 것들을 자유시장경제체제 속으로 편입시켜서 무자비하게 파괴하였기에 이제는 오히려 그 대가를 치르면서 상당 부분이 스스로 붕괴되고 있는 것이다. 자원을 고갈시키고 환경을 파괴하며 고상한 윤리, 학문, 종교 및 문화를 상업적으로 타락화시키고 또한 지구상의 수많은 사람들을 가난과 기아로 고통 받게 만들었다. 그러나 이제 이러한 모순의 반작용이 부메랑처럼 다시 되돌아 오고 있는 과정인 것이다. 이를 비유적으로 말하자면 다음과 같이 표현할 수 있다. “힘센 사자들이 약한 짐승들을 거의 다 잡아먹었다. 그래서 사자의 수가 지나치게 많아 졌다. 그러나 그 다음은 사자들이 굶어 죽어야 하는 차례가 되었다”.

이 책을 쓰는데 중국 쏭홍빈의 화폐전쟁에 관한 주장, 서울대학교 최혁 교수의 금융이론, 토플러의 견해, 왈렌스타인의 종속이론, 시로의 월드시스템 및 코넬 교수의 빈곤에 대한 견해에 많은 영향을 받았다. 그리고 많은 동료 교수들 사이의 열띤 토론이 큰 도움을 주었다. 특히 이론과 실무에 밝으신 울산대학교의 김성환 교수와의 대화는 매우 유익하였다. 이 책 내용의 거의 대부분은 물론 본인의 독창물이 아니라 타인들의 견해를 여기저기에서 빌려와 이들을 종합화한 것이다. 여러 논문, 책, 신문, 잡지, 매스컴 등의 관련 기사들을 최대한 열심히 인용하거나 소화하여 엮은 것이며 필자 스스로 가설적인 이론 모형을 만들어서 이 각각의 내용들을 해석해 보거나 또는 역으로 이 이론 모형을 검증하는데도 사용하였다. 그러나 만약 이 책 내용 중에 어떤 오류라도 발견된다면 이는 전적으로 나의 실수나 책임일 뿐이다. 끝으로 책을 출간하는데 지원과 도움을 주신 울산대학교 당국에게도 감사드린다.

2009년 11월

연구실에서

저자 남 중 헌 씀

차례

7. 부록

1. 서브프라임모기지론의 부실문제

글로벌 금융위기의 시발점

화산이 폭발했을 때 이것이 처음이자 마지막이라고 생각하는 사람들이 있는가 하면 반면에 이것은 앞으로 더 크고 엄청난 대폭발을 예고하는 단순히 작은 예비 조짐일 뿐이라고 생각하는 사람들도 있을 것이다. 오늘날의 경제 상황에 대한 필자의 생각은 후자의 경우와 같다. 최근에 세계경제가 큰 위기에 빠진 세칭 “글로벌 금융위기”이라는 이 현상은 단순한 빙산의 일각에 불과한 시작일 뿐이며 실제로는 앞으로 더 놀라운 경제의 지각변동과 대폭발을 초래할 잠재성과 반복성을 갖고 있다고 본다. 그리고 이것의 후속적 충격은 인류의 대다수를 엄청난 가난과 고통의 질곡으로 몰아넣을 것으로 본다. 이 때문에 정치적으로도 자유 민주주의가 실종되고 극우 파시즘이나 극좌 프로렐타리아 국가 독재 체제가 다시 등장할 가능성도 많다. 이번 글로벌 금융위기는 미국 부동산의 폭락으로 빚어진 경제적 불황이 파생상품의 복잡성, 상호연결성과 스피드 거래로 말미암아 전 세계의 대공황으로 급속히 번져 갔고 각 나라의 금융기관들이 위태로운 글로벌 금융위기 현상을 경험하게 된 것이다.

최근 이 글로벌 금융위기는 경기부양 정책으로서 방대한 화폐량의 공급으로 유동성을 증가시켜서 일시적으로 문제를 해결한 듯이 보인다. 그러나 근본적인 문제가 해결되지 않은 채 돈의 거품으로 발생한 돈 거품의 붕괴를 다시 돈으로 채워 넣는 방식이라는 점이다. 따라서 여기에는 더 큰 엄청난 폭발성의 문제가 도사리고 있다. 세계경제는 이러한 미봉책 편법으로 모순적 상황을 누적시키고 있으며 마치 브레이크가 고장난 차가 절벽으로 질주 하듯이 위험한 파국으로 향하여 더욱 가속도를 내고 있는 형국이다. 그 근본적인 문제점을 개괄해 보면, 첫째, 도덕적인 문제를 그대로 안고 가기 때문에 금융설계기술은 더욱 교묘하게 진화하고 그 파국의 반복이 계속될 것이라는 점이다, 즉 모랄 해져드의 문제가 해결되지 않았기 때문에 앞으로 더욱 과감하게 모험적으로 더 큰 돈 거품이 만들어지고 또한 다시 더 극심하게 붕괴될 가능성이 내재해 있다는 점이다. 둘째, 하이퍼인플레이션으로 말미암아 화폐발행권자의 부도덕한 세계부의 강탈행위와 전 인류의 가난 및 구매력 하락으로 전반적인 세계적 경기침체 현상이 불가피하다는 것이다. 셋째, 세계총자본덩어리인 국제금융재벌세력들이 자신들의 자본의 효율적인 재증식을 위하여 돈을 풀어 돈 거품을 조성한 다음 그 돈을 갑자기 회수함으로서 파산한 기업이나 자산들을 아주 헐값으로 매수하는 전략을 반복 사용한다는 점이다. 즉, 돈 거품의 붕괴와 동시에 세계적인 구매력 감퇴가 결합하여 빚어내는 제2의 글로벌 금융위기 및 제 3, 제 4 등의 글로벌 금융위기가 계속 닥쳐올 것이라는 점이다. 세계경제는 적정한 인플레이션으로 부동산 및 자산의 가격이 지나치게 폭등하거나 하락하지도 않는 적정선을 유지하면 이 글로벌 금융위기의 반복성을 막을 수 있을 것이다. 그러나 이 세계의 경제 메카니즘은 이것이 근본적으로 불가능한 여건을 갖고 있다. 넷째, 세계의 자유주의 금융질서에 대한 국가 공권력 통제를 강화하자는 움직임 있지만 오히려 이 기회에 국제금융재벌세력의 중심이며 화폐발행권을 장악하고 있는 미국연방이사회(FRB)가 세계 여론 및 입법조치를 이용하여 그 금융통제권마저 점령하는 형국을 보이고 있다. 이 책은 이러한 글로벌 금융위기의 더 심각한 미래의 반복성에 대한 필자의 예상을 보다 종합적인 시각을 갖고 체계화 해 보고자 시도 한 것이다.

여기서는 우선 이 글로벌 금융위기의 시발이 되는 직접적인 원인이 되는 사건부터 먼저 살펴보자. 2007년부터 시작된 부동산 가격의 하락과 동시에 방대한 서브프라임모기지론(subprime mortgage loan)의 부실채권 문제 때문에 미국의 'New Century Financial'와 Lehman brothers Holding's Inc. 등의 파산으로 그 시발점이 되었다고 일반적으로 일컬어지고 있다. 이 서브프라임모기지론은 신용도가 낮은 저소득층을 대상으로 한 리스크가 큰 미국의 비우량 주택담보대출을 의미한다.

2000년대 들어와서 과잉유동성공급 및 최저금리정책으로 미국내 부동산이 계속 급상승세를 타면서 2006년도에야 그 절정을 이룬다. 2003년 경기회복기에 들어섰음에도 불구하고 미국의 중앙은행인 미연방준비제도이사회(FRB)의 앨런 그리스펀이 지속적으로 계속 금리를 인하함으로서 부동산의 버블이 극도로 커지고 또한 이 때문에 버블붕괴가 결국 서브프라임모기지(비우량주택담보대출)발 글로벌 금융위기가 터졌다는 비난도 일고 있다. 이러한 미국의 저금리정책의 환경에서 경쟁적으로 과도한 비우량 주택담보대출을 해 온 시장의 상황이 2004년 6월부터 갑자기 긴축으로 돌변하자 부동산 가격의 폭락으로 변하고 공교롭게도 2006년 갑작스러운 금리의 대폭 인상으로 서브프라임모기지론을 이용한 고객들이 대거 원금과 이자를 갚지 못하는 사태가 빚어진 것이다. 이 때부터 2년동안 기준금리가 0.25% 포인트씩 17차례 상승하여 2006년 말에 5.25% 올라가서 한동안 고정된다. 이와같이 FRB가 줄기차게 기준금리를 올림에 따라 모기지 이자율도 상승하였다. 2006년 4월 말 30년 만기 모기지 대출의 고정이자율이 6.6% 수준까지 치솟게 된다. 특히 신용도와 소득이 낮은 사람들에게 대부분 변동이자율로 대출해 준 서브프라임모기지(sub-prime mortgage) 대출의 연체율이 가파르게 증가하였다. 그리고 크고 작은 모기지 대출회사들의 무너지면서 금융시장의 지각변동을 일으킬만한 대폭발의 조짐이 나타나기 시작하였다. 연체율 증가, 부실채권발생, 모기지 회사의 부도 등으로 점차 투자은행들의 모기지 대출의 증권(MBS)을 덜 사게 되고 모기지 회사들도 모기지 대출을 할 동기가 줄어들어 이는 다시 부동산 구매수요의 감소와 가격하락을 초래하는 악순환의 길로 들어서게 되었다. 이 때 FRB가 의도적으로 부동산 버블을 만들어 이를 붕괴시겼는지는 잘 알 수가 없다. 그러나 2006년 초부터 부동산 가격이 하락한 조짐이 분명히 보이기 시작했음에도 불구하고 2006년 6월 말에 기준금리를 5.25%로 다시 한번 높이는데 열중한 것은 의심스럽기 그지없다(최혁, 2009, pp.120-121). 이러한 "유동성과잉공급 직후 긴급자금회수전략"이 경제에 미치는 결과에 대하여 예상하는 것은 그리 어렵지 않는 일이므로 이는 국제재벌금융세력들의 자본재증식과정이며 미국의 FRB가 이러한 세력들에 의하여 장악되어 움직인 작전이었다는 주장들이 제기되고 있다. 뿐만 아니라 이 글로벌 금융위기 때문에 이 기회에 달러의 화폐발행권을 가진 FRB가 무제한의 통화발행을 하여 세계적인 인플레이션을 조장하는 대가로 최대의 수혜자가 된 것만은 사실이다(쑹훙빈, 화폐전쟁, 2009). 이 글로벌 금유위기라는 기회를 통하여 미국의 세계적인 주요한 투자은행과 보험회사 그리고 주요기업들이 사실상 FRB의 지배하에 들어가게 되었다.

부동산가격의 하락은 미국의 경제 및 세계 경제가 침체국면으로 빠질 것이라는 불안감 때문이다. 그러한 이러한 불황의 경향을 느끼는 심리적 공포감의 형성에 더욱 불을 지핀 가장 주요 요인으로서 결코 간과할 수 없는 것은 2008년도에 무려 배럴당 160달러 이상으로 오르던 오일가격이 촉발한 측면도 매우 클 것으로 사료된다. 이러한 유가 폭등은 그동안 과다담보대출채권의 부실과 고위험 파생상품의 투자로 대규모 손실을 본 미국의 투자은행과 헷지 펀드들이 이를 만회하고자 석유자원의 투자 및 독점을 시도한 결과라고 해석되기도 한다. 그러나 어쨌든 오일가격의 인상으로 말미암은 세계 전반적인 인플레이션의 경향은 이자율의 인상을 가져와 은행의 예금유치와 주택 대출을 보다 어렵게 하고 기존 주택대출 채권의 부실을 양산 하였다.

갑작스러운 부동산 가격 폭락으로 손실을 입은 거대한 부실채권으로 말미암아 미국의 대규모 투자은행들이 부도위기에 몰리고 따라서 미국의 경제의 심장인 금융 메카니즘이 마비되자 수많은 기업들의 도산되거나 심한 구조조정으로 실업자 수가 급증하게 된 것이다. 그리고 실직한 개인들의 신용파탄은 다시 상업은행들의 파산위기로 몰아가고 있다. 이는 또한 미국에서 전반적으로 구매력이 줄고 총수요가 격감함에 따라 더욱 심각한 대공황의 경기침체를 경험하게 된 것이다. 즉 금융시스템과 소비구조가 동시에 붕괴하게 된 것이다.

미국의 이러한 대공황의 급박한 위기 상황은 바로 전 세계로 부터 달러의 대규모의 흡수 및 고갈을 초래하였다. 많은 국가들이 국제적 기축통화인 달러의 예상 밖의 갑작스러운 부족으로 국가부도, 지불 불능의 외환위기에 처하게 되었고 이는 결국 전 세계에 심각한 신용의 공황을 초래하였다. 개인, 기업, 은행, 정부들이 위기 및 불확실성에 대처하고자 각자 달러 현금 보유액을 더욱 증가함에 따라 국제통화의 유동성 위기가 크게 증폭된 것이다. 뿐만 아니라 미국의 불황으로 인한 미국의 해외 수입의 감소는 특별히 수출에 의존하는 세계 각국의 경제에 큰 타격을 주었으며 대공황의 경제침체가 전 세계로 확대해 가는 조짐을 보인 것이다. 우리나라도 역시 지금 이러한 이유로 외환위기 및 수출액 격감의 큰 어려움을 겪었던 것이다.

서브프라임모기지론

서브프라임 모기지(Subprime mortgage)는 미국의 주택담보대출 중의 하나로서 신용도가 낮은 저소득층에게 고금리로 대출해 주는 것을 일컫는 말이다. 미국의 주택담보대출은 프라임(Prime), 알트-A (Alternative A), 서브프라임의 3등급으로 구분한다. 프라임등급은 신용점수가 660점 이상으로 신용도가 좋고 수입이 안정적인 개인을 대상으로 하는 담보대출이고 알트-A는 신용점수가 대개 620~650의 중간정도의 개인을 대상으로 하고, 서브프라임은 신용점수가 620점 이하로서 고정수입증빙서류가 없는 부채가 많은 저소득층을 대상으로 하는 주택담보대출이다. 이 중에서 서브프라임 등급은 부실위험이 커서 대개 프라임 등급보다 대출금리가 2~4% 정도 더 높다. 이들은 대개 600만 명의 미국빈곤층과 신용상태가 불량한 가난한 이

민자들이었다(소에지마다카히코, 2008, pp.11-12).

미국의 부동산, 특히 주택가격은 1990년 중반부터 금융자유화의 한 방편인 규제완화와 낮은 이자율 때문에 계속 가파르게 상승하여 왔다. 장기간의 부동산 가격의 지속적인 상승은 금융기관이 저소득층에도 주택구입자금을 대출해도 채권회수에 문제가 없을 것이라는 믿음을 점점 강하게 갖게 되었고 주택가격은 앞으로 결코 떨어질 리가 없다는 인식이 미국인들의 머릿속에 각인 되어 보다 부자가 되기 위하여 적극적으로 은행에 주택담보대출을 신청하게 된 것이다. 그리고 이러한 부동산의 불패신화는 비단 미국 뿐만 아니라 영국 등 유럽의 선진국, 중국, 한국 등 아시아의 국가에도 사람들의 머릿속에 종교처럼 자리 잡고 있었다(최혁, 2009, pp.3-4). 그리고 이러한 상황은 전 세계가 미국 FRB로 하여금 기축통화인 달러화의 유동성과잉 공급의 요청을 하는 요인이 되기도 한다

2000년대 들어서면서 유동성과잉과 저금리정책으로 부동산 가격이 더욱 급등하자, 이에 편승하여 모기지론업체들이 주택담보대출에 지나치게 상호 경쟁을 하고 저소득층에게도 무리한 대출을 해 주어 주택을 구입하게 했다. 그 결과 미국주택담보대출시장에서 서브프라임 등급이 차지하는 비중이 2002년 말 3.4%에서 2006년 말에는 13.5% 로 급상승 했다. 2006년 말의 프라임모기지는 7조 8000억달러, 알트-A는 1조 2000억달러, 서브프라임모기지는 1조 4000억달러 정도였다.

그러나 급상승하던 집값이 하락세로 돌아서고 공교롭게도 동시에 2004년 이후 미국연방준비은행(FRB)에서 정책목표금리를 17차례에 걸쳐 1.0%에서 5.25%로 대폭 올렸다. 그러자 이자부담이 커져서 저소득층이 원리금을 제때 갚지 못하게 되었다. 특히 서브프라임모기

지는 처음 2년은 낮은 고정금리를 적용하다가 이후 28년간 변동금리로 전환하는 “변동모기지”가 80% 이상을 차지해서 채무자가 빚을 갚기 더 어려웠다. 그리고 정상금리보다도 더 낮은 이자를 지급하며 차액은 대출원금에 계산되는 네거티브 상환(negative amortization)으로 부동산이 오를 것이라는 기대감과 현금의 여유 능력 이상의 집을 구매하는 경향이 있게 되었다. 그러나 집이 잘 팔리지 않자 이자를 갚지 못하는 저소득층의 서브프라임 연체율이 무려 20%나 급상승 했다. 이와 같이 부동산 가격이 하락하면서 금융기관들의 재무건전성의 중대한 문제가 불거지기 시작한 것이다. 그 결과 2007년 4월 7200명의 직원을 거느린 미국 제2의 서브프라임모기지 회사인 뉴센츄리파이낸셜(New Century Financial)이 파산하면서 이른바 “서브프라임 모기지 사태”가 일어났다. 이 회사는 모기지 풀(morgage pool)의 손실을 은폐한 범죄혐의로 조사를 받기도 하였다.

더군다나 더욱 심각한 상황은 금융기관들은 수익 실적을 극대화 시키기 위하여 홈에쿼티론(Home Equity Loan)에 의한 대출 확대를 시도 했다는 점이다. 홈에쿼티론은 집값을 담보로 1차 담보대출이 이루어진 후 이를 제외한 나머지 주택의 가치를 다시 담보로 해 추가 대출을 받는 이른바 2차 대출이다. 이 2차 대출은 은행의 채권회수의 우선순위가 후순위로 밀린다. 따라서 주택의 값이 하락하여 차입금 이하의 가격으로 처분되면 대출회수 가능성이 크게 낮아지기 때문에 홈에쿼티 은행이 부실을 고스란히 떠안게 된다. 이러한 2차 주택담보대출은 집값이 계속 하락할 때 홈에쿼티 은행의 손실이 커져 더욱 더 금융시장이 불안해지는 원인이 된다.

우리나라 은행들이 주택담보대출 및 부동산 담보 대출을 할 경우는 대개 감정가격의 60%이하로 대출 상한을 하기 때문에 거의

100%를 대출해 준 미국과는 판이하게 안정적이다. 이렇게 보수적으로 운영하는 우리나라 은행들의 대출 관행은 정부 경기부양 정책을 할 때는 몸을 사려서 정부 정책에 역행하는 모습을 보이기도 하겠지만 반면에 글로벌 금융위기가 닥칠 때에 우리나라 금융기관의 재무 건전성이 상대적으로 좋와서 이를 잘 견뎌내고 있는 큰 장점이 되고 있다.

주택담보부대출증권(MBS)과 부채담보부증권(CDO)

주택을 담보로 대출을 해준 은행이나 회사들이 돈을 빌려주고 채무자로부터 받은 채권을 주택담보대출채권이라 한다. 그리고 이 채권은 금융기관의 입장에서는 자산이 된다. 그러나 이 모기지 업체들은 돈을 빌려줬기 때문에 그만큼 당장 융통할 수 있는 자금이 부족해져 주택담보대출채권을 자산 유동화 시키는 별도의 회사에 팔아서 그 대신 현금을 얻는다. 즉 이는 자산의 가치를 유동화의 실현을 통하여 증식시키는 방법이기도 하다. 모기지담보부채권(MBS)은 모기지 채권의 거래를 편리하게 하는데 크게 기여하였다. 원대출의 은행은 담보대출의 유동성 문제를 해결하고 채무이자 수입과 채무리스크를 동시에 투자자에게 넘긴 셈이다.

이 별도의 자산유동화회사들은 원차입자의 신용도에 따라서 몇 그룹으로 나눈 다음 각 그룹의 주택담보대출채권을 담보로 새로운 주택담보대출증권(MBS, Morgage-backed Securities)을 발행해 투자은행 같은 곳에 팔고 그 대금을 원대출의 은행으로 넘긴다. 그리고 이 MBS를 산 투자은행들은 다른 금융기관이나 헤지펀드(hedge fund)

혹은 일반투자자들이 들 수 있는 펀드 같은 것으로 만들어 다시 투자자들에게 판매한다. 국민들의 거주 공간의 안정성을 확보하도록 주택보급률을 높이는 것이 일반적으로 각 나라의 주요 정책 목표가 되고 있다. 미국 정부도 은행들이 장기 모기지 대출의 위험을 부담하지 않으려고 주택구입 대출을 꺼려하는 경우의 문제를 해결하기 위하여 획기적인 방법을 적용하였다. 즉, 루스벨트(Franklin oosevelt) 대통령의 요청에 의하여 미 의회가 1938년 패니매(Fannie Mae)라는 정부기구를 만든 것이다. 패니매는 주택 모기지 시장에 유동성을 공급하기 위한 목적으로 설립된 것으로서 정부보증을 받은 모기지들을 매입하는 것이 주 임무였다. 개인에게 직접 모기지 대출을 해 주는 은행과 같은 기관은 아니지만 은행의 자산인 모기지를 매입함으로서 패니매가 은행에 자금을 공급하여 유동성을 확충하는 역할을 하게 된 것이다. 은행들은 이로서 모기지 대출에 따르는 위험을 정부로 전가할 수 있으며 모기지 대출을 망설이지 않고 적극적으로 시행하며 이익을 높일 수 있는 기회를 갖게 된 셈이다. 가령 채권시장에서 미국 정부와 같은 신용도 수준을 이용하여 2%의 저금리 자금을 차입한 다음 8% 고금리를 주는 모기지 자산을 은행으로부터 매입하여 6%의 금리차익을 취하는 등의 방식이다. 패니매는 주택모기지 시장의 대출확대에 큰 기여를 하게 되었다.

패니매는 당초에 정부기관이었으나 지금은 사기업체의 조직으로 바뀌고 또한 독점적인 지위를 경쟁적으로 바꾸기 위하여 1970년에 같은 성격의 프레디맥(Freddie Mac)을 설립하였다. 패니매와 프레디맥은 은행이나 모기지 업체로부터 모기지를 직접 매입하는 것 외에도 1995년 서브프라임 모기지 담보채권 즉, 서브프라임 MBS를 매입하는 것도 허용되었다. MBS에 대한 수요가 확대되면 모기지 대출을 하는 은행과 전문 모기지 회사들에 대한 자금공급이 증가하게 된다. 그리고 이들 기관들의 대출여력이 증가되니 일반인들에 대한 모기지 대출도 증가할 것이다. 이와 같이 모기지 직접매입과 MBS 채권의 매입 둘 다 주택시장의 활성화 시키는 역할을 한다.

패니매와 프레디맥은 전 세계 투자자들에게 모기지 채권을 발행하여 빌린 자금으로 미국은행이나 모기지 대출 업체로부터 모기지 대출을 매입하는 방식으로 전 세계의 자본시장과 미국부동산 시장을 연결시킨 것이다. 이 두 회사가 발행하고 전 세계의 투자자들이 보유하고 있는 모기지 채권들은 최대 5조 달러가 넘었다. 그리고 두 회사가 매입하거나 보증하고 있는 모기지 대출은 최대 6조 달러로 미국 모기지 시장의 절반이나 차지하고 있었다(최혁, 2009, pp.198-200).

뿐만아니라 1968년 미국 정부는 패니매를 민영화하면서 보통 지니매(Ginnie Mae)라고 불리우는 국영기업이 설립된다. 지니매는 정부가 지원하는 모기지 관련 채권들을 보증하는 기관이다. 그리고 이렇게 보증받은 MBS를 패스쓰루(path-through MBS)라고 부른다. 패니매나 프레디맥 처럼 정부후원기업(GSE, government sponsored enterprise)이 발행하는 MBS의 경우에는 그 안전성을 신용도가 높은 미국 정부가 암묵적으로 보증하는 것이기 때문에 채권시장에서 잘 받아들여진다. 그러나 MBS를 발행할 목적으로 설립된 별도의 자산유동화회사 혹은 전문모기지회사들의 경우 자신들의 신용만 가지고 MBS를 발행해 봐야 이를 시장에 내다 팔기가 쉽지 않다. 그러므로 이 때 전문적인 보증기관에 수수료를 내고 MBS의 안정성에 대한 보증을 받게 되는데 지니매가 바로 이런 보증기관이다. 이 경우 지니매가 미국 정부기관이나 마찬가지이기 때문에 채권시장에서는 지니매의 보증을 받으면 매우 안전하다고 판단하게 된다. 이처럼 지니매는 대출채권을 증권화(secuitization)하는 과정에서 중요한 역할을 한 것이다. 이 증권화는 비유동적인 자산을 시장에서 쉽게 거래될 수 있는 유동적인 증권으로 바꾸는 유동화의 의미를 갖는다. 이로서 월가의 투자자들이 위험도가 높은 서브프라임 MBS까지도 매입해 줌에 따라 전문 모기지 회사들이 서브프라임 모기지 대출을 통해 한 때 크게 성장할 수 있었던 것이다. 그런데 지니매는 미 정부가 공식적으로 지원하는 일부 대상의 서민, 아메리칸인디언, 제대군인 등에 대한 모기지로부터 만들어진 채권을 보증하는 기관이기 때문에 일반적인 서브프라임 모기지에 대한 보증은 특정 하나의 산업에만 특화한 채권 보증 회사인 모노라인(monoline)이 맡게 된다. 모노라인의 보증을 받게 되면 채권의 원금이나 이자를 못 받게 되는 경우에 이 모노라인이 대신 갚아 주기 때문에 보증 받은 채권의 등급은 모노라인의 등급수준으로 올라가게 된다. 모노라인은 원래 지불불능상태가 거의 되지 않는 주정부나 지방자치단체가 발행한 채권을 보증하는 것이 주 업무 이었기 때문에 특히 대형 모노라인은 AAA의 대체로 높은 신용등급을 갖고 있었다. 그러나 이 모노라인이 위험한 서브프라임모기지에 뛰어든 뒤에도 여전히 높은 신용평가를 받은 점에 문제점이 있다. 2006년도에 모노라인의 보증채권은 3조 달러에 이르며 모노라인의 총 자본금은 이 보증 채권 금액의 150분의 1도 되지 않아 근본적으로 부실채권이 발생할 경우 보증에 대한 문제 해결 능력을 모노라인이 갖고 않다.

MBS는 은행의 자산으로 묶여 있던 모기지 대출이 채권으로 변신하여 전 세계의 미국 국민들에게 더 많은 모기지 대출을 얻게 하는데 기여 하였다. 즉, 이로서 전 세계의 자본시장과 미국부동산 시장 사이의 연결고리가 만들어진 것이다. 지니매와 모노라인은 전 세계

투자자들을 위해 보다 안전하고 유동성 있는 증권으로 만들었다. 지니매와 모노라인은 글로벌 자본을 미국 주택시장으로 끌여 들어 미국 국민들에게 더 많은 모기지 대출을 얻게 하는데 기여하였다. MBS에 대한 유통시장이 본격적으로 형성되면서 모기지 대출도 크게 늘어나게 된 것이다. 이와 같이 서브프라임 모기지 시장이 지나치게 커질 수 있는 여건이 된 것은 비단 금융기관의 책임만이 아니다. 미국 정부 자체도 사실상 앞장서서 대출채권의 증권화 및 유동화 시장을 부축이며 앞장섰던 것이다. 뿐만 아니라 미국은 1986년 조세개혁법을 통하여 모기지 대출금에 대한 지급이자 부분을 과표에서 빼서 그만큼 세금을 줄여주는 방식으로 모기지 시장을 활성화하고 주택 대출을 장려하기도 하였다(최혁, 2009, pp.68-81).

그리고 주택 모기지 외에도 각종 부동산대출, 학자금, 자동차구입대금, 신용카드대출금 등 자산의 흐름이 있는 모든 곳에는 이와 비슷한 방법으로 새로운 증권을 만들어 내며 우리는 이런 증권들을 통칭하여 ABS(Asset-backed Security)라고 부른다. 사실상 MBS는 ABS의 일종인 셈이며 ABS는 MBS보다 더 일반적인 영역으로 확대한 것이다. 고도의 파생금융상품의 설계, 채권보증회사의 보증, 신용평가회사의 신용등급의 세 가지 요소에 힘입어 서브프라임 모기지 MBS도 매우 매력적인 금융상품으로 전 세계로 날개 돋힌 듯이 팔려 나갔다.

투자은행 혹은 특수목적회사들은 ABS와 다양한 종류의 여러 채권들을 함께 묶어서 하나의 풀(pool)을 만들고 이 풀 전체를 대상으로 만약의 채권부실의 문제가 생겼을 경우의 채권회수의 우선순위(seniority)가 서로 다른 새로운 증권을 만들어 낸다. 이 때 채권 풀을 담보로 CDO를 발행한 투자은행 혹은 특수목적회사들은 발행수수료와 관리비용을 받는다. 이와 같이 채권회수의 우선순위가 다르게 뽑아낸 각각의 증권들을 트랜치(tranche)라고 부른다. 그리고 가장 우선 순위가 낮은 것을 지분트랜치(equity tranche)라고 하며 이 경우는 원금과 이자를 돌려 받지 못할 고위험 때문에 이 증권의 매입자에 고이자를 지불하게 된다. 우선순위가 가장 높은 것을 시니어트랜치(senior tranche), 우선 순위가 중간 쯤 되는 것을 메자닌트랜치(mezzanine tranche)라고 부른다(최혁, 2009, pp180-181). 이런 방식으로 만들어진 증권들을 부채담보부증권(CDO, Collateralized Debt Obligation)하며 이는 위험도 수준에 따라 여러 등급으로 나눈 MBS 및 ABS 등의 풀을 담보로 발행하는 2차 증권이다. 그런데 이러한 MBS, ABS 나 CDO와 같은 상품을 모두 파생금융상품이라고 한다.

MBS를 CDO로 전환하면서 서브프라임 모기지론이나 홈에커티론의 부실성이 상당히 은폐된다. CDO를 사려는 투자자는 CDO의 배경에 있는 자산들의 구체적인 내용을 알기가 매우 어려워진다. 무디스(Moody's), S&P(Standard & Poor's)나 피치레이팅스(Fitch Ratings)와 같은 신용평가기관들이 저급 CDO의 상품의 등급을 AAA수준으로 높이 평가하면 일반적으로 고위험 고수익의 파생상품이 오히려 저위험 고수익의 파생상품으로 둔갑하게 되어 안심하고 매매하게 된다. 여기에 관련 금융관계 엘리트들의 탐욕과 재량의 남용과 사기성이 엿보이는 부분이다. 그리고 여기에 신용평가기관들이 부도덕성에 말려들 위험이 있는 부분이다. 신용평가회사들이 채권투자자로부터 수수료를 받는 것이 아니라 채권발행자로부터 수수료를 받는 것이 큰 문제점이 있다. 따라서 신용평가회사와 채권발행자 사이에 불법적인 유착관계가 맺어질 가능성이 크다. 이 문제를 극복하기 위하여 앞으로 신용평가회사는 그 평가 결과에 대하여 경제적 책임을 지도록 하며 만약 책임능력이 없으면 평가할 자격이 없도록 하는 것이 옳다. 이러한 접근 방법은 신용평가가 기존의 명성을 이용하여 부정이나 사기행각을 벌이는 것을 막으며 평가에 신중함을 기하도록 하는 데 도움이 될 것이다.

더 나아가 더군다나 신용부도스와프(CDS, Credit Default Swap) 계약을 맺으면 채무자는 돈을 빌리기 쉬워지고 채권자는 보험료만 지급하면 채무 불이행의 위험을 없앨 수 있다. 따라서 채권이 부도가 났을 때 이를테면 AIG와 같은 보험회사의 제 3자가 사전에 정한대로 손실을 보장해 주기 때문에 CDO가 CDS와 결합하여 오히려 더욱 안심하고 고수익을 올릴 수 있는 인기 파생상품으로 인식되기도 한다. CDS는 구체적인 CDO의 매입과는 상호 결합되지 않고 각 등급별 어느 CDO의 위험 부담을 보증하는 보험증서와 같은 것이다.

글로벌 금융위기는 공권력의 통제의 불가능한 상황을 찾아 새로운 영역 및 새로운 형태의 금융상품으로 진화한 결과로서 나타났다고도 볼 수 있다. 금융상품에 대하여 유동성과 신뢰도를 2가지 요소를 결부하여 높임으로서 더욱 더 그 가치를 증대시키고 큰 이익을 낳을 수 있다. 전문모기지회사나 패니매나 프레디맥, 투자은행들이 담보 채권의 증권화 및 파생상품을 개발함으로서 유동성을 높여 금융상품의 가치증식 및 이익을 추구하였다. 또한 지니매, 보험회사, 신용평가사들은 불확실성이나 위험도가 낮추고 그 대신 신용도를 높여서 그 금융상품의 가치 및 이익을 추구하여 왔다.

리먼브러더스(Leman Brothers Holdings) 사태

리먼브러더스(Leman Brothers Holdings)는 부실자산담보채권을 사들여 CDO를 발행하는 투자은행 중 하나였으며 이러한 파생상품의 공격적인 거래 때문에 부도를 당한 것이다. 2008년 9월 15일 158년의 역사를 자랑하던 투자은행서열 4위의 리먼브러더스 그룹의 지주회사인 리먼브러더스홀딩스가 최소한 750억 달러의 자기자본을 추가조달해야 한다는 비관적인 전망과 함께 뉴욕법원에 파산보호신청을 낸 날이다. 미국 정부는 그전에 앞서 2008년 9월 7일 주택유동화증권을 매입하는 은행인 패니매(Fannie Mae)와 프레디맥(Freedie Mac)을 국유화 하면서 이들의 손실을 보전하는데 각각 1000억 달러의 유동성자금을 긴급 쏟아 붓기도 하였다. 부동산 가격이 폭락하면서 모기지 채권의 가격이 전반적으로 하락하자 이 패니매와 프레디맥 두 회사의 자본잠식으로 주가도 크게 떨어지게 된다. 그리고 이 두 회사가 발행하는 모기지 채권들의 할인발행의 요구로 자금조달비용이 높아졌다. 또한 자금부족으로 이 두 회사가 은행이나 모기지 대출회사들로부터 매입하는 모기지 규모를 줄이게 되고 대출위험 때문에 모기지 이자율을 높이게 된다. 개인들은 높은 이자율 때문에 더 이상 주택 매입하는 것을 꺼리게 되고 연체율과 모기지 부도가 늘어나 주택가격, 모기기 채권 가격, 은행들의 자산가치 하락현상이 동반적으로 일어난다. 은행들은 BIS 기준을 맞추기 위하여 더욱 모기지 채권을 처분함으로서 모기지채권 가격이 더욱 폭락하는 연쇄 악순환이 나타났고 패니매와 프레디맥은 더욱 높아진 자금조달비용 때문에 파국으로 치닫고 있었던 것이다. 2008년 11월말까지 미국정부는 이 두 회사가 결코 무너지도록 방치할 수 없는 공공성 때문에 결국 무려 7440억 달러를 추가적으로 더 투입하게 된다(최혁, 2009, p.206). 이 때의 1차 2차의 유동성자금은 FRB가 화폐발행하고 미국정부가 이를 채권형식으로 빌려서 제공한 것이므로 그만큼 사실상

이 두 은행도 FRB의 지배하에 떨어졌다고도 볼 수 있다.

그리고 이미 상업은행인 JP모건체이스가 미국 정부로부터 300억 달러의 지원을 받아 투자은행 서열 5위인 베어스턴스(Bear Sterns Companies Inc, BSC)를 인수하였다. 베어스턴스는 부채를 많이 얻어서 서브프라임 모기지에 대거 투자했다가 손실이 확대된 레버리지 효과(leverage effect)의 함정에 걸려들어 헤지펀드 두 개가 2007년 7월 17일 파산했던 것이다. 그러나 리먼브러더스의 경우는 미국 정부로부터 구제금융을 받지 못한 채 결국 파산하고 만 것이다. 이 리먼브러더스는 부문별로 쪼개져서 매각되었는데 주로 영국의 바클레이즈가 2008년 9월 16일 17억 5천만 달러에 미국과 캐나다 자본시장 부문을 인수하고 22일 일본의 노무라가 아시아 태평양 지역의 사업을 인수가격을 알리지 않고 산다는 발표를 하였다. 그리고 29일에는 뉴버거버만(Newberger Beman) 자산운용회사를 메인캐피탈(Main Capiatal)과 헬만 프리드만(Hellman & Friedman)에게 21억 5천만 달러에 매각한다는 발표를 하였다. 우리나라 한국산업은행은 리만브러더스가 파산 직전에 25%의 지분을 40억~50억 달러에 살 의향을 비친 적이 있었지만 파산 직후에는 이것이 국내의 정쟁(政爭)의 대상이 되어 곤욕을 치르는 바람에 다시 인수전에 뛰어들지를 못한 바가 있다(최혁, 2009, pp.20-30).

리먼브러더스가 몰락한 이후 약 2달 반 동안 대출시장은 거의 얼어붙어 버리고 수 많은 금융기관들이 동반 파산하는 위기에 봉착하게 되고 대기업들도 생사의 기로에 놓이게 된다. 그리고 같은 2008년 9월 15일 94년 역사를 가진 투자은행 서열 3위인 메릴린치(Merrill Lynch)도 500억 달러에 BOA(Bank of America)에 긴급으로 팔렸다. 이 날을 기점으로 전 세계가 바닥을 알 수 없는 글로벌 금융위기의 수렁으로 빠져들게 된다. 그리고 금융위기가 실물경제의 침체 및 개인들의 신용위기로 이어지게 된다(최혁, 2009, p.2). 투자은행 세계 1위와 2위의 지위를 경쟁하던 모건스탠리(Morgan Stanley)와 2위인 골드만삭스(Goldman Sachs)도 9월 21일 미국 FRB의 지원 하에 투자은행에서 은행지주회사로 그 형태를 바꾸게 된다. 독립적인 투자회사로 살아가기를 포기하고 상업은행을 자회사로 갖는 은행지주회사로 전환한다고 선언하게 된 것이다. 은행지주회사가 되면 FRB(연방준비은행)의 자금을 사용할 수 있기 때문에 큰 위기에 봉착하지는 않았지만 미래가 불안했던 골드만삭스마저 은행지주회사로 전환한 것이다. 서브프라임 모기지 채권에 대한 공격적인 투자 및 위험관리의 실패가 이들 투자기관들의 심각한 자본잠식을 초래하여 유동성위기에 빠진 것이다. 이때 골드만삭스의 경우는 부채가 자기자본의 30배가 넘는 상황이었다(최혁, 2009, pp.207-208). 이러한 금융위기의 기회에 FRB는 모건스탠리와 골드만삭스에게 자금을 공급하면서 FRB는 사실상 미국의 대부분의 투자은행들을 지배하게 되었다는 사실에 주목할 필요가 있다. FRB의 입장에서 기존의 투자지분관계 및 새로운 지배구조확대의 논리가 파산이냐 지원이냐를 결정하는 잣대가 되었으리라 추정된다. FRB의 무제한 화폐발행 및 화폐공급의 배경 하에서 이 FRB의 투자은행들이 미래에 더욱 모험적으로 과감하게 금융사업을 진행할 터전을 닦아 놓은 셈이다. 어쨌든 이로서 오랫동안 금융의 전문성과 권위를 자랑하던 독립적인 5대 대형 투자은행이 사실상 모두 지상에서 사라지게 된 셈이다. 그리고 9월 25일 상업은행이었던 미국의 최대의 저축은행인 워싱턴 뮤추얼(Washington Mutual)이 JP모건체이스에게 넘어갔다. 그리고 29일 미국의 시가총액 4위인 상업은행인 와코비아(Wachovia)가 웰스파고(Wells Fargo &

Co)에 매각된다.

미국에서는 1929년 대공황을 겪으면서 보다 안정적인 금융시장을 만들기 위하여 글래스스티걸법(Glass-Steagall Act)을 1933년에 제정하였다. 이 법의 주요골자 중 하나는 은행을 상업은행(commercial bank)과 투자은행(investment bank)으로 분리하여 각자의 고유영역에서만 영업활동을 하도록 하는 것이다. 전자의 상업은행은 예금을 받고 대출을 해 주는 것이 주요한 업무인 반면, 후자의 투자은행은 고객을 위해 주식, 채권과 같은 증권의 발행 또는 매매를 돕고 수수료를 받는 것이 주요한 업무이다. 주식거래 중개와 같이 한국의 증권회사들이 하고 있는 업무가 투자은행의 전통적 업무영역에 속한다. 미국이 이러한 글래스스티걸법을 제정하여 상업은행과 투자은행을 분리한 이유는 투자은행 상업에 내재되어 있는 위험이 예금을 받아 운영하는 상업은행의 사업과 섞여 예금자들이 피해를 입는 것을 방지하기 위한 것이다. 서민들을 포함하여 수많은 예금자들을 상대하는 상업은행은 그 안정성이 매우 중요하다. 따라서 상업은행은 투자은행에 비하여 더욱 엄격한 법적 행정적 규제를 받고 있다. 투자은행은 비교적 느슨한 규제를 받아왔으며 고도의 금융기법의 발달과 함께 고위험 고수익의 모험이 가능한 여건이 만들어져 급속히 성장하게 된다. 그리고 기업의 인수 합병, 파생상품의 개발 및 거래, 각종 유가증권 및 기업에 투자 등도 업무영역으로 하였다(최혁, 2009, pp.50-51). 그러나 이 투자은행들의 모럴 해쩌드가 이번 글로벌 금융위기를 일으킨 핵심 원천이라고 볼 수 있다.

투자은행들은 헤지펀드를 설립하고 투자자를 모아 여기에 고수익율의 CDO를 고가로 판매하였다. 부동산 값이 상승 중에서는 이러한 헤지펀드가 투자은행의 수익을 창출하는 주요한 원천이 되었고 또한 상업은행은 헤지펀드에게 이 CDO를 담보로 많은 대출을 해주었다. 그러나 이 대출은 상업은행이 부실채권을 근거로 은행이 마치 화폐를 발행하는 성격을 갖는다. 헤지펀드는 레버리지 이익을 위하여 상업은행으로부터 대출받은 금액으로서 투자은행으로부터 더 많은 CDO를 고가로 매입하였으며 투자은행은 CDO 매출 수익을 증가시키기 위하여 역으로 더 많은 원대출 은행으로 하여금 더 많은 서브프라임 대출자들을 끌어오도록 유인하게 된다. 미국재무부 통계에 의하면 2004년에서 2007년 사이의 CDO 발행액은 무려 7500억 달러 이상이 된다.

미국의 월가는 미래의 캐시프로우(cash flow)가 있는 곳이면 언제나 증권을 만들 수 있다는 생각에 익숙해 있다. 그러나 CDO는 향후 위험이 발생할 확률이 크기 때문에 그 돌파구를 마련할 필요성이 생겼고 대출자의 계약위반에 대한 유사 보험의 성격인 신용부도스와프(CDS, credit default swap)의 상품을 개발하였다. CDO 투자자가 CDS 위약 리스크를 부담하는 비용만 더 낼 수 있으면 투자은행들이 분기별로 지급하는 위약보험금을 받을 수 있다. CDS는 채권이 부도가 났을 때 제 3자가 사전에 정한대로 손해를 보상해 주는 파생상품이다. 보험과 비슷한 것으로서 가령 A은행이 B기업에 돈을 대출해 줄 때 C금융회사와 신용부도스와프 계약을 맺고 C금융회사에 수수료를 지불하면 B기업이 돈을 갚지 못하게 되더라도 C금융회사로부터 정해진 보상을 받는 것을 말한다. 이런 신용부도스와프가 활성화되면 채무자는 돈을 빌리기 쉬워지고 채권자는 보험료를 지급하면 채무 불이행의 위험을 없앨 수 있다(소에지마 다카히코, 2008, p.17). CDS를 매도한 기관은 프리미엄(premium)을 받는 대신에 채권이 부도가 나서 손실을 보게 되면 그 손실액을 보전해 주게 된다. 따라서 이 때의 프리미엄이 CDS 가격이 되는 셈이다. 부도위험이 큰 채권일 수록 CDS프리미엄이 높다. 국가신인도에 따라 국가CDS 프리미엄의 수준이 결정되기도 한다. 그러나 전체적으로 CDS 발행자들의 이러한 보험지급능력의 한계를 넘어설 수 있는 원초적 채권 부도의 크나큰 금융시장의 잠재위험을 투자자들이 간과하기 때문에 이는 매우 아슬아슬한 게임이 아닐 수 없다. 더구나 리스크만 감수하면 안정된 캐시플로우를 얻을 수 있는 합성CDO(Synthetic CDO)도 발행되었다. 이러한 얽히고 설킨 파생상품의 게임은 주택하락으로 합성 CDO의 고수인 리만브러더스의 파산을 가져오고 연이어 투자은행의 도미노식 부도사태를 가져오게 되었다. CDS를 대량으로 발행하여 그동안 고수익을 챙겼던 세계 최대의 보험회사인 AIG도 대규모 부실채권에 대한 책임을 질 능력이 없어 큰 위기에 처하였다. AIG는 세계 최대의 보험회사로서 얽히고 설킨 금융 거미줄의 한복판의 위치에 있다. 130개국에 걸쳐 7400만명의 고객을 갖고 있으며 11만 6천명의 직원을 두고 있는 거대한 규모의 모험회사이다. 비행기리스로부터 자동차보험에 이르기 까지 다양한 사업과 연관되어 있으며 많은 자회사를 두고 있다. 만약 AIG가 파산하게 되면 보험가입자의 피해는 당연하겠지만 CDS가 휴지조작이 되어 전 세계의 금융기관에 연쇄반응을 일으킬 가능성은 매우 높다고 하겠다. 채권시장이 붕괴되며 그 가격 폭락으로 수 많은 금융기관들의 자산가치 감소로 부도사태가 되거나 극도의 대출긴축의 상황으로 돌입할 것이다. 결국 AIG의 파산을 그대로 방치할 수 없어 FRB는 2년 만기의 대출형태로 850억 달러 규모의 구제금융을 제공하면서 미 정부로 하며금 주식 80%을 소유하게 하였다(최혁, 2009, pp.215-216). AIG도 향후 미 정부의 경영책임하에 두면서 사실상 FRB의 지배하에 떨어진 것이다.

CDS가 이렇게 위험 투성임에도 불구하고 은행들이 CDS를 많이 사는 인센티브가 된 이유는 국제결제은행 회원국 은행들은 8%이상으로 BIS비율(혹은 자기자본비율)을 맞추어야 한다는 1988년도에 맺어진 바젤협약(Basel Bank Capital Accord) 때문이다. 각 나라의 금융규제 당국은 이후에 보완된 바젤II의 새로운 협약에 근거하여 보유채권에 대한 CDS를 사면 보유채권의 위험가중치를 CDS 매도기관의 신용등급의 위험가중치로 변경하는 것을 허용하였다. 즉, 은행들은 CDS를 이용하여 BIS기준을 높일 수 있게 되었기 때문이다. 또한 BIS기준을 맞추기 위하여 은행들은 CDO채권을 매도하거나 신용등급이 높은 금융기관으로부터 CDS를 다시 사야 한다. CDO의 매물이 많이 나오면 CDO의 가격이 떨어지고 이러한 CDO를 보유하던 은행들은 평가손실 때문에 자본이 줄게 되어 다시 CDO 채권을 매도하거나 신용등급이 더 높은 금융기관으로부터 고가의 프리미엄을 주고 CDS를 다시 사야 한다. 이와 같은 연쇄반응의 악순환으로 CDS는 전 세계의 금융기관을 연결시키면서 상호얽혀 있는 그 준거자산의 규모가 매우 방대하게 된다. 그리고 CDS를 많이 발행한 금융기관이 무너지거나 큰 기업이 한번 도산하면 큰 스케일의 신용위기 및 금융위기를 초래할 시스템위험(systemic risk)을 근원적으로 갖고 있다.

CDS는 채권부도에 대한 위험을 부담하고 그 대신 주기적으로 프리미엄을 챙길 수 있는 새로운 사업의 영역으로 등장하여 2007년도 말에는 그 준거자산(reference asset)이 무려 58조 달러에 이르는 CDS 전성기를 이루었다. 더구나 이 CDS는 새로운 금융설계의 성격 때문에 아직까지 정부의 규제를 거의 받지 않았다. 증권이 아니기 때문에 미국 증권거래위원회(SEC)의 권한 밖에 있었고 또한 보험과 유사한 성격을 갖고 있지만 일반적인 보험의 형태가 아니기 때문에 보험업에 적용되는 규제도 받지 않았다. 결국 규제의 사각지대에 놓인 것이다. CDS 거래를 일일이 정부에 보고할 의무도 없었다. 따라서 통계도 제대로 잡히지 않았고 누가 누구와 얼마를 거래했는지도 알 수가 없어서 매우 불투명한 시장이 되어 버린 것이다. CDS를 매도하는 기관들은 다양하다. 신용등급이 높은 은행이나 보험회사, 채권보증회사인 모노라인, 헤지펀드도 ADS를 많이 사고 팔았다. 그리고 CDS의 준거자산으로는 일반 은행채, 정부발행 채권, MBS, ABS, CDO도 많았다(최혁, 2009, pp187-196). 그러나 ADS를 대거 발행했던 AIG가 큰 위험에 처한 것은 ADS와 함께 CDO를 매입했던 투자자들이 경쟁적으로 CDO를 내놓기 시작하면 CDO의 진정한 가격이 30%도 되지 않는다는 사실이 드러날 수도 있기 때문이다. 3조 달러 규모의 CDO 시장이 붕괴되면 약 50조 달러에 이르는 다른 신종 파생상품 시장도 지각변동을 일으킬 수도 있다. 더군다나 전 세계적으로 파생상품이 커버하는 원초자산의 총액의 무려 약 600조 달러에 달하기 때문에 이것이 언제든지 갑자기 폭발하여 정상적인 세계의 실물경제의 흐름을 크게 왜곡시키면서 외환위기의 쓰나미를 몰고 올 수 있음을 늘 염두에 두어야 할 것이다. 금융의 통제가 불가능한 자유방임적인 무정부상태가 가져온 혹독한 대가가 아닐 수 없다. 우리나라의 경우는 아이러니칼하게도 아직 선진화된 국제 파생금융상품에 대한 이해가 깊지 않는 무지 덕분에 투자가 적어 그 글로벌 금융위기의 타격이 상대적으로 적었고 그 직격탄을 피했다고 볼 수 있다. 뉴욕대 루비니 교수는 이와 같이 금융시스템이 심각하게 손상을 입은 미국의 경제가 서서히 죽어갈 것이라는 전망을 하고 있다. 앞으로 1000개 이상의 은행이 파산하고 세계경제가 더블딥(double dip)에 빠질 것으로 예상하고 있다. 지금의 무분별한 경기부양책은 단지 단기적인 일시적인 미봉책이며 이는 오히려 미래의 위기를 초래할 독이라고 보고 있다(조선일보, 2009. 9.15).

모럴해쩌드(Moral Hazard)의 문제

자신이 모든 책임을 부담해야 하는 경우라면 할 수 없는 일도 누군가가 대신 그 책임을 져 준다면 이를 하게 되는 경우에 도덕적 해이 혹은 모럴 해쩌드의 문제가 생긴다. 금융기관들이 과도한 탐욕 때문에 과잉대출과 위험한 파생상품을 만들어 거래하였다면 그러한 고위험 고수익의 모험 행위 결과에 대하여 적합한 책임을 지는 것이 마땅할 것이다. 그러나 글로벌 금융위기를 빚어내었던 미국 뉴욕월가의 금융기관들은 엄청난 평가손실로서 부도위기에 처했음에도 불구하고 미국정부의 구제공적자금 혹은 FRB의 긴급대출프로그램으로 부실채권을 사주거나 보증함으로서 죽지 않고 살아났으며 오히려 해외에 투자할 수 있는 여력까지 생길 정도의 단기간 방대한 유동성 자금을 확보하게 되었다. 예를 들어 미국 정부가 JP모건체이스가 파산 직전 베이스턴스를 인수할 때 이를 주선해 주고 막대한 구제자금 지원까지 해준 것은 투자은행들의 도덕적 해이를 부추긴 결과가 되어 투자은행들은 물론 다른 금융기관들이 적극적으로 자구노력을 할 인센티브를 빼앗은 꼴이 된 것이다. 정부가 한 은행을 도와주면 다른 은행들도 똑 같은 도움을 기대하게 된다. 리먼브러더스 파산도 이러한 도덕적 해이의 영향을 받은 결과라고도 할 수 있다.

만약 베이스턴스 처리에 미국 정부가 관여하지 않았더라면 어땠을까? 아마도 은행들이 더 신속하고도 강도 높은 구조조정을 하거나 자본을 확충하여 향후에 투입되는 정부의 공적자금 혹은 국민의 세금을 줄일 수 있었을 것이다. 게다가 은행뿐만 아니라 자동차 회사 등 대기업들도 향후 정부가 지원해 주는 환상을 접고 더 뼈를 깍는 구조조정을 사전에 단행했을 것이다. 그러나 현실은 성공하면 투자은행의 금융인들이 고액의 보수를 취하고 반면에 실패하게 되면 정부가 대신 책임져 주는 요상한 꼴이 된 것이다. 미국 정부가 모기지나 모기지 관련 채권들을 금융기관으로부터 매수하는 접근도 같은 문제점을 지니고 있다. 금융기관의 대차대조표로부터 부실채권을 떼어내 금융기관들을 건강하게 만들고 부실채권을 납세자에게 떠넘기는 접근이기 때문이다. 이렇게 보면 임기응변으로 문제를 해결하기 위하여 미 정부가 도덕적 해이를 부추긴 어리석은 일을 한 것이라고 볼 수 있다(최혁, 2009, pp.13-19). 그리고 미국이 우리나라가 IMF 외환위기에 처했을 때 우리 정부가 구제자금을 투입하여 우리 금융기관이나 기업들을 부도로부터 살리려고 할 때 이는 도덕적 해이라고 펄쩍뛰면서 부르짖었던 것을 생각하면 이들이 얼마나 위선적인 이중적인 접근을 하는지 알 수 있다. 앞으로 미국 정부의 충고는 반드시 곧이곧대로 들을 것이 아니라 늘 비판적으로 선별하여 받아 들어야 할 것이다.

2004년 4월 28일 미국의 증권거래 위원회(SEC, Securities and Exchange Commission)는 투자은행의 자회사인 증권회사들의 자본 규제를 풀어 투자은행 본사가 서브프라임 모기지 시장에 적극 참여 하여 MBS나 CDO 등 금융상품에 투자할 수 있는 기회를 마련해 주었다. 이 자본규제안에 관한 요구안을 SEC에 제출한 사람이 당시 골드만삭스의 회장인 폴슨(Henry M. Pauson)이며 그는 2년 뒤 미국의 재무장관이 되었다. 그는 현 버냉키 FRB의장과 함께 2007년 7월 JP 모건체이스의 베어스턴스 인수과정에 깊숙이 개입하여 투자은행의 구조조정을 방해함으로서 대마불사(大馬不死)의 나쁜 전례를 남겼지만 2008년도에 미국 글로벌 금융위기를 처리하는 주역이 되었다(최혁,2009, pp.101-102). 2008년 10월 14일 폴슨 재무장관은 1250억 달러를 BOA, JP모건체이스, 웰스파고, 골드만삭스, 모건스탠리, 메릴린치, City그룹, Bank of New York Mellon, State Street의 9개 대형은행의 주식을 사는데 투입하며 은행의 국유화를 전부 혹은 부분적으로 시도하였다. 그리고 또 다른 1250억 달러를 8500개의 작은 은행들의 자본에 투자할 계획을 나타내었다. 그리고 은행이 새로 발행하는 채권에 대해선 1조 5천억까지 미 정부가 지급보증하며 중소기업들이 주요 이용하는 이자가 붙지 않는 예금의 경우에는 5000억 달러까지 지급 보증하겠다고 발표하였다. 이는 FRB가 찍어낸 달러 화폐를 미국 정부가 채권의 형식으로 빌려가 은행에 투자 및 지원하는 것이다. 그리고 점차 폴슨은 이러한 국유화 정책을 보험회사들까지로 확대시킨다(최혁, 2009, pp.27-239). 따라서 이는 미 정부 및 미 국민들은 채무자로 전락되어 정부지원이라는 명의만 빌려줄 뿐 사실상 미국의 대부분의 금융기관들이 국유화라는 의미 하에 FRB의 지배하에 들어간다는 의미이다. 미국 정부도 실질적으로는 세계재벌금융세력인 FRB의 자본과 권력의 영향 하에서 움직이는 꼴이다. 일련의 모든 과정을 보면 FRB가 웬지 미국 및 세계경제에 마치 병 주고 약 주는 식의 각본을 실행하는 듯한 암시를 준다. 그리고 미 정부의 대형 은행의 국유화 과정은 영국이 시도하는 방법에 똑같이 발 맞춘 것인데 이는 FRB의 자본덩어리 기반이 영국의 중앙은행과 똑같은 뿌리이기 때문이라고 나타난 동일한 움직임이라고 여겨진다. 그리고 미국의 폴슨이란 인물은 이러한 FRB의 이해관계와 계획을 위하여 가장 충성스럽게 실천하는 중심적 인물로 여겨진다.

미국의 주택보급율를 높이기 위한 패니매와 프리데맥은 원래 전문 모기지 회사인 은행들로부터 모기지를 매입하는 것이 주 업무였지만 점차 서브프라임 관련 채권시장의 큰손으로 등장하였다. 만약 문제가 생기더라도 저소득층 주택보급을 추진해온 미국 정부에게 책임을 떠넘길 수 있으니 역시 도덕적 해이가 발생한 것이다. 2004년에는 패니매와 프리데맥이 고위험 고수익인 전체 서브프라임 모기지 채권의 44%인 1750억 달러어치를 매입하기도 하였다. 정부의 암묵적인 보증과 지원으로 패니매와 프리데맥은 엄청난 위험부실을 안은 채 거대한 금융기관으로 성장하였다. 이번 글로벌 금융위기는 미국 FRB의 기획과 조정 하에 움직이는 미국정부와 미국의 금융기관의 3위 일체 공동 합작품 냄새가 난다. 아마도 미국의 정부가 금융기관만의 모럴해저드를 비판할 수 없는 소이가 여기에 있을 것이다.

최근에 외형상 갑자기 좋아진 금융실적으로 당초 고용계약에 따라 이들 미국 월가 금융기관들의 경영자 및 직원들은 예전처럼 다시 고액 임금이나 보너스의 돈 잔치를 벌이는 고질병에 휩싸이게 되었다(조선일보, 2009. 7. 27). 미국정부가 지원하여 은행 총지분의 34%를 보유하게 된 미국의 주요한 상업은행인 씨티그룹의 에너지 트레이딩 부문인 피브로(Phibro)의 책임자 앤드루 홀(Hall)이란 트레이더가 당초의 채용계약에 따라 올해 뛰어난 실적에 대한 보상으로 회사측에 연봉 1억달러(약 1248억원) 이상의 보수를 요구했다고 월 스트리트 저널(WSJ)이 7월 25일 보도했다. 2009년 3월경 미국 연방정부로부터 1730억 달러의 구제금융을 받은 AIG가 애초 계약대로 임원들에게 연봉 총 1억 6500만 달러(약 2059억원)의 고액 보너스를 지급하자 전 미국에서 비난의 여론이 비등했었다. JP모건체이스, UBS, 모건스탠리도 비슷한 상황이며 비난을 피하기 위하여 보너스를 줄이는 대신 기본급을 올리는 편법을 취하는 계획을 마련하기도 하였다. 올해 투자은행인 골드만삭스의 직원 급여도 사상 최대 수준에 이를 것으로 예상된다. 올해 골드만삭스의 1인당 예상 평균 연봉은 약 77만 달러(약 9억 6000만원)에 이른다. 월가의 대형 금융기관들은 유능한 인재들을 확보하고 세계금융시스템을 되살리기 위해 좋은 실적에 고액 임금을 제공하는 것이 불가피하다는 논리를 내세운다.

글로벌 금융위기로 파산한 금융기관들이 정부의 구제자금으로 다시 살아나고 위험하기 천만한 과다대출 및 파생상품의 거래에 대한 실패에 대한 책임은 지지 않고 오히려 고액연봉을 챙기는 것이다. 이러한 무모한 모험에 대한 적절한 책임을 지지 않는 전례를 남기는 경우 심각한 모럴해쩌드의 문제가 야기 된다. 엄청난 금융 모험 행위 후 실패하면 정부(전 국민이 세금으로)가 그 행위 당사자를 대신하여 책임지고 따라서 당사자는 오히려 모험으로부터 자유로와 진 것이다. 그리고 만약 성공하면 더욱 거액의 고액 연봉을 받게 된다. 이는 금융기관이나 이들 임원 및 직원들로 하여금 엄청난 모험을 더욱 조장하는 매우 강력한 인센티브를 부여하는 것이다. 잘못하는 경우에 책임지지 않고 성공하면 더욱 거금을 챙기게 만드니 이렇게 모험하기 좋은 환경이 도대체 어디 있겠는가? 앞으로도 위험성을 무시하고 고이자율의 위험 자산이나 위험 부실 기업에 과잉 대출 및 투자하며 또한 새로운 각종 금융상품이나 파생상품을 더욱 교묘하게 개발하여 팔아넘기는 행위가 계속될 수 있는 소지를 부채질 하는 것이다. 즉 더 크게 글로벌 금융위기의 일을 반복적으로 저지르도록 강한 동기부여를 한 셈이다.

각국 정부는 우리 모두를 위험에 빠뜨리는 이러한 잘못된 인센티브를 계속 만드는 자유를 더 이상 허용해서는 안된다는 입장이다. 미국 하원도 규제 당국에게 보상 관련하는 규정을 만들도록 요구하는 법률안을 통과시켰다. 그런데 금융회사의 보상체계에 대해서는 두 가지 문제점이 거론되며 이 양자를 구별하여 접근할 중요성이 크다. 첫째는 금융회사 주주의 관점에서 제기되는 것이다. 금융기관의 경영자 및 직원들이 주주의 이익에 반하여 높은 수준의 보상을 분배받는 점이다. 이는 소유와 경영분리의 가장 큰 약점인 대리문제(agency problem)와 관련된 이슈라고 할 수 있다. 이는 금융회사 내부의 통제 절차를 개선하고 투자자인 주주의 권리를 보다 강화하고 이사회와 주주에게 보수체계 결정권을 주는 쪽에 초점을 맞춘 규정으로 대처하는 것이다. 펀드의 경우에도 역시 이러한 대리문제가 발생한다. 투자자가 주주가 되는 헤지펀드(hedge fund) 혹은 뮤추얼펀드(mutual fund)보다 투자자와 주주가 분리되는 수익증권(beneficiary certificates)의 경우 대리문제의 발생 소지가 더 크다. 둘째, 비록 주주이익에 맞게 보상체계가 만들어 졌다고 하더라도 그것이 사회적으로 바람지하지 않는 과도한 위험을 감수하는 인센티브를 유발할 수 있다는 점이다. 왜냐하면 금융회사가 파산할 때 주주들이 모든 비용을 감당하지 않고 유한 책임만을 지기 때문이다. 즉, 투자행위의 효과에 대하여 이익과 손실 사이에 비대칭적 상태가 되는 것이다. 주주의 경우 이익이 발생하면 채권자의 몫을 제외한 나머지는 모두 주주들의 몫으로 가져가지만 큰 손실이 발생하여 부채를 갚지 못한다고 하더라도 자신이 갖고 있는 주식을 포기하는 이상의 책임을 지지 않게 된다(최혁, 2009, pp.53). 최근의 금유위기에서 들어난 것처럼 금융회사가 파산하면 적어도 국가의 구성원인 납세자와 예금자 등 경제 전체가 그 손실 비용을 부담해야 한다. 따라서 주주의 이익만을 쫓다보면 지나치게 위험한 결정이 내려질 수 있는 것이고 또한 그런 결정를 규제하는 것 역시 정당하고 필요하다. 결국 금융회사가 투자자인 주주와 이사회의 권한이 제대로 작동한다고 하더라도 그 존재와 책임의 공공성 때문에 정부의 규제가 반드시 필요한 것이다(조선일보, 2009. 8. 29). 국가경제에 결정적으로 영향을 미치며 결코 망하게 내버려 둘 수 없는 대형의 금융기관 자체가 공공적 성격을 갖기 때문에 지극히 사적인 주식회사의 제도로서는 원래 부터 근본적인 상호모순이 내재하고 있다는 뜻이 된다.

지금은 단기적으로 글로벌 금융위기의 기억이 남아 채권시장이 얼어붙어 있으므로 위험한 자산에 대한 과잉담보대출 및 위험자산담보채권의 파생상품 거래를 당분간 자제하고 있을 뿐이다. 그러나 전 세계의 화폐량 공급증대에 인한 부동산 가격의 상승효과가 나타나는 경향이 보이면 곧 그동안 잠복해 있던 똑 같은 모험의 행태가 더 크게 반복될 것은 자명한 일이다. 결코 지난번과 똑 같은 행태의 모험행위의 관행을 근절하지는 않을 것이고 오히려 더욱 적극성과 교묘함을 가중시킬 것이다. 각 나라가 돈을 무제한 풀면 부동산 및 실물가산의 명목 가격은 반드시 오르게 마련이다. 따라서 이러한 모럴해저드의 문제는 글로벌 금유위기의 확대적 반복성과 매우 밀접한 인과관계를 갖는다고 할 수 있다. 이는 이들로 하여금 앞으로 글로벌 금융위기를 더욱 크게 저지를 강력한 인센티브를 주어 왔기 때문이다. 부실담보과잉대출은 높은 금융기관의 높은 이자율 수익 때문에 정부가 사후의 위험을 보장하는 한 근절하기 어려울 것이며 또한 자산유동화 증권의 발행은 고정자산의 유동화, 위험의 분산, 전가의 효과, 그리고 CDS와 같은 보험성 채권증권의 파생상품이나 각종 선물 및 옵션 관련 파생상품들은 위험을 감소시키는 본래의 고유한 긍정적인 목적도 있기 때문에 이러한 제도 자체가 없어지지는 않을 것이다. 더군다나 전 세계의 파생상품의 원초자산의 거래액이 약 600조 달러나 방대하니 이제는 어느 국가나 국제기관도 이러한 금융시장의 움직임을 규제할 능력을 사실상 갖기가 어렵게 되어 있다. 세계의 총자본의 덩어리는 "마치 굴레벗은 말"처럼 그 자체가 갖는 내재법칙과 내재의 모순에 의하여 자신의 역사성(historicity)을 만들면서 고위험 고수익의 위험한 광란의 질주를 계속 하고 있는 것이다. 따라서 이로 말미암은 미래의 글로벌 금융위기의 확대적 반복성의 경기변동 문제는 재화나 화폐 등 주로 물질적 가치만으로 접근하는 기존 경제학의 범주를 훨씬 넘어선 사회학, 정치학, 조직학, 심리학, 문화인류학 등으로 함께 설명해야 할 종합학문적인 인식이 필요한 문제이기도 하다.

금융위기, 실물위기, 신용위기

투자은행의 금융위기는 곧 상업은행(혹은 예금은행)들의 금융위기로 확대된다. 이러한 양자의 은행들 사이는 특히 파생상품으로 더욱 긴밀히 상호 얽혀 있기 때문에 사실상 공동운명체적인 성격을 지니게 된다. 상업은행들이 보다 높은 수익을 올리기 위하여 투자은행들의 파생상품에 많이 투자하였기 때문이다. 투자은행과 상업은행의 금융위기는 기업체 대출금의 회수 혹은 추가대출의 제한, 해외 유가

증권의 매각 및 그 투자금의 회수, 일반 대중에게 부동산 대출금의 회수 혹은 추가대출의 제한 등의 긴축 조치를 취함으로서 사회의 투자여력 및 구매력을 고갈시켜 실물경제의 위기를 초래하게 된다. 글로벌 금융위기가 주택부동산 가격의 폭락으로 은행대출금회수에 문제가 생겨서 그 시발점이 되었지만 그 밖에 상업용부동산 가격 하락, 기업에 대한 오버론, 및 레버리지론도 부실될 가능성이 있고 경기침체로 말미암은 실업 및 실직으로 말미암아 심지어 일반 대중들의 신용카드의 부도 등이 무더기로 속출하는 신용위기 까지도 도래할 수도 있다.

쑹훙빈 베이징환추차이징 연구원 원장은 앞으로 2배 규모의 2차 금융위기가 본격적으로 터질 것이라고 예언하고 있다(매일경제, 2009. 3. 27). 미국을 비롯한 세계 각국이 내 놓은 대책이 금융위기의 본질과 동떨어진 진단을 하고 임기응변식으로 대처하기 때문에 사태는 더욱 나빠지고 장기화할 것이라고 본다. 이번 1차 금융위기를 유동성 위기로 보지만 사실상의 근원은 미국의 과도한 부채에서 비롯된 것이다. 미국이 국채를 찍어서 이를 해결하려고 하고 있지만 이는 빚을 내어 월가의 금융회사를 구제하는 것일 뿐 미래의 납세자와 기업을 구제하는 데는 역부족이다. 월가의 불량자산을 정부의 자산목록에 넣고 국채를 발행해 이를 다시 납세자에게 떠넘기는 셈이다.

미국 정부의 채권의 남발로 말미암은 미국의 불량 채권 급증과 그 가격의 하락은 미국은행들이 보유한 금융자산의 전체 가치 규모를 붕괴시킬 것이다. 그런데 현재 은행들이 굴리는 자금이 보유한 자본보다 지나치게 많다는 게 문제다. 투자은행은 자기자본 대비 30배에 달하는 자산을 굴리고 상업은행은 20배 많은 자산을 운용한다. 이런 상황에서 금융자산가치가 10%만 떨어진다고 하더라도 은행의 모든 체계가 망가지기 쉽다. 최악의 상황은 미국 각 상업은행과 유럽은행의 체계가 망가지면서 국유화 되는 것이다.

유럽대형은행들의 부실채권도 유럽경제의 경기회복에 어두운 그림자를 드리우고 있다. 미국발 글로벌 금융위기가 미국에 국한된 문제라고 생각했던 것이 착오였다. 독일의 중소기업은행인 IKB, 네델란드 투자은행인 NIBC, 프랑스의 최대은행인 BNP Parisba Sa 등 유럽의 금융기관들도 예상보다 큰 규모의 서브프라임 모기지 파생상품에 투자를 해온 것이 드러났다. 그리고 세계화 및 정보기술의 발달로 미국의 금융위기는 곧바로 세계의 금융위기로 전파되는 것이다. 유럽에도 미국에 이어 7500억 달러 규모의 유럽형 ABS 어음이라고 볼 수 있는 ABCP(Asset-backed paper)의 채권시장의 신뢰 위기가 찾아왔으며 유럽 부동산 시장의 침체와 부도기업증가세가 지속되면서 유럽 각국의 부실 채권이 아직도 줄고 있지 않고 있다(최혁, 2009, p.139-148). 유럽중앙은행(ECB)에 따르면 2007년에서 2010사이에 발생할 EU 역내 부실채권 규모는 최소 6279억 달러에 이를 것으로 파악되지만 이 가운데 약 43%인 2810억 달러가 상각되지 못할 것으로 전망된다. 이러한 유동성 위기 때문에 앞으로 2년간 유럽은행들은 지금보다 더 많은 파산과 악성 부채에 시달릴 것이라는 경고가 나오고 있다. 부동산가격하락 및 기업부도율 증가로 부실채권의 위험이 높아지면서 은행들이 차후 손실에 적립해 두는데 대손충당금 부담도 덩달아 불어나고 있다. 주요 은행들의 2009년도 상반기 대손충당금 증가율이 5~17배나 증가하고 있다(한국경제, 2009. 8. 26). 대출부실화로 인한 유럽 은행권의 손실이 올해와 내년 약 4000유로(약 5800억 달러)에 달할 것이라는 분석이 나왔다. 하지만 유럽 각국은 2차 신용 경색과 실물 경제의 위축을 우려해 결과 공개를 꺼려 왔다

(한국경제, 2009. 9. 28).

이미 터진 1차 글로벌 금융위기는 부동산 대출부문에서 시작됐는데 약 13조 달러의 규모이다. 파생상품에서 연쇄적인 위기가 나타난 것이다. 이 1차 글로벌 금융위기를 해결하는데 과도한 채권 발행 및 달러공급으로 말미암은 불량 채권을 급증 상황은 마치 나무를 짊어지고 불길에 뛰어드는 격이다. 불을 끄려 하지만 불길이 더 커지고 있다. 금융체계가 망가지면 몸에 심장이 고장이 나서 피가 흐르지 않는 것과 마찬가지이다. 곧 실물경제에 자금이 돌지 않아 타격을 받게 된다. 이런 상황에서 2차 글로벌 금융위기는 나타나며 그 규모는 약 25조 달러로서 1차의 금융위기에 비하여 2배가 될 것이다. 이번 글로벌 금융위기의 직접적인 원인은 부동산 가격의 하락으로 인한 담보대출 채권 및 그 관련 파생상품의 부실에 의거한다. 즉 채권시장의 마비가 온 것이다. 이는 채권에 대한 신뢰가 붕괴된 것으로 이후 담보대출 및 이것의 유동화 작업은 거의 마비 상태가 된 것이다. 이를 위하여 미국정부는 직접 간접으로 화폐를 양적으로 무제한 공급하는 것이다.

인플레이션으로 구매력이 떨어지고 생산량이 줄게 되고 기업이 도산하며 실업도 늘어난다. 실업이 증가하니 소비자 신용과 대출계약 파기도 증가한다. 미국의 상업용 부동산 가격도 고점에 비하여 35%나 폭락한 상태이다(조선일보, 2009. 7. 25). 미국 실업률은 8.1%에 달하고 있다. 이는 20년 만에 가장 높은 수준이며 앞으로 더욱 그 실업율이 10%를 상회할 것으로 본다. 실업이 늘면 납세액은 줄어들고 부동산의 매물도 더욱 많아져 부동산 가치도 많이 추락해 관련 세금도 많이 줄기 때문에 지방정부 재정도 나빠진다. 현재 미국의 46개주 지방정부는 재정위기에 직면했다. 이것이 지방정부 채권위기로 이어지게 된다. 이와 같이 부동산가격 하락, 불량채권 급증, 펀드환매, 금융기관 부도 위기, 은행대출 감소, 과잉유동성 인플레이션, 구매력 감소, 기업도산의 실물위기, 실업자 양산, 지방정부 재정위기, 개인 대출금 부도의 신용위기, 자원 독점 및 폭등, 스태그플레이션 등으로 연쇄적으로 문제가 야기된다. 방대한 미정부의 공적자금 방출에도 불구하고 금융시장이 여전이 어려움을 겪는 요인으로는 자동차신용카드론 등 소비자금융 증권화시장이 아직 풀리지 않기 때문이다. 또 상업은행들이 추가 대출을 꺼리는 현상도 아직 해소되지 않기 때문이다(한국경제, 2009. 7. 16). 미국의 많은 가계들이 주택가격이 상승했을 때 얻은 2차주택 담보대출인 홈 에쿼티론으로 자동차를 사거나 주택을 개량하면서 빚 부담이 커졌다. 그리고 달러가치가 재정적자로 장기적으로 약세를 보임에 따라 구매력이 크게 떨어지고 있다.

뿐만 아니라 미국의 실업율이 계속 높아지고 있으며 현재 9.5%이지만 년 내에 10% 이상으로 내년 상반기 까지 계속 오를 것으로 전망되고 있다. 미국의 고용사정이 갈수록 악화되면서 파트타임으로 어렵게 생활하는 사람들이 늘고 있다. 뉴욕타임즈는 7월 14일 이러한 불안정한 파트타임 근로자들을 실업에 포함하는 넓은 의미의 실업율 통계를 적용하면 미국의 현 실제 실업율은 20%에 육박할 것이라고 보도했다. 이는 미국의 경제활동인구 5명 가운데 1명이 실업상태인 것을 의미하며 이는 실업의 심각성을 말해주는 것이다. 실업은 가장 궁극적이며 가장 대표적인 경제지표라고 할 수 있기 때문에 이 상태를 주목하지 않을 수 없다(조선일보, 2009. 7. 16).

2. 글로벌 금융위기의 특징

글로벌 금융위기의 충격과 그 반복성

갑작스러운 주택 및 상가 등 부동산 가격의 하락으로 말미암은 글로벌 금융위기의 폭풍이 전 세계를 휩쓴 것이다. 부동산의 자산의 총액은 그 밖의 자산의 총액보다 더 방대하다. 지금까지 부동산의 가격은 전 세계적으로 대체로 계속 상승의 대세였으며 그 하락의 경우는 극히 일부지역이나 일시적 현상으로 간주되어 이 부동산의 가격 하락의 문제가 그렇게 심각하게 다루어지지 못했다. 그러나 이번 글로벌 금융위기는 이러한 관행적 예상을 깨고 부동산의 거품이 갑자기 크게 꺼지는 모습을 보인 것이다. 세계의 주요 금융기관들은 이로 말미암은 방대한 부실담보채권 및 관련 파생상품 가격의 하락으로 평가손실이 급증하여 부도의 위기에 처하였다. 금융기관들은 이 도산의 위기를 극복하고자 유동성을 회수하여 기업들이나 개인들에 대한 대출을 축소하였다. 이는 개인들이 신규로 모기지 대출을 얻어서 주택을 사는 것이 매우 어려워진다. 그리고 모기지 이자율이 높아지니 모기지를 갚지 못하는 사람들도 늘어난다. 부동산 가격과 모기지 채권들의 가격이 떨어지면 은행의 자산가치가 다시 떨어져 더욱더 은행의 평가손실이 발생한다. 그러면 은행들이 BIS(Bank for International Settlements)비율을 맞추기 위해 모기지 채권을 싸게라도 팔아야 하는 형편이 된다. 이러한 현상은 오히려 부동산의 투매현상과 함께 부동산 거래를 더욱 어렵게 하여 그 부동산 가격의 하락을 더욱 부채질 하는 결과를 낳게 하였다. 은행의 재무구조 상태가 악화되고 돈줄을 조이면 기업들이 위기에 처하는 실물경제에 대한 충격과 대규모 해고 및 실업 사태를 유발하는 신용위기로 이어지게 되었다.

지금까지 경제학 학계에서도 부동산 가격의 변동이 경제에 미치는 영향을 그렇게 비중 있게 다루어 오지 못했다. 따라서 이번 글로벌 금융위기에 대한 예측 및 원인 설명이나 그 처방을 제대로 내지 못하는 한계를 직면하게 되었다. 즉, 경제학이 뒤집어졌기 때문에 다시 쓰여 져야 한다는 논란이 생기고 있는 것이다(조선일보, 2009. 1. 3). 기존의 경제학은 부동산이 차지하는 요인뿐만 아니라 환경훼손으로 말미암아 치러야 하는 비용 문제, 빈익빈 부익부로 말미암은 사회갈등이 치러야 하는 대가의 사회학적인 문제, 금융자유화로 말미암아 전 세계의 돈의 흐름이 자유로워짐으로서 세계총자본 증식방법에 대한 공권력 통제 상실의 정치적 문제, 고수익을 탐하여 엄청난 모험을 저지른 금융인들에 대하여 국가 및 국민의 세금이 대신 그 책임을 져 주고 이들은 여전이 고임금을 받는 인센티브로 같은 모험을 더욱 동기 부여하는 윤리적 심리학적인 문제, 자원이동의 스피드와 글로벌 광역성 및 상호관련성의 정보기술학적 관점 등이 간과되어 왔다. 앞으로는 경제학이나 경영학과 같은 분과학문으로는 미래의 경제문제를 해명하거나 예측 설명하기가 어려울 정도로 복합적으로 움직이고 있다. 앞으로는 불가피하게 경제의 문제를 논하기 위해서는 종합학문적(Interdisciplinary approach) 접근이 불가피한 것이다.

부동산 가격을 안정시키고 아주 조금씩 상향시키는 노력은 세계 및 국가의 가장 중요한 경제 정책이 될 것이다. 부동산 가격을 지나치게 올리는 경기부양 정책 및 통화량 공급 정책은 자본이 기업에서부터 이탈하여 본원적인 가치창출을 하지 않는 부동산으로 대거 유입하며, 방대한 불로소득 및 빈익빈 부익부 현상을 유발, 근로의욕 및 기업활동을 위축시키는 결과 등의 부정적 현상을 낳을 것이다. 따라서 경기부양정책으로 말미암아 갑작스러운 부동산 가격의 폭등은 곧 통화량 회수 및 고금리의 긴축정책을 수반케 하여 아직 유동성이 사회 전반에 퍼지지도 않았음에도 불구하고 다시 경기침체를 가져오는 결과를 낳을 것이다. 그리고 다시 부동산 가격의 하락으로 말미암아 글로벌 금융위기는 다시 반복될 수밖에 없다. 높은 부동산 가격의 폭등은 그만큼 깊은 폭락을 가져올 것이다. 이러한 부동산 가격 변동이 글로벌 금융위기의 반복성을 생각하는 첫째 이유이다. 지금 전 세계와 우리나라는 과다한 화폐공급에 의한 지나친 부동산의 가격 가격상승과 곧 뒤이은 인플레이션을 잡기 위한 과감한 긴축정책에 따라 부동산 가격의 갑작스러운 폭락의 위험에 노출되었기 때문이다.

부동산 가격의 하락으로 나타나는 글로벌 금융위기로 채권시장은 거의 마비되었다. 금융기관들은 부동산담보채권의 부실 및 관련 파생상품들의 휴지조각화 되는 상황에서 대부분 도산의 위기에 빠지고 추가 대출, 연장 및 예금 지급의 불능 상태에 빠졌다. 각 국의 중앙은행들은 속속 은행에 거액의 자금을 투입해 붕괴직전의 금융시장을 살리려 했다. 미국, 유럽, 캐나다, 오스트레일리아, 일본, 중국 등의 세계중앙은행들이 최대 규모의 연합 행동에 들어가서 수십 조 달러를 쏟아 붓고 있다. 이러한 금융의 지각변동이 서브프라임 모기기론의 부실채권에서 비롯되었다고는 하나 이는 아직 빙산의 일각에 불과하다고 보는 견해가 많다. 마치 나비효과(Butterfly Effect)나 도미노 현상처럼 앞으로 더욱 강하고 파괴력이 더 큰 금융지진이 일어날 것이다. 전 세계의 파생상품이 커버하는 원초자산의 규모가 600조 달러에 이르며 이들이 매우 빠른 속도로 거래되거나 그 가치가 증감되는 것이다. 이 파생상품 관련 자산의 가격이 만약 10%만 하락한다고 하더라도 전 세계의 금융시장에 60조의 손실의 충격을 주는 것이다. 만약에 50%로 반 토막이 나는 부실이 생긴다면 무려 300조 달러의 손실로서 전 세계의 금융시장을 마비시키고 대부분 금융기관들을 도산시킬 것이다. 이번의 글로벌 금융위기를 극복하기 위하여 무제한의 미국정부의 공적 구제금융 및 FRB의 긴급대출 프로그램에 의한 지원 금융으로 해결하는 것이다. 다른 나라의 접근 방식도 유사하며 이러한 접근의 최종 결과는 세계적인 유동성 과잉이 갑자기 유동성 긴축으로 바뀌는 경기주기의 격변을 몰고 온다. 다시 말해 세계경제의 빙하기가 도래하면서 아무 준비도 못한 경제는 멸종 위기에 직면할 것이다.

이번 글로벌 금융위기에서 부동산 가격의 하락이 이렇게 큰 충격을 몰고 온 배경에는 미국 및 전 세계 선진국의 금융기관에서 고수익율을 추구하기 위한 과다한 부실담보 대출 및 이 채권을 근거로 유동화 시키고 또한 이를 보험화한 고도의 금융기술의 파생상품의 개발 및 거래라고 볼 수 있다. 이러한 탐욕에 의한 모험적 금융행위가 전 세계에 광범위하게 상호 연결되거나 거래되었다. 그래서 서브프라임 모기지론처럼 한 곳에서 터진 문제는 점차 증폭되면서 도미노 현상으로 많은 금융기관의 도산으로 몰고 간 것이다. 즉 전 세계의 금융시장시스템의 통합성, 광역성, 스피드화는 근본적으로 나비효과 처럼 작은 문제가 점차 크게 확대되어 발전되어 가는 여건을 조성한 것이다. 고수익의 추구는 금융엘리트들의 그 성과에 따른 고액 보너스 임금지급과도 관련이 있다. 월가의 투자은행의 금융엘리트들의 연봉이 평균 약80만달러(약 10억원), 많게는 1억 달러(약 1200억원) 이상을 받는 실정이다. 그런데 이들의 모험적 금융행위가 실패했을 때 이들은 책임을 지지 않고 여전히 높은 보상을 받는 데에 심각한 모럴해져드의 문제가 놓여 있다. 미국의 경우를 보면 미 정부가 공적구제금융 및 FRB의 긴급프로그램 자금을 지원하고 또한 부실담보채권 및 관련 파생상품에 대하여 시가평가제를 유보하고 매입원가로서 평가하는 회계제도를 유지함으로서 이들 은행들이 외견상 높은 성과를 낸 상태가 되고 당초 초임금계약에 따라 이들 금융엘리트들이 여전히 높은 임금의 돈 잔치를 하게 된 것이다. 즉 실패하는 잘못을 저질러도 국가가 국민 세금으로 대신 책임져 주고 만약에 성공하면 더 큰 고액보너스 연봉을 받게 되는 금융게임이 된 것이다. 이러한 모럴해져드에 대한 인센티브 때문에 과거의 금융기술 및 파생상품 및 거래 방식이 달라지지 않고 여전히 발전 강화될 동기부여가 된 것이다. 즉 앞으로 더 크게 모험적인 일을 이들이 저지르게 될 것은 명약관화한 일이다. 이것이 글로벌 금융위기가 반복될 두 번째 이유가 된다고 본다.

자유시장경제체제의 발달로 나라 사이의 경제권이 지구 전체로 하나로 통합되는 글로벌 시대가 열리게 되었다. 국경사이의 경계의 벽이 점차 낮아지며 경쟁력 있는 제 자원이 국경사이를 쉽게 넘나들 수 있는 시대가 열린 것이다. 따라서 지역에 국한된 로컬 경쟁의 유한경쟁의 시대가 아니라 글로벌 경쟁의 무한 경쟁의 시대로 바뀐 것이다. 이러한 세계사의 추세에 적응하지 못했던 구소련 혹은 동구유럽의 국가들처럼 폐쇄경제체제의 사회주의 국가들은 모두 망하였다. 그리나 중국이나 베트남 같은 사회주의 국가들은 급속히 자본주의 자유시장경제체제로 이동을 함으로서 다행히 붕괴의 위기를 모면했던 것이다. 글로벌 무한경쟁의 시대에서는 경쟁에 이긴 자가 세계시장의 모든 것을 갖으며 경쟁에서 진 자는 아무 것도 얻지 못하는 전부 아니면 전무(all or nothing)의 시대의 특징을 갖는다. 적당한 경쟁력을 가진 중간 수준은 설 땅이 없어지고 기득권은 더 경쟁력있는 자에게 빼앗길 수밖에 없다. 따라서 국경이 사라진 글로벌 무한경쟁의 시대에서는 합종연횡의 네트워크가 중시되는 것이다. 기업의 최고경영자들의 역할도 내부의 조직통제 뿐만 아니라 외부의 네트워크를 형성 하는 역할이 매우 중차대하게 평가되는 것이다.

자유시장경제체제의 도래로 말미암은 글로벌 무한경쟁의 시대에 실물자산의 유통보다 금융자산의 경우는 전 세계의 글로벌 통합성이 더욱더 강화되고 심화된다. 소위 금융자유화의 바람은 전 세계를 거의 완전히 하나의 금융시장의 권역으로 만들어 놓고 금융자산이 나라사이를 아주 쉽게 유통되는 것이다. 더군다나 정보기술의 발달은 빛의 속도의 스피드로서의 금융자산의 이동을 가능케 하였다. 이러한 금융자산 거래의 전 세계적인 광역성과 상호관련성, 빛의 속도의 스피드 거래 그리고 고도의 금융설계에 파생상품들의 방대한 규모와 그 복잡성 등은 어느 나라의 공권력이라도 이를 통제할 수 없는 경지에 이르렀다. 세계 총자본이 그의 재증식을 위하여 어떤 방법으로 어느 길을 가든지 이를 통제할 수 있는 공권력이 지구상에 존재하지 않는다는 것이다. 한 국가의 공권력으로 전 세계를 흘러

다니는 대규모의 자본이동을 도저히 콘트롤 할 수 없게 된 것이다. 미국과 같은 강대국도 예외없이 역시 마찬가지이다. 따라서 지난 IMF 금융위기가 동남아 지역에서 발생했고 이번 글로벌 금융위기는 미국에서 터졌지만 앞으로 어느 지역에서 글로벌 금융위기가 먼저 발생하느냐는 그렇게 중요한 문제 못된다. 어느 곳에서 시작하든 지간에 금융자산의 긴밀한 상호연결성과 이동성 때문에 곧 전 세계의 문제로 파급되기 때문이고 또한 어느 한 국가의 공권력의 능력으로 감당이 안 되기 때문이다. 그리고 이와 같은 금융시장의 상황에서는 세계의 총자본, 즉 국제재벌 금융세력들이 마치 굴레 벗은 말처럼 날뛰면서 금융자산을 타국으로 내보내다가 갑자기 이를 회수하여 그 나라의 경제를 망가뜨린 후 헐값으로 기업이나 부동산을 마구 사냥하는 행위들이 세계 지역의 어디에서나 나타날 수 있다. 이와 같은 세계 공권력에 의한 통제 불능의 금융시장이 바로 글로벌 금융위기의 반복성의 가능성을 점치는 세 번째의 이유이다.

지금 겪고 있는 글로벌 금융위기의 최대 원인은 부동산 가격의 하락이라고 볼 수 있다. 이는 비의도적인 결과였다. 금융세계의 귀재들도 대부분 모두 부동산의 가격이 계속 상승할 것이라는 전제하에서 안심하고 과다담보대출 및 파생상품의 거래를 하였다. 즉 다분히 자본주의 금융시스템의 제도적 모순에 의한 비의도적 결과라고도 볼 수 있다. IMF 금융위기가 국제자본세력들의 의도적인 결과와는 차이가 있는 현상이라고 볼 수 있다. 그러나 이번 글로벌 금융위기도 다음과 같이 악의적으로 추측한다면 물론 역시 의도적이라고 풀이할 수도 있다.

그럼 글로벌 금융위기의 원인을 다른 각도에서 한번 살펴보자. 전 세계의 금융엘리트들이 매우 위태위태한 금융게임의 모험을 한껏 추진하도록 서서히 지나친 저금리 정책과 과잉신용 공급을 함으로서 미국 부동산 거품을 최대로 만들어 논 후에 어느날 갑자기 미국의 FRB가 고금리 정책 및 긴축자금 회수로 부동산의 버블을 크게 터트린 의도적인 결과라고 다른 해석을 할 수 있다. 왜냐하면 미국 FRB나 유럽의 중앙은행의 대부분이 각 나라의 정부와는 별개의 독립된 민영기관으로서 실제로는 세계총자본의 국제금융재벌의 소유로 되어 있으며 이들이 화폐발행권을 갖고 있으며 화폐를 찍어내어 각 나라의 정부의 채권을 받고 돈을 빌려주고 있기 때문이다. 즉 엄밀히 말하면 찍어낸 이들의 화폐가 각 나라의 정부의 돈이 아닌 것이다. 이번 글로벌 금융위기는 속성상 근본적으로 부동산의 가격을 회복할 수 만 있으면 대체로 단기적으로 급한 문제는 저절로 해결되도록 되어 있는 특징을 갖는다. 실물자산 대비 금융자산의 비율이 높으면 부동산 가격도 오르기 마련이기 때문이다. 비록 부실채권에 대한 불신과 채권시장이 얼어붙어 금융기관들이 대출만기연장이나 추가대출을 하지 않아 자금이 시중에 돌지 않은 것은 지극히 단기적이고 일시적인 현상일 뿐 무제한의 화폐공급에는 어쩔 수 없이 결국 부동산의 값은 오르게 되어 있다. 이번에 거의 무제한의 화폐발행과 정부에의 공급은 이 화폐발행권을 갖는 민간 중앙은행들로 하여금 세계 부의 약 반을 공짜로 차지하게 하는 결과를 낳게 하였다. 그리고 위기에 처한 세계의 주요 투자은행이나 상업은행, 세계 자원공급처 및 주요 기업들에게 긴급 자금을 직접 공급함으로서 이들을 대거 소유하게 되었다. 그러나 그 대신 무서운 초인플레이션의 금융핵폭탄을 그 뒤에 인류에게 남겨 놓았다. 따라서 이번 글로벌 금융위기가 제도적 모순에 의한 비의도적인 결과가 아니라 이 모든 것도 역시 세계총자본의 핵인 국제금융재벌 세력들의 탐욕적인 의도적인 작전이요 음모라고도 의심해 볼 수 있다. 따라서 이 경우에는 현재의 금융시스템은 내재적 모순이 있더라도 그대로 변함없이 존속 발전될 것이며 또한 더욱 강화되며 그 폭발성의 위험의 반복성은 더욱 커질 것이라고 보는 것이다. 그러나 잊을 수 없는 것은 어쨌든 전 세계는 이번 글로벌 금융위기로 일억 이상의 사람들이 빈곤 때문에 더 많이 굶어죽든지 자살하든지 하게 되었다는 사실이다.

지난날 우리나라가 경험했던 혹독한 IMF 금융위기는 세계의 총자본이나 국제금융재벌세력들의 탐욕스런 작위적 행위에 의한 마찬가지의 경우라고 할 것이다. 지금도 해외 주식 투자 자본이 약 40% 이상이나 차지하고 있으며 아무런 제약없이 해외자금이 자유롭게 들날날락할 수 있도록 금융자유화 및 금유개방이 매우 잘 되어있는 우리나라는 외국 자본이 어떤 이유로 갑자기 빠져나가 또다시 같은 문제가 반복시킬 가능성이 매우 높다. 이제는 세계금융기관, 세계신용평기관, IMF, 외국언론, 외국학계 등 외국에서 내놓는 어떤 충고나 주장들도 조심스럽게 가려서 받아들여야 한다. 이들은 대개 세계 총자본 혹은 국제금융재벌세력의 앞잡이 역할을 하고 있을 가능성이 매우 높기 때문이다. 지난날 우리의 경험으로 볼 때 IMF금융위기가 우리나라의 경제적 잘못으로 생긴 것 이라기보다는 갑작스러운 달러유출 및 외환수급요인에 의하여 생긴 것이며 특히 그 이후에 IMF가 요구한 고도의 고금리정책 및 긴축정책은 우리나라 경제를 완전히 죽음의 경지에 까지 몰아간 것이었다. 그리고 그 당시의 매스콤의 기록들을 보면 미국의 정부나 언론들은 우리나라의 경제운영 방식을 맘껏 희롱하고 있었다. 지금 미국의 금융기관이나 자동차 산업이 문제가 있으니까 미 정부가 직접 공적구제 자금을 투여하는 것은 당연히 여기고 있다. 그러나 우리나라 경제가 위기에 처했을 때 우리정부가 기업을 도와 살리는 것을 맹비난하였다. 우리나라의 대우그룹마저도 이 때 적정한 정부의 지원을 받지 못해 무너져 버렸다. 다행히 우리나라는 아직 우리나라의 중앙은행인 한국은행 우리정부에 완전 소속되어 있고 그 화폐발행권이 세계금융재벌세력의 민간기관으로 넘어가지 않았다. 아직 최소한의 경제주권을 지키고 있는 셈이다. 앞으로의 글로벌 금융위기 때 극히 조심하지 않으면 한국은행 및 경제주권이 그 국제금융재벌세력들에게 넘어가 경제식민지로 전락할 수도 있으므로 정신 바짝 차려야 하며 이는 우리나라 민족 전체의 국운이 달린 문제이기도 하다.

이번 글로벌 금융위기를 해결하기 위하여 각 나라가 엄청난 규모의 화폐발행을 하여 쏟아 붓는 화폐공급량이 부동산 가격을 안정시켜 근본적인 문제를 해결하는 것은 가능하겠으나 그 이후에 발생하는 초인플레이션의 문제를 대처해야하는 큰 과제를 남겨놓게 된다. 우선 화폐발행권자들의 초인플레이션을 통한 부의 이동 및 부의 획득에 대한 도덕적인 문제는 이미 언급하였다. 그리고 세계 화폐의 량이 많아 돈 가치가 떨어짐에 따라 급격히 금융자산에서 실물자산으로 돈의 흐름이 바뀐다. 부동산과 주식의 가격이 올라간다. 특히 주요 자원이나 원자재의 가격이 폭등하며 코스트 상승으로 말미암아 인플레이션과 스태그플레이션이 동시에 생긴다. 불로소득자 때문에 근로의욕과 기업 활동의 동기가 상실되기도 한다. 통화량이 많을 때 경기가 활성화 된다는 이론은 자원의 활용을 거의 무한정으로 사용할 수 있다는 가정 하에서 가능한 극히 한정적인 경우이며 일반적으로는 인플레이션과 함께 자원의 독과점 현상과 가격상승이 나타남으로서 늘 스테그플레이션이 동시에 발생한다고 보면 된다. 이는 전통적인 거시경제학이 다시 쓰여 져야 하는 한 이유이기도 하다. 그리고 전 세계에 걸친 인플레이션이 극심하면 전 세계인들의 소유 재산은 그만큼 가치가 하락하고 구매력이 크게 줄게 된다. 이것이 생산투자 및 규모를 축소시키고 다시 대량 실직과 해고를 낳게 하며 신용공황과 금융기관의 부실로 다시 이어진다. 인플레이션은 전 세계인의 빈익빈부익부의 현상을 낳게 하여 전 세계적인 총 구매력을 축소시킴으로서 극심한 경기침체와 세계 대공황을 가져올 수 있다. 초인플레이션에 의하여 돈가치가 폭락하면 비록 세계재산상의 비율의 변동은 없을 지라도 주로 지금까지 온갖 술수로서 국제금융세력들이 쌓아온 금융자산들의 가치총액도 함께 폭락하게 될 것이다. 이는 사자가 먹이를 다 잡아먹고 난 다음에 자신도 죽어야 하는 이치와 흡사하다.

초인플레이션에 의한 피해를 줄이기 위하여 나라는 통화량 회수 및 고금리 정책을 강도 높게 진행하지 않을 수 없게 되는데 이때 많은 기업들과 자영민 및 개인들의 파산이 대규모로 속출하는 것은 뻔한 것이고 이로 말미암아 또다시 부실채권이 증폭하여 금융위기가 다시 오게 될 것이다. 국제금융재벌세력들의 의도적인 "과잉화폐공급 및 긴급회수전략"에 말려들지 않도록 주의해야 한다." 즉, 통화량 팽창에 의한 초인플레이션이 바로 금융위기가 반복될 가능성을 나타내는 네 번째의 이유가 된다.

인플레이션의 위기

이번 글로벌 금융위기와 1929년에 전 세계가 경험했던 대공황의 위기와 서로 어떤 차이가 있을까? 1929년 대공황을 맞았을 때 미국의 주가는 3년에 걸쳐 무려 90% 가까이 폭락했다. 그리고 경제가 계속 마이너스를 기록하여 1933년엔 1929년에 비하여 경제규모 GNP 기준으로 27%나 줄었다. 실업율은 대공황 이전의 8.7%에서 24.9%로 치솟았다. 그러나 이번 글로벌 금융위기 때 미국 주가는 최고 50% 떨어지는데 그쳤고 경제의 하락 기간도 1년도 채 안되어 일단 진정되는 양상을 보이고 있다. 이번 금융위기가 대공황에 버금가는 위기라고 걱정하던 것에 비하면 충격은 크지 않아 보인다. 왜 그럴까? 그 대답은 양자의 경제위기에 대응해 미국 등 세계 각국 정부가 취한 접근방법의 차이에서 찾을 수 있다. 대공황 당시 위기에 대응해 세계 각국의 정부는 지금과는 반대로 오히려 금융 및 재정 긴축 정책을 시행했고 은행들의 파산에 대해서도 방관하는 태도를 보였다. 그 결과 기업과 금융기관들이 연쇄도산하고 주가는 폭락했다. 대공황 발생이후 미국에서는 약 9000여개 금융회사가 도산했다.

반면, 이 글로벌 금융위기에 대처하는 미국을 비롯한 각국 정부의 태도는 1929년의 대공황 때와는 정반대이다. 대대적인 금융 및 재정 확대를 통해 강력한 경기부양책을 시행했고 금융기관과 기업의 도산을 막기 위해 천문학적인 금융지원에 나섰다. 이로서 이번 금융위기의 1년간 파산한 금융회사가 100여개에 그친다. 한마디로 정부의 적극적인 역할, 즉, 세계적인 인플레이션 초래와 각 나라의 국민들의 미래의 세금으로 이 파국을 막은 것이다. G20를 중심으로 한 거의 세계 전체가 함께 힘을 합쳐 대응하는 이러한 세계공조체제에 의하여 두 번째의 심각한 대공황을 피한 것이다. 하지만 이러한 접근의 대가는 세계의 각국이 투입한 엄청난 대규모의 돈이다. 미국을 비롯한 주요 국가들이 이번 위기에서 경기부양과 구제 금융에 투입한 자금이 4조 달러에 달하고 있다. 그 중에는 앞으로 회수할 수 없는 돈들도 있고 설사 회수 한다고 하더라도 회수 과정에서 경제에 적지 않은 부담을 안겨 주게 될 것이다. 최근에 논의되고 있는 출구전략(exit strategy)도 이 문제에 대한 걱정이다. 그리고 또 다른 대가는 시가평가제도의 완화에 의하여 금융기관들의 막대한 평가손실 은폐한 채 부실정리에 미온적인 점과 이로 말미암은 금융회사직원들의 모랄해저드(moral hazard)로 다음에 더 큰 모험을 할 가능성을 열어 놓은 점이다(조선일보, 2009. 8. 29).

2007년 9월 18일 미국 FRB는 화폐발행 공급과 병행하여 상당한 기간 동안 고집해 오던 5.25%의 기준금리를 갑자기 0.5% 인하하는 저금리 정책의 결단을 내렸으며 10월 31일에는 4.5%, 12월 11일에는 4.25%, 2008년 1월 22일에는 3.5%, 1월 30일에는 3%로 기준금리를 줄기차게 내렸다. 이는 금융위기의 급박성을 나타내는 징표이기도 하다. 그리고 만약 지나치게 많은 금융기관들이 파산한다면 미국 FRB도 지금까지 화폐발행 및 공급의 대가로 축적 보유하고 있는 각종 유가증권들의 가치도 동반 폭락할 것이라는 것을 우려하지 않을 수 없기 때문일 것이다.

전 세계가 글로벌 금융위기를 벗어나기 위하여 확대 재정 및 금융지출과 감세를 통한 강력한 경기부양책을 펴고 있다. 미국은 1조 6000억 달러, 일본은 27조 4000억엔, 중국정부 약 4조 위안, EU는 2000억 유로, 그리고 우리나라는 260억 달러의 각종 경기부양 정책을 시행하고 있다(조선일보, 2009. 7. 25). 글로벌 금융위기를 해결하기 위하여 거의 무제한의 대규모 통화남발 및 팽창에 의한 인플레이션 자체는 일반 세계 국민들의 재산을 강탈해 가는 과정이고 더욱 가난하게 만들어 구매력을 약화시키는 것이다.

1970년 브레튼우즈 협정에 의하여 준금본위제도가 폐지되고 달러가 세계의 기축통화가 된 이후 약 30년 동안 달러의 구매력은 약 90%이상이나 하락했다. 이는 즉 세계 전 국민들의 재산의 약 90% 이상이 인플레이션에 빼앗기고 먹혔다는 뜻이다. 관리통화제도 및 부분준비금제도는 채무화폐라는 가짜 돈을 몰래 찍어내는 행위와 다름없으며 영구적인 통화팽창 문제가 나타나기 마련이다. 그리고 통화팽창은 화폐구매력의 하락과 부의 재분배라는 두 가지 문제를 가져와 극소수만을 벼락부자로 만들고 대다수가 가난해 지는 현상을 갖게 만든다.

이번 글로벌 금융위기는 무제한 통화량을 증가시키면 물론 단기적으로 해결될 것이다. 실물총액 대비 화폐총액의 비율에 따라서 물가는 반드시 올라가게 되어 있다. 부동산 및 주택 혹은 자산가격의 하락으로 처음 유발된 이번 글로벌 금융위기의 근본적인 원인이 어찌되었든 그 가격 하락의 경향을 상승으로 바꿀 수 있기 때문이다. 금융기관들이 부실채권으로 크게 피해를 당했기 때문에 채권시장이 전반적으로 얼어붙어서 추가대출, 대출 연장, 자산 유동화 혹은 파생상품의 발행 및 그 거래가 상당히 축소되겠지만 이는 어디까지나 일시적인 현상일 뿐이며 결국은 부동산, 주택, 자산 등의 실물들의 가격은 인상되게 마련이다. 이렇게 되면 금융기관의 이들에 대한 부실채권 규모는 줄어들게 됨으로서 글로벌 금융위기는 당연히 해결될 것이다.

다만 문제는 통화팽창 공급 이후의 지나친 과잉통화량 때문에 하이퍼인플레이션 이 야기될 가능성이다. 인플레이션은 대중을 인플레이션 비율만큼 가난하게 만들기 때문에 구매력이 떨어지고 또한 기업의 생산규모 축소, 투자감소 그리고 대규모의 실업자의 양산을 낳게 될 것이다. 지금 글로벌 금유위기 이후에 인플레이션 문제를 해결하지 못하면 곧 또다시 경기침체 현상을 수반하는 스테그플레이션의 더블딥(double-dip) 상황이 도래할 것이라고 보는 것이다. 그리고 인플레이션은 경제체제를 근본적으로 망가지게하며 부의 배분을 왜곡시키게 된다. 특히 수요공급의 가격 탄력성이 적은 생필품의 가격 폭등이 심각해지는데 이는 국민들의 불만으로 정권도 붕괴될 우려가 있다. 또는 전쟁이 발발할 수도 있다. 2차 세계대전을 일으킨 독일의 경우 전쟁 직전에 이 나라가 수백배, 수천배의 초인플레이션을 경험한 적을 상기할 필요가 있다. 가공할 인플레이션을 잡기 위하여 각 국가는 미리 적극적인 방안을 강구한다. 만약에 타이밍이 너무 늦으면 인플레이션은 가속도가 붙어서 더욱 멀리 가 버리기 때문이다. 인플레이션을 미리 극복하기 위하여서는 시장의 통화량을 회수하거나 대출금 이자율을 인상하는 대처방안이 요구되는데 이를 흔히 출구전략(Exit Strategy)이라고 부른다.

앞으로 국가 경제정책의 가장 중요한 정책 노선은 적정인플레이션을 유지하는 것일 것이다. 주택, 부동산, 각종 자산 등의 가치가 하락하지 않게 유지하면서도 동시에 초인플레이션을 초래하지 않도록 하는 것이다. 이러한 노선은 마치 외줄타기처럼 매우 어려운 일임에 틀림없다. 주택, 부동산, 각종 자산 등의 가치가 하락이 글로벌 금융위기의 큰 재앙이 됨을 경험한 바가 있고 하이퍼인플레이션은 국민의 빈곤화, 부의 배분의 왜곡, 빈익빈 부익부, 생필품 폭증, 국민불만 급증, 폭동현상, 정부전복 및 전쟁발발 등으로 인류 사회가 파괴되는 현상도 역사적으로 자주 보아왔기 때문이다.

미국의 현행 금융위기 대처 방안

금융위기가 실물경제에 영향을 주고 경기가 침체되는 불황을 극복하기 위하여 우선 경제의 심장인 금융기관들을 대부분 정상화시키는 것이 급선무이다. 그리고 부도로 말미암아 엄청난 인원들이 실직될 가능성이 있는 자동차 GM, Ford, Crysler 자동차 3사의 부도를 막아야 했다. 그리고 커버되는 원초자산이 약 600조 달러 수준에 달하는 부동산 관련 부실채권 및 각종 금융파생상품의 폭발성 및 개인들의 대규모 파산 사태들을 막아야 했다. 따라서 미국은 금리를 대폭 인하시키고 공적자금을 대거 투입하기로 결정하였다. 그리고 부실채권을 정리하여 전담하는 전문은행을 설립하기로 하였다. 미국의회는 공적자금으로서 무려 올해 한 해 동안 3조 5,500억 달러를 퍼붓기로 결정하였다. 미국 정부가 채권을 발행하고 미연방준비은행이 이를 인수하는 방식으로의 자금조달은 실제상으로는 바로 달러를 마구 찍어 낸다는 뜻이다.

미국은 은행들의 부도를 막기 위하여 이미 수천억 달러의 공적자금을 투입하였지만 이 공적자금이 미국 기업들의 도산 방지나 국민들의 파산의 위험을 줄여주는 곳으로 제대로 공급되지 못하고 주로 은행의 자체 빚을 갚거나 경영자 및 직원들의 보너스로 배분되는 도덕성의 문제를 제기하였다. 경제가 호황일 때는 과도하게 경쟁적으로 부실채권에 투자를 하여 이익을 극대화하다가 반면에 불황일 때는 미정부의 공적자금 투입으로서 그로 인한 손실을 막아준 것이다.

이는 엄청난 도덕적 해이를 야기할 소지가 있는 방식이다. 그리고 이는 미국의 거대한 금융자본덩어리가 처음에는 국가와 함께 형성되었지만 이제는 이 자본덩어리의 움직임은 미국국가의 이해관계와 상반되게 독자적으로 움직이는 증거가 되고 있다.

뿐만 아니라 거대한 공적자금을 마련하기 위하여 달러를 찍어내어 세계적인 인플레이션을 유발한다는 것은 미국의 금융자본의 손실을 전 세계가 공동으로 부담해 준다는 뜻이 된다. 즉 인플레이션을 통하여 전 세계의 부를 자동으로 갈취해서 미국금융자본의 손실을 보전해 준다는 논리이다. 이 또한 미국 금융정책의 윤리적인 붕괴의 문제로서 앞으로 기축통화가 갖는 모순 및 불합리성에 대하여 계속 국제적 논쟁의 소지가 될 것이다.

미국은 은행에 공적자본을 투여하는 대가로 관련 은행을 사실상 국유화하거나 혹은 국가지분을 크게 하는 방식을 취하여 경제공황을 어느 정도 진화하였다. 이는 미 정부가 금융자본 덩어리의 진행과정에 통제권을 갖는 것이고 그대로 이를 자유시장에 방치하지 않고 공권력의 통제력을 행사하겠다는 뜻이 된다. 그러나 금융부실과 독성자산은 아직도 여전히 남아 있어 이러한 금융자본덩어리에 대한 미국정부의 통제능력이 과연 어느 정도 가능할지는 매우 의문이다. 그리고 엄밀한 의미에서 이러한 국유화도 미국 정부와 성격을 달리하며 화폐발행권을 가진 민간기구인 FRB임도 주목 하여야 한다.

이미 언급한 서브프라임모기지론 뿐만 아니라 위험성, 스피드, 무형성, 연결성, 복잡성이 높은 각종의 파생상품의 등장과 거래, 그리고 수표, 어음, 보증 등의 교묘한 신용창출의 통화량 증가 방식은 미 정부의 관료조직의 통제능력을 이미 벗어나 있음을 증명하였다. 더군다나 다국적 형태로서 전자시스템에 의한 빛의 속도의 금융거래는 도저히 정부의 공권력이 추적하기 어려워 사실상 통제권을 벗어났다고 볼 수 있다. 자유시장경제체제의 도래는 금융의 광역화 및 연결성을 강화하고 있다.

미국의 공권력도 거대한 미국의 금융자본덩어리 앞에서 점차 왜소해지는 모습을 갖는 것이다.

미국의 금융자본덩어리는 마치 새가 알을 깨고 부화하여 날아가 버리듯이 미국가의 공권력의 통제능력을 벗어나자 자기의 법칙에 따라서 맘껏 진행을 하는 것이다. 미국국가의 공권력의 통제권을 벗어난 금융자본덩어리는 거칠 것이 없이 내부적으로 부정, 자원유출, 단합 그리고 대외적으로 과다투자, 불공정 거래, 착취 등을 행하여도 거의 제제를 받지 않게 된 것이다. 따라서 전 세계의 인류는 물론 미국인 까지도 미국의 금융자본덩어리의 모순적 행동의 피해자들일 수 있다. 미국의 자원, 환경, 사회평등, 인간관계 그리고 고상한 종교의식, 학문, 예술, 문화 등도 여지없이 파괴되거나 상품화되고 피폐되어 갈 것이다.

미국이 거의 무제한 달러를 찍어내어 금융위기를 막고 경기를 부양 하겠다면 물론 그 계획은 머지않아 단기적으로 달성될 것이다. 그러나 이미 2005년부터 미국 주택 시장의 투기적 붐에 의해 일생에 한 번 보기 힘든 경제위기가 발생할 것이라고 예언한 누리엘 누비니 뉴욕 대 교수는 글로벌 금융위기의 “회복은 근본적인 금융의 불균형이 해소되지 않았기 때문에 빠르기보다 늦을 것이며 회복세는 강하기보다는 약할 것”이라고 말하고 있다. 그리고 그 회복 이후 세계적인 심각한 도덕성 붕괴의 문제와 엄청난 인플레이션의 공포가 또한 도사리고 있는 것이다.

경기 부양을 위하여 화폐공급을 증가시키는 전략으로 미국의 공적자금을 미국의 금융기관에 무제한적으로 투입하고 있지만 주택 및 부동산 가격의 하락에 의한 부실채권에 크게 당한 경험을 한 이들 금융기관들은 미국 정부의 의도와는 달리 채권에 대한 얼어붙은 심리 때문에 당분간 부동산 및 각종 담보채권을 연장하거나 추가 확대하는데 매우 인색할 것이다. 그리고 담보채권 증권들을 잘 거래하지 않을 것이다. 심각한 신용의 붕괴현상 때문에 상당기간 동안 미국 혹은 전 세계의 채권시장은 냉각상태 혹은 침체를 벗어나지 못할 것이다. 채권이 얼어붙어 기업경영의 환경이 악화되고 기업의 규모 축소 및 도산이 잇따르고 실업율이 현재 9.5%에 이르고 있다. 지역에 따라서는 이 실업율이 더 높은 지역도 많으며 특히 미시간주의 경우는 무려 실업율이 15.2%나 된다(동아, 2009.8.3). 부동산 채권 뿐만 아니라 개인들에 대한 채권도 대규모 부실에 빠진 것이다. 따라서 미국의 경기회복은 생각보다 쉽지 않을 것이며 이 공적자본은 오히려 해외의 주요자원에 투자하는 방향으로 나아가기 쉽다. 지금 우리나라의 증권시장으로 새로 몰리고 있는 방대한 해외의 글로벌 투자달러는 바로 이러한 자금의 성격을 갖는다. 그러나 이 자금은 또한 어느 시기에 갑자기 빠져나갈 가능성이 있으므로 매우 주의를 하여야 할 것이다.

금융기관들이 자체의 방대한 손실평가액을 우선적으로 긴급 메꾸거나 채권에 대한 심각한 불신으로 타 금융기관 사이 혹은 시중에 돈을 풀지 않아서 경기부양 효과를 효율적으로 낳지 못하자 미국의 연방준비제도이사회(FRB)는 주요 금융기관을 통하는 채널 이외에 오히려 FRB긴급대출프로그램의 방식(한국경제, 2009. 4. 11)으로 필요한 돈을 직접 방출하기로 한 것이다. 페니매와 프레디맥, JP모건스, 골드만삭스, GM 자동차 등에 직접 투자하거나 빌려주며 FRB의 통제하에 두게 한 것이다.

이번 글로벌 금융위기로서 미국의 금융회사들의 희비가 엇갈린 판도의 변화가 이루어졌다. 현란한 금융기술과 금융상품으로 세계의 돈을 쓸어담으며 미국의 금융자본주의를 선도했던 투자은행(IB)의 위세는 급격히 위축됐다. 5대 투자은행 가운데 베어스턴스는 2008년 3월 도산하여 문을 닫고 상업은행인 JP모건체이스에 팔려나갔다. 글로벌 금융위기의 방아쇠가 되었던 리먼브러더스는 2008년 9월에 파산한 채 조각조각 분해되어 매각됐다. 그러나 증권업 브로커 분야의 절대강자였던 메릴린치도 2009년 1월 역시 상업은행인 뱅크오브어메리카(BOA)에 합병됐다. 골드만삭스와 모건스탠리만 투자은행의 명맥을 유지하고 있으나, 이들 역시 투자은행의 허가증만으로는 생존할 수 없어 상업은행의 영업을 할 수 있는 은행지주회사로 명함을 바꾸었다. 투자은행으로부터 주도권을 넘겨받은 상업은행권의 판도도 변했다. 글로벌 금융시장을 호령했던 1위의 씨티그룹은 3위로 내려 앉았다. 반면 위기를 잘 넘긴 JP모간체이스는 미국내 가장 큰 저축은행이었던 워싱턴뮤추얼까지 인수, 자산규모 2위로 뛰어오르며 월가의 새로운 강자로 떠올랐다. 순위 6위였던 웰스파고은행도 비축해둔 현금 실탄으로 와코비아 은행을 인수해 4위로 부상했다. 덩치로만 보면 모기지은행인 컨트리와이드와 메릴린치를 인수한 BOA가 2조 2600억 달러의 자산으로 가장 크지만 무리한 합병과정에서 발생한 손실로 고전하고 있다. 파산한 미국의 은행 수는 2007년 3개에서 2008년 25개 2009년에는 벌써 81개에나 이르고 있다. 미연방보험공사(FDIC)가 현재 문제은행으로 주시하고 있는 곳만 무려 416개에 달한다(조선일보, 2009. 8. 31).

FRB의 자금은 흔히 공적자금이라고 불리워지나 미국 정부와는 다른 사유 성격의 민간중앙은행이기 때문에(송홍빈, 화폐전쟁, 2009) 엄밀한 의미에서 FRB의 투여자금은 미국정부의 공적자금과는 성격이 전혀 다르며 결코 공공 성격의 공적자금은 아니다. 따라서 FRB가 이 기회에 미국의 주요 금융기관이나 기업들을 이 기회에 쉽게 지배하게 되는 과정과 그 처리방법도 눈여겨 볼 필요도 있다. 그러나 FRB는 이번 글로벌 금융위기 동안경기부양을 위한 무제한의 화폐공급 및 확대 재정 정책에 힘입어 세계의 경제 활동이 호전될 것으로 긍정적으로 예상하고 있다(한국경제, 2009. 8. 14).

미국의 투자은행 및 상업은행들은 미국 정부 및 FRB의 무제한 화폐공급과 시가(時價)주의의 적용에 의하여 부실 채권의 대규모 평가손실을 털어버리는 것을 유보함으로서 일단 파국을 면한 셈이다. 그리고 미국 FRB는 2007년 12월 유럽중앙은행(ECB)과의 무제한의 스와프(swap) 거래 계약을 체결하였다. 이 스와프 거래를 통하여 유럽중앙은행은 달러화를 원하는 만큼 공급받을 수 있었고 이를 이용해 달러유동성 위기에 빠진 유럽계은행들을 구원할 수 있었다. 이번 글로벌 금융위기는 화폐공급량의 무한 증대에 의하여 일시적인 해결을 볼 수 있을 것이다. 전 세계적으로 달러기축통화국인 미국, 그리고 무제한 스와프 계약을 체결한 유럽의 선진국, 그리고 외환보유고를 많이 쌓은 나라들은 일단 1차적인 위기를 벗어날 조짐이다(조선일보, 2009. 7. 25). 그러나 실물경제 및 고용문제에 까지 경기부양이 되지 않아 2차적으로 더블딥의 문제가 우려되고 있다. 지금 미국의 연방재정적자는 이미 GDP대비 12%에 달하고 있으며 GDP 대비 공공부채는 80%에 이르러 걱정스러운 수준이다. 앞으로 경기부양을 위한 추가화폐공급에 대하여 내부적으로 격론이 있어 어려움이 있다.

그 대신 중국과 같은 신흥시장에서 수입을 크게 늘려 줄 것을 기대하고 있는 실정이다(조선일보, 2009. 7. 25).

파생상품에 대한 공포

티모시 가이트너 미국 재무장관은 장외거래(OTC) 파생상품이 금융위기의 주범이며 이의 재발을 막기 위해서는 강력한 규제 및 감독이 필요함을 역설하였다. 워런 버핏도 '파생상품을 금융시장의 대량살상 무기'라고 비난하였다. 2008년 말 현재 파생상품의 원초자산의 전 세계 거래 규모는 로이터 통신에서는 450조 달러라고 보고 있으며 국제결제은행에서는 680조 달러 이상으로 추정하고 있다. 이 가운데 미국이 약 절반인 200조 달러의 시장을 갖고 있다. JP모건체이스, BOA, 시티그룹, 골드만삭스가 미국 파생상품 거래 4대 은행이다. 미국 정부의 천문학적인 구제금융을 받아 연명하고 있는 AIG는 일정수수료 받고 부도위험을 보장해주는 CDS 상품을 대거 팔았다가 신세를 망친 대표적인 사례이다(한국경제, 2009. 5. 15).

문제는 주식이나 채권처럼 거래소에서 거래와 결제가 되지 않는 신용부도 스와프(CDS) 같은 OTC 파생상품이 96.6%를 차지 한다는 점이다. 따라서 이것이 미국 금융시장의 안정을 위협하는 최대의 불안요소라고 할 수 있다. 스탠더드앤드푸어스(S&P)가 현재 미국 은행권은 정부의 수천억 달러에 달하는 지원으로 버티고 있으며 미국 은행권의 위기가 2013년까지 계속될 것이라는 전망을 내놨다.

당초의 글로벌 금융위기가 미국의 문제라고 생각하면서 유럽 국가들은 다소 느긋한 태도를 견지 했었다. 그러나 유럽의 국가들이 점차 자국의 많은 주요 은행들이 이러한 CDS 파생상품 거래와 연관이 된 것을 알고 나서는 놀라서 미국과 함께 자국의 금융기관을 살리고 경기부양을 위한 정책에 대하여 적극적인 공조체제로 돌아서게 되었다.

전 세계에 미치는 영향

미국에서 시발된 금융위기의 공포는 다른 나라의 외환 및 금융위기로 즉각 파급되어 갔다. 아이슬랜드, 리트니아, 큐웨이트, 항가리, 체코, 파키스탄은 외환 및 금융위기로 말미암아 정권이 무너졌다. 아이슬랜드는 국내총생산 GDP의 7배 이상 되는 금액을 해외로부터 차입하여 경제를 키웠던 해외 자금의존도가 매우 높은 나라이다. 큰 은행 3곳을 국유화 하는 비상조치를 취하였다. 2008년 10월 IMF로부터 20억 달러 구제금융을 받기로 하였다. 금융이든 무역이든 해외의존도가 높으면 글로벌 금융위기에 우선적으로 취약하게 된다는 점을 일깨워 주는 국가 부도 사례이다. 지금 동구유럽과 러시아 및 남미의 여러 나라도 모라토리움의 상황으로 매우 위태롭다. 약 2년 전 고유가로 큰소리를 치던 러시아도 큰 위기에 쳐해 있다. 2008년 10월 IMF로부터 우크라이나는 165억 달러, 11월 항가리는 157억 달러의 구제금융을 받기로 하였다. 우리나라도 외환의 위기로 환율이 1달러당 900원 수준에서 무려 1,600원까지 오르기도 하였다.

세계의 각 나라는 미국의 투기은행들의 자금확보를 위한 갑작스러운 달러의 회수로 외환위기를 격게 되었고 개인, 기업, 은행 등 개별 경제 주체들은 외환공급의 불확성에 대한 공포로 불확실한 경제위기에 대처하기 위하여 외환보유액을 더욱 증대함으로서 각 국가의 외환위기를 더욱 심화시킨 것이다.

그리고 각 국가의 외환위기는 국가의 부도의 공포로 이어져 국내 주가의 폭락, 기업대출의 회수 혹은 중단, 기업도산, 실직자들의 증가 등으로 역시 대불황을 겪게 된다. 따라서 국내적으로도 불확실한 경제위기에 대처하기 위하여 현금보유액을 증가시킴으로서 자금유동성이 사라진다. 수출이 많은 국가는 미국을 비롯하여 많은 나라들의 불황으로 수출액이 격감하여 외환의 위기를 더욱 부채질하게 되는 것이다. 세계 각 국가는 외환위기, 금융위기, 불황, 수출격감으로서 고통을 받는다.

이렇게 전 세계에 걸친 대부분 나라들의 공통된 경제위기는 역으로 미국의 수출규모 및 금융투자의 기회의 축소를 가져오고 미국의 대공황을 더욱 심화시키면서 상승효과를 갖는다. 따라서 미국정부는 G20의 국제회의를 비롯한 여러 각 나라와의 회담에서 전 세계의 동시적인 경기부양 정책의 공동보조를 강조하였다. 확대재정금융정책을 실시하여 돈을 풀어 경기를 부양시키자는 노력을 공동으로 하자는 것이다. 즉 이는 시장에 화폐량의 증가를 통하여 경기를 모두 부양하려는 정책이다. 그러나 신용붕괴로 채권시장이 얼어붙은 상황에서 화폐공급의 확대만으로는 문제해결에 한계를 갖을 것이다. 증가된 돈의 흐름이 담보대출의 채권규모 증가, 채권이자율 인하 및 채권만기의 연장 등으로 이어지는 것이 아니라 오히려 현물, 자원, 금은 등의 귀금속, M&A 등 실물 소유를 위한 환물 투자로 돈이 몰리는 경향을 보인다. 이로서 부동산 및 기업들을 위한 대출은 더욱 축소되고 경기불안 및 그 하락이 심해진다.

호주, 뉴질랜드, 캐나다처럼 원자재 수출국들은 통화가치의 급등으로 문제가 심각하다. 올 2분기 들어서 뉴질랜드는 15%, 캐나다 호주도 17.5%나 상승하였다. 이들 원자재 수출국들의 통화가치가 초강세를 보인 주된 이유는 투자자들이 미 국채나 다른 안전자산을 팔아 원자재 수출국의 고금리 자산에 대한 투자를 늘이고 있기 때문이다(한국경제, 2009. 6. 15).

엔화의 통화가치가 높은 일본도 주택자금 대출의 부실이 일본경제의 위기의 복병이 되고 있다. 근로자들은 월급과 상여금이 모두 줄어든 탓에 매달 닥치는 주택자금을 상환하느라 전전긍긍하고 있다(국민, 2009. 6. 20). 은행에서 주택자금을 대출받았던 사람들이 상환을 연기하거나 아예 포기하는 경우가 늘고 있어 경제 불안을 가중시키는 요인으로 작용하고 있다. 자칫하면 미국처럼 주택대출금 문제로 인하여 사회불안의 위기가 야기될 수도 있을 것이다. 뿐만 아니라 소비자들이 경제침체에 대한 비관적인 우울한 경제전망이 짙어 기업들이 가격을 아무리 낮춰도 물건이 팔리지 않는 전형적인 디플레이션 국면에 빠져 있다(동아, 2009. 8. 3).

유럽의 나라들은 통화량 증가를 통한 특별한 경기 부양정책에 매우 신중하였다. 특히 독일은 1차 세계 대전 직후 무려 만여 배 이상의 살인적인 인플레이션을 경험하고 국내 화폐가 휴지 조각 만큼의 가치도 갖지 못했던 지난날 악몽 때문에 이러한 통화량 증가에 따른 경기부양 정책의 동조에는 난색을 표하고 있다.

앞으로 선진 경제국들이 달성해야 할 주요한 과제는 중장기적인 재정 건전성이다. 영국, 스페인, 아일랜드의 국가 신용등급이 하향되었다. 미국도 매년 공공부채가 10조 달러를 넘어서고 그 누적치가 무려 44조 달러에 이르고 있기 때문에 만약 미국도 수년 내에 재정 건전성을 회복하지 못하면 세계인들이 미국을 새로운 각도로 보게 되고 미국의 국가신용등급의 하향도 가능해 질 수 있다(조선, 2009. 6. 16). 이런 막대한 재정적자에서 벗어나는 길은 일반적으로 세 가지 뿐이다. 첫째, 국가부도를 내는 것이다. 둘째, 인플레이션을 통해 실질적인 부채부담을 줄이는 길이다. 셋째, 세금을 올리는 길이다. 뉴욕대학의 누리엘 루비니 교수는 이번 글로벌 금융위기로 미국 제국의 쇠퇴의 시작이며 아시아의 세기로 들어서고 있으며 달러가치의 몰락과 달러를 대체할 대안으로서 위안화의 부상을 점치고 있다.

영국도 지금 금융부실과 함께 엄청난 재정적자라는 2대 불안 요인이 겹쳐진 상황이다. 금융위기와 부동산 가격의 하락으로 실물경제가 위축되고 근로자의 소득이 감소되고 이것이 다시 금융과 부동산의 위기를 더욱 악화시키는 악순환의 고리를 끊어내지 못하고 있다. 영국은 또한 재정적자가 눈덩이처럼 불어나서 더 이상 경기부양에 돈을 쏟아 붓기가 어려워 조속한 경기회복세는 기대하기 힘든다. 일각에서는 영국이 글로벌 제2의 아이슬랜드 혹은 금융위기의 새로운 뇌관이 될 수 있다는 염려를 제기하고 있다. 이러한 영국 경제의 근본적인 문제점은 과도하게 금융에 편중된 산업구조 때문이며 미국과 함께 이번 글로벌 금융위기의 가장 큰 타격을 입고 만 것이다. 현란한 금융상품의 개발과 거래를 이끈 주도적인 금융산업 덕분에 1990년대부터 2007년 까지 장기 호황을 누려왔지만 이제는 오히려 부동산 가격의 폭락과 취약한 국가재정으로 큰 경제위기에 봉착한 것이다. 자기 꾀에 자기가 속는다는 속담도 있듯이 실물경제를 등한시 하고 금융산업을 통한 불로소득 자산 재증식의 효율성만을 너무 쫓다가 오히려 역으로 당한 것이다. 지금 영국은 미국과 무한대로 달러 통화스왑 협정을 체결하고 있어 단기적으로는 문제의 심각성이 은폐되고 채무불이행의 위기에 처할 가능성은 낮지만 IMF나 경제협력개발기구(OECD) 등은 올해 영국의 경제 성장률은 2차 세계대전 후 최악인 -4%를 기록할 것이라고 전망하고 있다(매일경제, 2009. 6. 23).

영국의 국력이 예전 같지 않다(조선일보, 2009. 8. 3). 당당하고 위대한 선진국 지위에서 한 왜소한 섬나라로 속절없이 추락하고 있다. 글로벌 금융위기와 함께 해가 지지 않던 대영제국의 위로 긴 그림자가 드리우게 되었다고 표현한다. 글로벌 금융위기로 영국의 번영의 원동력이던 금융분야는 오히려 성장의 걸림돌로 바뀌었고 그동안 믿고 의지해 왔던 미국은 예전처럼 도와 줄 수 있는 입장이 못 되고 있다. 월가를 능가하던 규제완화로 번영을 구가하던 헤지펀드와 파생상품의 거래가 직격탄을 맞으며 런던의 금융허브 지위는 오히려 싱가포르와 홍콩이 넘보는 상황이다. 실업수당을 받는 영국인이 현재 200만명을 넘어섰고 곧 300만 명까지 육박할 전망이다. 국가 빚은 금융위기 전에 비하여 2배 수준으로 급증하며 장차 GDP대비 100%를 넘어설 것으로 보인다. 군사적 측면에서도 핵무기 유지 능력에도 의문이 생긴다. 약 200억 파운드(약 40조원)이 소요되는 잠수함발사 핵미사일인 트라이던트(Trident) 미사일 체제의 교체도 불가능할 것 같다.

그러나 동남아시아 지역에서 금융 및 물류허브로서 각광을 받아온 싱가포르도 수출위주의 경제체제이기 때문에 경제성장에 상당히 큰 타격을 받고 있다. 2007년에 7.8%를 기록했던 경제성장율은 2008년에 수출이 20% 감소하면서 1.2%로 크게 낮아졌다. 그리고 2009년도에는 마이너스 6~9%까지 전망되며 기업환경이 악화되고 있으며 해외자본의 이탈이 이어지면서 투자 및 생산이 위축되어 경기침체가 가속화 될 우려가 있다(조선, 2009. 9. 8).

중국정부는 글로벌 금융위기의 심각성을 인식하고 적극적인 적자 재정정책 및 내수 확대 정책의 이례적인 조치를 취하고 있다. 2008년도 말 약 4조 위안(5860억 달러) 규모의 경기 부양책을 발표하고 대출을 늘이도록 장려하고 있다. 위안화의 추가 발행으로 통화가치로의 폭등을 중화시키고 있으며 약 2조달러의 외환보유고를 국부펀드 잘 활용하여 해외의 금융, 자원, 기간산업에 대한 M&A를 적극 추진하고 있다. 우리나라는 중국과 일본의 경제 강대국 사이에의 경기 부양정책 때문에 미국, 유럽에서의 수출 감소의 악영향이 상쇄되고 있음은 그나마 다행한 일이라고 할 것이다.

세계적으로 경기 불씨를 살리기 위하여 주요 국가들이 천문학적인 나랏돈을 퍼부으면서 경기회복의 기대감은 높아지고 있지만 경기침체의 후폭풍은 여전하다고 하겠다. 우선 국가의 채무가 너무 급증하고 있다. 그리고 높은 실업율이 불황탈출의 발목을 잡고 있다. 세계 3대 경제대국인 미국, 일본, 중국 정부는 이런 부작용을 줄이기 위하여 가계 안정과 소비 진작에 안간힘을 쏟고 있다(동아, 2009. 8. 3).

정권붕괴 도미노 현상이 빚어지고 있다(매일경제, 09. 3. 26). 2009년 1월 27일 아이슬란드 연립정부가 붕괴하여 케이르하르데 총리가 사퇴하였다. 아이슬란드는 인구 32만명, 국내총생산(GDP)는 140억 달러의 작은 국가이다. 나라 자체는 작지만 1990년대 중반 증권시장의 형성, 은행산업의 규제완화 등을 통해 금융업을 키우면서 유럽의 금융허브의 하나로 급성장 했다. 이 때문에 은행권의 채무 규모는 이 나라의 GDP의 약 7배인 1000억 달러에 달한다. 그런데 외환 보유고는 60억 달러의 수준에 불과했다. 금융업에 의존해 급성장한 아이슬랜드가 미국발 금융위기의 직격탄을 맞아 국가부도에 이른 것이다. 금융업에만 지나치게 의존한 과도한 부채가 국가경제를 좌초시키는 대표적인 사례가 될 것이다.

2월 20일 라트비아 연립정부도 깨어져서 이바로스 고드마니스 총리가 역시 물러났다. 그리고 3월 21일 페렌츠 주르차니 총리가 사임의사 발표를 하면서 새로운 정부의 구성을 제안하였다. 이와 같이 동유럽 각국이 경제위기의 파고에 휩쓸려 연쇄적인 정권 붕괴의 위기를 맞고 있다. 유럽연합(EU)의 의장국인 체코정부는 3월 24일 경제위기의 책임을 추궁하는 의회불신임으로 미레크 토폴라네크 총리와 내각이 사퇴하였다. 체코 정권의 붕괴는 동유럽국가 중 아이슬란드, 라트비아, 항가리에 이어 경제위기로 정권이 붕괴된 네 번째 사례이다. 체코정권의 붕괴는 총리가 글로벌 금융위기에도 불구하고 과감한 대응을 못한 실패 때문이라고 볼 수 있다.

경제위기로 인한 동유럽국가 여당지지율이 급락한 가운데 야당의 조기 총선 요구 등 갈등이 들끓고 있어 추가적인 연쇄 정부붕괴가 우려된다. 불가리아는 내년총선을 앞두고 높은 국민적 지지를 얻고 있는 야당(GERB)이 다른 야당과 연대해 조기 총선을 계속 압박하고 나설 가능성이 높다. 루마니아 역시 오는 12월 대통령 선거를 앞두고 연립정부내 균열이 불가피해 보인다. 루마니아는 3월 25일 IMF, EU, 유럽부흥개발은행(EBRD), 세계은행 등과 200억 유로 규모의 구제금융지원안에 합의했다. 우크라이나도 빅토르 유센코 대통령과 율리아 티모센코 총리 양측간 대립이 극한 상황이라 언제 연정이 붕괴될지 모르는 상태이다. 한편 영국의 이코노미스트 산하 이코노미스트 인텔리전스 유니트(EIU)는 최근 “유럽국가 중 우크라이나, 보스니아, 그리스 등이 경제붕괴 때문에 정부붕괴의 가능성이 매우 높다”고 진단한 바가 있다.

글로벌 금융위기가 닥쳐왔을 때 먼저 혹독한 대가를 치르는 이유로서 사회적 불건전성을 들 수 있다. 미국 미네소타 대학의 로스 레빈은 국부(國富)를 결정하는 가장 중요한 요소로서 '사회적 기술'을 꼽았다. 72개국을 분석한 결과 나라의 부를 결정하는 요인으로는 천연자원, 정부정책역량, 물리적 기술도 중요하지만 법의지배와 재산권, 정비된 금융제도, 투명성 등 사회제도적인 요인, 즉 사회적 기술이 더 결정적이라는 것이다(동아일보, 2009. 8. 7).

우리나라 외환위기 및 경제위기 상황

국제적으로 적정외환보유액을 산정하는 방식은 크게 세 가지로 알려지고 있다(조선일보, 2009. 8. 14). 어느 방법에 의거 하느냐에 따라 적정 외환보유액에 대한 주장이 달라지게 된다.

첫째, 3개월 수입액을 비상금으로 갖고 있어야 한다는 주장으로서 가장 소극적인 외환보유 방법이다. 우리나라의 한 달 수입액은 약 300억 달러 내외이므로 약 1000억 달러 정도를 외환보유액으로 쌓으면 된다는 계산이 나온다. 이 정도로서는 글로벌 금융위기를 대처할 수 없음은 경험상 명백해 졌다. 둘째, 앨런 그린스펀(Greenspan) 전 미 연방준비제도이사회(FRB) 의장이 제시한 기준으로 1년 이내에 만기가 돌아오는 유동외채 정도만 보유하면 충분하다는 주장이다. 지난 2009년도 3월말 현재 우리나라의 유동외채는 1857억 달러이었다. 외화보유액을 200억 달러면 충분하다는 이야기이다. 우리나라가 2008년 9월에 약 2000억 달러를 유지하다가 갑작스러운 외화 해외인출 사태에 직면하여 나라 전체가 큰 부도위기에 빠질 뻔

했다. 다행히 금융스와프제도라는 구세주가 나타났기 때문에 살아난 것이다. 미국의 FRB는 국제금융재벌세력이 장악하고 있는 기관이며 이곳의 의장은 이 세력을 대변할 가능성이 높기 때문에 그의 말만 믿다가는 어떻게 될 것이라는 것은 능히 짐작가는 일이다. 약소국의 국가 경제정책가들은 항상 이런 차원의 분별력이 필요하다고 본다. 국제금융재벌세력은 화폐발행권을 이용하여 인플레이션을 조장하여 부의 강탈을 시도하고 다시 갑자기 자금을 회수하여 파산한 부동산이나 기업들을 헐값으로 매수하는 수법으로 이권을 챙기는 속성을 가진 세력임은 이미 많은 사람들이 언급한 바가 있다. 셋째는 3개월 수입액에, 유동외채 액수를 더하고, 외국인 주식, 채권 투자 자금의 3분의 1을 더한 정도를 보유해야 한다는 주장이다. 올 1분기 수입액은 712억 달러, 유동외채 1857억 달러에 외국인 주식 및 채권의 투자자금 3분의 1인 812억 달러를 더하면 약 3400억 달러의 외환보유액이 필요할 것이라는 계산이 나온다.

우리나라 현재의 외채에 대하여 이창용 금융위원회 부위원장의 언급이 신뢰성을 주기 때문에 우선 여기에 인용 하고자 한다(매일경제, 09. 3. 26). “총 외화부채 규모는 3800억 달러에 달하지만 이 중 외환 헤지물량 390억 달러, 조선사 선수금 590억 달러 등 실제 상환부담이 없는 부채가 1027억 달러나 되기 때문에 실제 리스크가 있는 부채의 규모는 2778억 달러에 불과하다. 이 중에서 단기 부채 전체 금액은 1510억이다. 그리고 특히 문제가 되었던 국내 은행과 회사들이 빌린 외화부채는 이 가운데 43.8%에 해당하는 662억 달러 정도이므로 크게 문제될 것이 없다. 우리나라가 갖고 있는 총 외환보유액은 2017달러이며 통화스왑자금 900억 달러 그리고 경상수지 흑자 등을 고려하면 외화부채를 다 갚고도 남는다는 계산이 된다.” 더군다나 한국은행은 2009년 6월 말 기준으로 순대외채무가 75억 7000만 달러로 3월말에 비하여 165억 2000만 달러나 감소하여 연내 채권국으로 복귀할 수 있을 것으로 전망하고 있다. 2000년 2분기부터 2008년 2분기 까지 8년간 순채권국으로 지위를 유지해 오다가 2008년 말 순대외채무규모가 오히려 326억 3000만달러까지 늘어난 적이 있었다.

그러나 우리나라 외환 보유액이 대규모 경상수지 흑자 등에 힘입어 급속히 늘어나고 있어 글로벌 금융시장이 또다시 요동치지 않고 계속 이런 추세라면 올 2009년도 연말에는 사상 최대 규모인 2700억 달러에 이를 전망이다(조선일보, 2009. 8. 3). 6월말 현재 외환보유액은 2317억 3000만 달러에 이르고 7월말 현재 약 2375억 1000만 달러로 전월보다 57만억 8000만 달러가 더 늘어났다. 이렇게 외환보유고가 늘어난 것은 올 상반기에 217억 5000만 달러의 사상 최대 규모의 경상수지 흑자에 이어 하반기에도 100~150억 달러의 흑자가 날 것으로 예상하기 때문이다. 재정기획부나 혹은 외부경제전문가들은 외환보유액을 3000억 달러 이상을 쌓아야 안심이라는 주장을 하고 있다. 그리고 삼성경제연구소에서는 금융위기가 터지면 외환보유액은 3000억 달러로도 부족할 수 있으므로 통화스와프 같은 국제금융협력을 통해 공조체제를 강화하면서 외환보유액을 늘려가는 것이 효과적이라고 말하고 있다. 재정기획부에서는 위기상황을 대비하는 측면에서 외환보유액은 많을 수록 좋지만 정부가 인위적으로 사들였다가는 국제적으로 환율조작국으로 비판을 받을 수도 있고 또한 달러를 흡수한 결과로 시장에 원화가 많이 풀리면 물가급등을 초래할 우려도 있기 때문에 외환보유액을 눈에 띄지 않게 서서히 늘려가겠다는 입장이다. 국제금융재벌세력들은 그들이 겨냥하고 있는 어느 국가가 너무 많은 외환보유고를 갖고 있으면 자신들의 자본 증식을 위한 "화폐과잉공급과 긴급회수"라는 사악한 전략이 잘 먹히지 않을 것이므로 대단히 싫어하여 시비를 걸 것이라는 것은 자명한 일이다.

외환보유액이 부족하여 국제지불불능 상태가 되면, 즉 국가 부도 상태가 되는 것이 얼마나 비극적인 상황인지 안다면 단 한 번의 외환관리의 실패도 용납해서는 아니 될 일이다. 즉 이러한 실패의 매우 작은 가능성마저도 배제하여야 한다. 우리나라는 이 국가부도의 극단적인 상황을 용케도 지금까지 여러 번 잘 피해왔지만 지금까지 너무나 아슬아슬한 줄타기를 해 온 셈이다. 더군다나 특히 이번 글로벌 금융위기에서 경험했듯이 방대한 해외투자 및 투기 자금이 순식간에 들어왔다가 빠져나가는 정보화 및 글로벌 금융 불확실성의 시대에서는 환경변동에 대한 완충장치로서 충분한 외환보유액을 갖는 것이 당연하다. 다다익선(多多益善)이라고 외환보유고는 적정수준이 있다는 논리를 폐기하고 많으면 많을수록 좋다는 사고방식을 갖어야 할 것이다.

물론 외환보유액을 늘이고 유지하려면 비용이 많이 든다. 시장에서 달러를 사서 외환보유액을 쌓으면 시중에 원화가 풀리기 때문에 이를 중화시키기 위해 한국은행은 그간 통화안정증권을 발행해서 시중의 돈을 흡수하여 왔다. 2009년 8월 현재 통화안정증권의 발행액은 약 160조 규모이다. 외환보유액을 미국 국채 등에 운용해서 수익을 얻지만 대체로 통화안정증권에 더 높은 이자를 주기 때문에 국내외 금리차를 1% 포인트로 가정해도 연간 1조 6000억 원 정도의 외환보유액 관리 비용이 들어간다.

그러나 필자는 기존의 많은 적정 외환보유 규모에 관한 견해와 달리한다. 다다익선의 사고방식이며 국부펀드의 조성 입장이다. 이러한 주장은 강만수 청와대경쟁강화위원장의 주장과도 일치한다(조선일보, 2009. 8. 14). 약 1조 달러 이상의 외화보유고를 최대한 짧은 년도내로 지향하는 큰 비전 및 목표를 수립하고 이를 온 국민이 힘을 합쳐 달성하는 것을 제시한다. 외환문제의 방어를 위하여 약 3000억 달러, 그리고 국부펀드 소유 및 증식으로서 7000억 달러 이상을 확보하는 것이 향후 국가의 운명을 한 단계 더 도약시키는 길이 될 것이다. 외환관리는 전통적인 방식으로 국가부도를 막는 소극적 방어적인 입장에서 접근하는 것을 넘어서서 낭비가 없는 흑자 국가 재정 운영을 통하여 국민전체가 함께 잉여분을 축적 공유하며 또한 이를 증식시키는 국부펀드로서 적극적인 해외 투자 및 대외자산까지도 크게 확대하는 적극적이며 혁신적 개념으로 발전시키는 것이 바람직하다. 앞으로는 자원 및 기술확보를 위해서도 이런 여유있는 국부의 운용이 필요하다. 개인이든 나라이든 여유 재산은 무슨 적정수준이 있는 것이 아니라 많으면 많을수록 경제적인 힘이 더 생기는 것은 마찬가지 이치일 것이다.

우리나라의 경제위기 상황은 크게 외환위기, 금융위기, 수출격감의 3대 문제를 안고 있다. 우리나라의 경제적 위기는 주로 우선 외환위기라고 볼 수 있다. 이번 글로벌 금융위기는 국내 내부의 경쟁력 약화의 문제로 야기 되었다고 보기 보다는 미국이나 전 세계의 갑작스러운 달러의 흡인력 때문에 발생하였다. 주로 미국의 수많은 대규모의 금융기관들의 도산의 위기 때문에 예측할 수 없는 달러의 수요발생 때문이었다. 그리고 또한 우리나라는 IMF 재정위기 때에도 유사한 경험을 했음에도 불구하고 정부가 외환보유고에 관한 관리를 또다시 잘못하였기 때문이라고 볼 수 있다. 외환위기로 말미암은 경영환경의 불확실성에 대한 완충장치(buffering)로서 국내금융기관이나 기업들의 달러자금 보유액이 증가함으로서 더욱 문제를 심각하게 하였다.

그러나 지금처럼 미국이 미국 내 공적자금이나 외국과의 통화스와프를 위하여 달러를 미 정부의 채권발행의 형식으로 거의 무제한 찍어내어 대규모로 방출하는 이상 이 외환위기의 문제는 머지않아 곧 해결될 전망이다. 물론 이 미국의 통화량발행 증대의 문제는 향후 기축통화의 횡포와 그 윤리적 문제로 선진국들 사이의 뜨거운 논쟁을 불러일으키는 사건이 될 것이다. 이는 세계전체의 인플레이션을 유발하여 세계전체의 부를 강제로 갈취 이동시키고 세계전체의 전반적인 빈곤을 초래케 하기 때문이다.

외환위기에 빠진 나라들을 구제하기 위하여 나라사이의 스와프 화폐교환을 하는 것은 의 미국이 돈을 찍어내는 명분을 어느 정도 만들어 주고 있다. 우리나라 정부도 상응하여 정부의 채권발행 형식으로 돈을 찍어내고 이를 미국의 달러와 교환하면 외환위기를 상당히 극복할 수 있다. 지금 미국은 신뢰할 수 있는 정부를 대상으로 사실상 무제한 스와프를 하고 있다.

미네르바라는 필명으로 인터넷에서 외환위기를 예언한 사람이 검찰에 구속되었다. 외환위기의 도래로 인한 환율급등과 리먼브러더스와 같은 미국 투기은행의 도산을 거의 정확하게 맞춘 점은 대단히 훌륭했다. 그러나 외환위기에 대하여 너무나 비관적인 전망을 내놓았다. 그는 아마도 미국이 이렇게까지 달러를 마구 찍어내고 한미간 스와프가 이렇게 용이하게 진행될 줄은 감지하지 못했던 것 같다. 미국은 2008년 9월 18일 영국, 일본, 캐나다, 9월 24일에는 미국이 호주, 덴마크, 노르웨이, 스웨덴 그리고 10월 29일에는 한국, 브라질, 멕시코, 싱가포르, 뉴질랜드와 통화스와프 계약을 체결하였다. 우리나라는 이때 300억 달러의 6개월 간의 조건이었다. 그리고 미국 통화발행액 대거 증가로 인하여 달러의 부족으로 인한 불안감이 어느 정도 사라지면서 세계의 각 개별경제 주체들은 보유하고 있는 달러 재고를 스스로 내놓아 외환위기가 예상외로 쉽게 해결되었다. 그러나 강한 국가의 조직이 한 무명의 나약한 개인을 상대로 그가 미래를 좀 부정적으로 틀리게 예측했다고 해서 그를 구속까지 하는 것은 정부의 체면이 서지 않는 무리한 공권력 행사라고 볼 수밖에 없다.

우리나라의 수출이 세계적인 대공황으로 말미암아 격감할 것이고 이로 인한 외환보유고의 감소문제와 기업들의 도산이 문제가 되며 또한 갑자기 발생하는 연체 및 부실채권으로 금융위기가 또한 문제시 된다. 조선, 반도체 휴대폰 수출과 같이 경기변동에 매우 민감한 수출 품목이므로 더욱 심각한 대공황의 영향을 받는다. 따라서 실물경제의 위축과 더불어 대량해고도 함께 나타날 것이다. 이에 대응하여 수출문제가 외환 확충과 관련하여 매우 중요하기 때문에 수출을 장려하는 정책을 쓰면 되고 금융 및 실물위기는 우리도 미국처럼 돈 찍어내어 공적자금으로 방출하면 단기적으로 해결될 것이다. 그러나 장기적으로는 엄청난 인플레이션의 후폭풍이 기다리고 있다.

글로벌 금융위기의 여파로 우리나라 재정의 건전성이 크게 악화되고 있다. 국가재정운용계획에 따르면 우리나라 국가채무는 올해 누적치가 366조가 된다. 올해 연간 재정적자 규모 51조원이 보태진 것이다. 국내총생산 GDP대비 35.6%이다(동아, 2009. 9. 29). 계산방식에 따라 800~1000조원으로 주장하는 다양한 견해들도 있다. 불행 중 다행스러운 것은 화폐발행권을 가진 우리나라 중앙은행인 한국은행이 미국이나 영국 및 유럽의 선진국들의 민영 중앙은행과는 달리 국영이라는 점이다. 이 점은 매우 중요하다. 화폐추가발행액에 대한 인플레이션에 의한 손실이 국민들에게 돌아가지만 그 대가로의 혜택을 대체로 국민들이 그대로 고스란히 누리는 셈이다. 어느 날 국민 여론에 의거하여 국가의 결정으로 한국은행에 대한 채무를 없는 것으로 간주하면 끝이다. 이 경우 국민들이 이미 더 이상 갚을 세금이 없다. 그러나 미국이나 영국 및 유럽의 선진국들은 중앙은행이 민영이기 때문에 그렇지 아니하다. 이들 국가는 영원히 화폐추가발행에 대한 중앙은행의 채무에서 벋어나지 못하게 되어 있다. 이 경우 국민들은 인플레이션 부담과 채무변제를 위한 납세의 2 중고를 치러야 할 것이다. 그 대신 화폐발행액 만큼의 이익은 화폐발행권자인 민영 중앙은행이 가져가게 된다.

경기부양책을 쓰기위하여 통화량을 증대시키고 작은 거품을 용인하는 것은 어쩔 수 없다고 생각할 수 있다. 인플레이션이 매년 약 2~3%정도 유지하는 것은 바람직하며 만약에 디플레이션이 생기면 오히려 더 큰 화를 자초할 수 있다고 일반적으로 생각한다. 경기가 매우 좋지 않는 상황에서는 디플레이션을 상쇄시키기 위한 인플레이션 수준을 더 증가시키는 이해할 수 있다. 그러나 지금의 작은 작은 거품은 아름답게 보일 수도 있지만 어느 날 갑자기 이것이 괴물급 거품으로 급변할지 판단할 수 없는 것이 문제이다. 인플레이션은 마치 쓰나미 파도가 밀어닥치 듯이 갑자기 나타날 수 있다. 반면에 처음부터 거품을 잡으려고 칼을 자못 쓰면 경기가 금방 죽어버린다는 것이다. 일본이 10년 불황을 격을 때 경제지표상의 회복을 보면서 한 때 소비세를 올렸다가 낭패했다. 2000년에는 풀린림 돈을 회수하려고 금리를 올렸다가 곧바로 경기가 하강하는 바람에 7개월

만에 두 손을 들고 말았다. 거품을 잡으려다가 투자와 소비를 압박하여 경제 전체가 위축되는 역풍은 어느 나라나 겪는 현상이다. 따라서 정부 정책 담당자들은 인플레이션의 수준을 결정하는 문제에 있어서 마치 외줄타기 하는 입장이 아닐 수 없다. 한 발짝 잘못디디면 대형 거품이고 또 한발 잘못 내디디면 장기 침체다(조선, 2009. 6. 20, 손희영 글).

아시아권의 국가들이 미국이나 유럽 국가들에 비해 이번 글로벌 금융위기로 말미암은 불황의 어두운 그림자에서 다소 조금 비껴나가 있다고 볼 수 있다. 그 이유는 아시아 지역의 금융회사들이 서구권 금융회사들 보다 파생상품 등에의 투자의 규모가 적었던 데 있다. 그리고 우리나라의 경우 은행의 부동산 담보대출의 비율이 약 50~60%의 수준으로 낮게 견지해온 것이 도움이 되었다. 그리고 최근 중국 및 일본의 과감한 경기 부양 정책이 우리나라의 극한적 불황의 상황을 막아주고 있다고 볼 것이다. 그리고 고환율정책은 중소기업이나 영세업을 힘들게 하고 있지만 산업의 수출의존도가 90% 넘는 우리나라의 수출위기 문제를 어느 정도 완화시켜주고 있다.

그러나 지금 우리나라 가계부채 올 들어 22조나 증가하여 은행 가계 대출 규모가 2009년 7월말 현재 402조나 급증한 상태이다(한국경제, 2009. 8. 20). 물론 이러한 가계대출의 증가가 경기침체기에 소득감소로 인한 가계의 유동성 부분을 일부 보완하고 주택가격 급락을 방지하는 효과가 있었다고 분석 된다. 그러나 이와 같은 대출증가세가 계속될 경우 금융회사와 가계가 동반부실에 빠질 수 있다. 화폐공급량을 늘여서 우선적으로 금융위기를 극복한 상태이지만 점차 실물위기를 거쳐 신용위기의 조짐은 여전히 진행되고 있다. 경제성장과 일자리 창출 등을 통한 개인들의 채무상환 능력을 유지하는 것이 중요하다. 앞으로 우리나라 경제의 경기 동향을 바로 이해하기 위해서는 가계부채의 부실여부와 고용지수의 증감이 갖는 의미가 가장 클 것이다.

출구전략(Exit Strategy)에 대한 논의

글로벌 금유위기의 쓰나미를 만나 미국을 비롯한 전 세계의 금융기관이 위기에 처하고 채권시장이 얼어붙어 유동성 상실의 상황에 빠지자 전 세계의 각 국가들은 긴급 통화량 확대공급을 통한 강력한 경기부양 정책을 실시하였다. 미국의 연방준비제도이사회(FRB)는 서브프라임 사태 직후인 2007년 9월 부터 리먼브러더스 파산의 후 금융폭풍이 세계금융계를 뒤흔들던 2008년 12월까지 총 10여 차례에 걸쳐 정책금리를 5~5.25% 포인트 내렸다. 그 결과로 미국의 정책금리는 현재 역사상 가장 낮은 수준인 0~0.5%에 머물러 있다. FRB는 이와 같은 전통적인 방법뿐 아니라 비전통적인 방법으로도 시중에 자금을 공급하고 있는 중이다. 비전통적인 방법이란 정부 및 정부보증기관이 발행하거나 보증한 채권을 매입하거나 금융회사에 대한 여러형태의 담보대출, 해외 중앙은행에 대한 스왑 형태의 자금지원 등 이른바 화폐공급에 의한 양적완화 정책을 의미한다. 이 같은 파격적이고 비전통적인 자금공급은 FRB의 자산 증가로 귀결됐다. FRB의 총자산이 2007년 말 8900억 달러에서 2009년 6월말 현재 2조 달러로 급증 했다. 즉, 글로벌 금융위기 와중에서 미국의 민간기관인 FRB가 크게 치부하였다는 말이 된다. FRB 자산 중 국채와 정부기관 채권은 7500달러로 과거 수준과 크게 다르지 않다. 반면에 과거에 존재하지 않았던 주택담보채권이 4700억 달러나 늘었다. 금융회사 대출도 고위험자산인 부실금융 회사 대출을 포함하여 현재 6000억 달러를 상회 하였다. FRB의 자산 증가를 통하여 시중에 공급된 돈의 원천은 화폐발행액(printing money)과 대출해 줄 곳이 마땅하지 않아 중앙은행으로 다시 돌아오는 은행의 초과지급준비금이다. 지금 버냉키 FRB의장은 아직 경기회복이 멀었기 때문에 2011년 까지는 긴축정책을 쓰는 출구전략은 시기상조라고 보고 있다. 앞으로 이 때 까지 FRB는 계속 화폐발행을 하여 치부할 기회를 얻게 될 것이다. 글로벌 금융위기처럼 위기상황에서만이 FRB는 전 세계의 인류를 감쪽같이 속이거나 착각에 빠뜨려 조용히 부의 이동을 꾀할 수 있을 것이다. 위기상황이 사라지면 이러한 이익 동기는 어느날 갑작스러운 긴축을 통하여 세계의 금융위기를 다시 작위적으로 만들 가능성이 있다. 그러나 지금은 금융시장과 부동산시장이 안정되어 가고 있으며 이제는 경기 회복세에 접어들었다는 진단이 나오기도 한다. 2008년 9월 이후 시중에 풀린 과잉통화량 공급으로 말미암은 하이퍼인플레이션의 재앙을 막기 위한 사전의 통화량 회수 혹은 금리인상의 정책의 필요성을 이야기 하는 출구전략이 점차 거론되고 있다.

악화일로의 각 나라 정부들의 재정적자 규모가 문제가 되고 있다. 미국과 영국은 위기에 빠진 경제를 대대적인 재정지출을 통하여 지탱하였다. 거품으로 야기된 경제를 가짜의 거품으로 치유하는 방식이 오래가지 못할 것임은 자명하다. 재정적자가 눈덩이처럼 빠른 속도로 늘어나면서 이번에는 정부의 부채가 경제를 파탄시킬 수 있다는 염려가 커지고 있다. 투자자들이 미국 정부의 부실한 재정을 염려해 국채를 내다 팔기 때문에 채권 가격이 하락함과 동시에 금리가 상승하자 주택담보대출이나 회사채 이자율도 덩달아 올라 차입자의 부담을 다시 높이게 된다. 지금 세계경제 위기의 뇌관으로 지목되고 있는 영국도 재정적자로 골머리를 앓고 있다. 불황으로 문을 닫는 기업이 늘어나고 실업율이 급등하면서 사회보험액의 지출이 늘어난 반면 세수는 줄어 국가 재정의 어려움을 겪고 있으며 국제신용평가사 스탠더드앤드푸어즈(S&P)로부터 국가신용등급이 '안정적'에서 '부정적'으로 낮추어졌다(매일경제, 2009. 5. 15).

경제위기를 극복하기 위하여 추가경정예산을 편성한 우리나라의 재정적자 운영도 큰 문제이다. 경제규모를 고려하면 재정투입 규모와 시기는 한국이 세계적으로 가장 크고 신속했다는 평가가 다수이다. 서민들의 일자리가 없어지는 것을 막기 위하여 체감경기가 악화되기 보다는 다소간의 재정악화를 감내하는 정책방향 때문에 우리나라 재정적자가 너무 빠른데 문제점이 있다. 2002년 국내총생산(GDP) 대비 18.5%의 국가부채비율이 2007년도에는 33.2% 그리고 금년 2009년에는 35.6%로 예상된다(매일경제, 2009. 6. 5).

우리나라도 최근 단기유동성 증가와 일부지역 부동산의 가격의 급등으로 출구전략에 대한 논의가 한창이다. 지금 경기가 최악의 저점을 통과하여 향상 되는 조짐을 보이기도 하지만 아직 실물경제가 본격적으로 회복 국면에 들어선 것은 아니다. 선제적인 출구전략이 거시경제의 안정을 유지하는데 중요하지만 섣부른 출구전략은 오히려 더 큰 경제적 화를 초래할 수 있기 때문에 최소한 올해 2009년도 말까지는 현재의 확대 정정 및 금융정책의 기조가 유지되어야 한다고 보고 있다(한국경제, 2009. 8. 4, 남주하 글).

한국은행은 10일 2009년 6월의 협의통화(M1)는 평잔기준 362조원으로 지난해 같은 달에 비해 18.5%증가한 것으로 집계됐다고 발표했다. M1이란 현금통화와 요구불예금 등을 합한 단기결제성 자금이다. M1 증가율은 전년 대비하여 2008년 12월 5.2%, 2월, 9.8%, 3월 14.3%, 4월 17.4%, 5월 17.0%로 나타나고 있다. 2009년 들어 늘어난 M1의 규모가 45조원에 이르고 있는데 이것이 부동산 가격을 폭등시킬 우려가 매우 크다. 반면에 M1에 저축성예금을 합한 광의통화(M2)의 증가율은 2009년 2월에 11.4%, 3월에 11.1%, 4월에 10.6%, 5월에 9.9%, 6월에 9.6%로 점차 줄어들고 있다. 이는 우리나라에 통화량 공급이 점차 늘어나고 자금유동성이 점차 높아지고 있음을 뜻한다(한국경제, 2009. 8. 11).

과거의 역사를 돌이켜 교훈을 얻자면, 1933년 미국의 대공황이 발생한 후 확대 재정 및 금융정책으로 실업율이 1936년에 현저히 떨어지는 등 실물경제의 회복 조짐이 있었지만 FRB는 금융시장의 과잉유동성이 신용팽창으로 이어질 것을 우려해 긴축 정책으로 급선회 하였다. 이와 같은 FRB의 섣부른 출구전략과 부주의한 통화신용정책의 운용이 제2의 대공황을 초래한 주요원인이 된 역사적 사실을 곰곰이 되새겨 볼 필요가 있다. 우리나라의 국내경제를 위해서도 이와 같은 잘못이 반복되지 않도록 출구전략은 신중하게 추진되어야 할 것이다.

최근 정부 산하 한국개발연구원(KDI)에서도 아직 경기불확실성이 제거되지 않은 상황에서 섣불리 금리 인상과 같은 긴축정책을 취할 경우 만성적인 유동성 문제에 시달리고 구조조정을 위하여 자산매각을 서두르며 생존의 기로에서 살얼음판을 걷고 있는 기업들이 큰 타격을 받을 수 있다고 보고 있다(한국경제, 2009. 7. 23). 경제가 작년 2008년 4분기 때에 전기 대비 기준으로 -5.1%로 고꾸라졌으나 2009년 1분기 0.1%, 2분기에는 놀랍게도 2.3%의 성장률을 기록하며 회복세를 보이는 와중에 부동산과 주가 등 자산 가격이 빠른 속도로 오르고 있다. 그러나 이것은 저금리해택과 자동차세제해택, 재정조기집행 등으로 위기극복을 위하여 풀어 놓은 돈이 자산 가격을 밀어 올리고 있다고 보아진다. 그리고 현재의 삼성 및 LG와 같은 몇몇 일부 대기업이 엔고와 고환율의 덕을 보면서 좋은 수출의 실적을 내고 있기 때문이지만 3분기부터는 오히려 성장세가 다시 둔화될 우려도 있다. 한국은행이 발표한 상반기 경제지표를 작년도 동시기와 비교해 보면 설비투자증가율, 민간소비증가율 등 대부분의 지표가 마이너스 행진을 계속하고 있기 때문이다. 그동안 기준금리를 연 5.25%에서 2.0%로 인하하는 동안 대출금리는 7%에서 6.5%로 내리는데 그쳐 금융기관들은 혜택을 보았지만 기업들은 아직 경기부양 정책의 실질적인 혜택을 보지 못했던 것이다. 그리고 수출감소폭이 6월의 11%에 이어 7월은 22%로 늘어 더욱 악화되는 실정도 무시 못 할 상황이다. 한국은행이 작년 2008년 9월 이후 총 27조원의 유동성을 공급했는데 지금까지 환매조건부채권(RP) 거래, 통화안정증권발행 등을 통해 이미 17조원을 회수했기 때문에 아직 금리인상을 하지 않았지만 한국은행이 점진적으로 출구전략을 시행하고 있다고 보아야 할 것이다. 나머지 10조원 가량은 채권시장안정펀드 및 은행 자본확충펀드 등에 지원한 돈이다. 이 돈 역시 언제 어떻게 거둬들일지 강구중이다. 그리고 올해는 추경예산까지 포함하여 298조의 정부예산을 짰지만 내년엔 소폭 줄여서 290조 원 가량으로 예산안을 편성하는 방안이 논의되고 있다. 그리고 여기에 비과세 감면을 줄여 세금을 더 걷는 방안도 조만간 확정될 예정이다(한국경제, 2009. 8. 14).

인플레이션이 경제에 미치는 악영향은 비록 재앙이지만 그러나 갑작스러운 고금리정책 및 긴급정책은 서민들의 생활은 지옥수준이 될 것이다. 만약 금년도 2009년 3분기의 경제성장율이 둔화되면 내년 초까지 출구전략은 연기되고 확장적 통화정책을 쓸 가능성이 높다.

그리고 참고로 긴축정책과 관련하여 과거를 돌이켜 보자. IMF 당시 우리나라가 600억 달러의 구제 금융을 받을 때, 국제회계기준 적용, 재벌들의 상호출자 금지, 국제결제은행 BIS 기준 긴급 준수, 투명경영 및 기업정보 공개, 해외자본이동자유화, 정부수출기업 직접 보조금 지원 금지, 부실기업구조조정, 수입관세삭감 혹은 면제 조치 등의 많은 요구를 받았다. 이는 우리나라가 관리경제체제에서 자유시장경제체제로 옮겨가는 것을 조건으로 구제금융을 준 것이라고 해석할 수 있다. 그런데 특히 주목해볼 것은 이 때 IMF가 구제금융의 채권 회수를 확실시 위한 우리나라 저환율을 유지토록 하였으며 이를 위하여 시중의 통화량을 회수하고 우리 국민들의 저축과 내핍생활을 권할 뿐만 아니라 고금리 정책으로 기업과 자영민들에게 엄청난 고통을 주었다는 사실이다. 지금도 IMF가 우리나라의 국가부도를 막아준 유일한 자금 공급처였다는 것은 고마운 일이나 그 대가로 이 IMF 기관은 우리나라 경제에 매우 혹독한 가혹행위를 하였으며 국제재벌금융, 국제투기꾼, 국제기업 사냥꾼들에게 IMF의 통화량 회수 및 고금리 정책으로 다 죽게 만든 우리나라 기업이나 마구 투매한 우리나라 부동산을 엄청난 헐값으로 이들 넘겨준 악몽은 결코 잊지 못할 것이다. 이는 IMF가 바로 국제재벌금융재벌 세력의 앞잡이라는 추측을 가능케 하는 부분이다. 외환은행을 인수한 론스타의 폭리나 SK 경영권을 위협한 소버린 같은 국제투기꾼을 IMF가 도와주었다. IMF로서 국가 부도를 겨우 면하기는 했지만 IMF로부터 받은 구제금융의 대부분은 외국투기자본이 자신들의 자금을 유리하게 회수하는데 사용되었다는 것은 아이러니칼한 현상이 아닐 수 없다.

국제금융 시장의 메카니즘에 무지한 우리나라는 마치 구한말에 국제 정세에 어두워 갈팡지팡하다가 국권을 일본에 빼앗긴 모습을 연상케 한다. 미래를 슬기롭게 대처하기 위하여 우리나라도 이제는 진짜 실력 있는 금융전문가 혹은 금융엘리트들을 전략적으로 반드시 키워야 한다는 것을 새삼 깨닫게 된다. 오늘날은 총성 없는 경제 전쟁 상황이다. IMF 때 불행 중 다행으로 우리나라 경제가 죽지 않고 가까스로 살아났다. 그러나 이때의 가혹한 IMF의 요구조건에 의하여 사실상 상처투성이의 경제가 되었다. 즉 우리나라 주요기업, 공기업, 부동산 등의 많은 부분이 외국의 지분으로 바뀌고 그동안 쌓아 놓았던 국부가 해외로 크게 유출되어 큰 손실을 본 것이다. 그러나 다행히 IMF 당시의 대통령의 놀라운 지혜, 능력, 리더십(세간의 그의 이기적 도덕성 논란에 대해서는 필자는 그 진상을 알 수 없다)을 만나고 국민들의 놀라운 애국적인 단합으로 경제위기를 넘긴 것이다. 어쨌든 국가 부도는 당하지 않았으며 또한 우리나라 중앙은행의 화폐발행권이 국제금융세력의 손아귀로 넘어가는 최악의 상황은 면한 것이다.

IMF는 오늘날 글로벌 금융위기를 해결하는 구제자금지원 및 기축통화 모순 문제 대안 강구 또한 IMF 기금확대를 위한 여러 다수 국가들의 대규모 지분 참가 기회를 주는 등의 방법으로 IMF가 세계 총자본세력의 대변적 기관이라는 이미지를 기술적으로 상당히 은폐하고 있다. 우리나라 국민들은 외환위기 당시의 구제 금융을 받은 사실을 부정적인 낙인(stigma)으로 여기고 있다. 그러나 올해 IMF는 신축적인 신용공여제도(FLC)를 도입하여 멕시코, 폴란드, 콜롬비아가 오명으로 느끼지 않고 구제금융을 이용할 수 있도록 하고 있다. 우리나라 정부는 최근 IMF의 5000억 달러 재원확충에 발맞춰 IMF의 신차입배정금(NAB)의 출연하는 쿼터조정에서 지분이 더 늘어나 100억 달러를 내겠다고 시사하고 있다(한국경제, 2009. 8. 4). IMF가 글로벌 금융위기를 타고 세계은행의 성격을 갖고 특별인출권(SDR)과 같은 달러의 기축통화를 대신할 세계 화폐발행권을 획득할 움직임을 보이고 있다. 비록 우리나라와 같은 신흥국가들에게 지분쿼터를 일부 배정하여 국제적 위상을 높여주는 것이라고는 하나 그 주도세력은 근본적으로 바로 국제금융재벌세력의 영향 하에 있음은 부인할 수 없을 것이다. 아무튼 이 때 IMF의 통화량 긴급회수 및 고금리 정책 요구는 지금 아무리 생각해도 국제금융재벌이나 국제투기꾼들을 도와주기 위한 악의적 의도가 상당히 깔려 있었다는 생각을 떨쳐버릴 수 없다. 이러한 IMF 때 당했던 긴축정책을 돌이켜 볼 때 이의 적용은 신중에 신중을 거듭하지 않을 수 없다.

최근 우리나라에 800조원이 넘는 단기 유동성 자금과 부동산의 급등에 대한 정책적 대응은 시급하다고 할 것이다. 특히 세계 각국의 금융위기 역사에서 보듯이 금융위기는 부동산 가격의 버블과 붕괴에 의하여 주기적으로 발생하고 있다. 부동산가격이 급등하면 그만큼 급락의 가능성이 높은 것은 마치 산이 높으면 계곡이 깊은 것과 같은 이치이다. 따라서 앞으로는 적정한 인플레이션으로 부동산 가격을 안정시키는 것이 경제정책상 가장 심혈을 기우려야 할 주요 노선이 될 수도 있다. 물론 이것은 마치 외줄 타기처럼 어려운 일임에는 틀림없다. 부동산 버블이 발생했을 때 이를 억제하기 위한 금리인상과 같은 통화긴축정책은 실물경제의 급격한 침체를 초래해

경제위기로 확산되기 때문에 경제회복기의 부동산 가격의 안정은 무엇보다도 중요하다. 그 밖에도 부동산 가격의 급등은 자금 흐름의 왜곡, 빈익빈 부익부 현상, 기업투자에서부터 부동산투자로의 자금 이동, 지나친 불로소득의 문제, 기업 활동 및 근로의욕의 상실 등의 부작용을 초래하기 때문에 건전한 경제구조의 유지를 위해서도 부동산의 가격안정은 반드시 필요하다.

통화량 회수나 고금리 정책과 같은 전반적인 긴축정책 대신 오히려 자금흐름의 경로의 경로를 중시하는 접근이 필요하다. 각론적으로 부동산 버블 지역에 국한하여서 부동산의 담보대출 제한 및 주택담보대출비율(LTV) 규제 강화, 부동산 투기지역 확대, 1가구 2주택 이상의 양도세 및 보유세의 강화를 통한 불로소득의 국가세금으로 회수 등을 시행하는 한편 어려운 중소기업들이나 자영민들의 사업 활동을 적극 지원하는 정책을 동시에 추진한다. 기존의 금융기관들이 담보능력과 부실채권에 대한 책임문제 때문에 중소기업이나 영세 소상인들의 지원을 기피한다면 한국은행이 최근의 미국의 FRB가 시행한 방식처럼 이를테면 전국망을 가진 농협이나 우체국 금융기관을 통하여 한국은행이나 정부 자체가 부실채권의 가능성을 떠안으면서 여기에 대한 직접 지원 자금을 방출하면 될 것이다. 부실채권에 대한 책임은 시중은행의 창구 직원들이 부담하는 반면에 중소기업이나 자영민들을 지원한다는 생색은 정부의 정치인이 내겠다는 방식으로는 필요한 지원자금의 흐름이 원활하지 못하고 경색될 것은 당연한 이치일 것이다.

19세기의 영국의 공리주의(功利主義)의 기초 원리를 제공한 철학자로 알려져 있는 J.벤담은 그의 저서 '도덕 및 입법의 제 원리'라는 그의 저서에서 최대다수(最大多數)의 최대행복(最大幸福)이라는 이상주의적인 사회적인 선(善)에 대한 논리를 주장하였다. 이 원리를 응용하면 경제현상도 선(善)의 경제와 악(惡)의 경제로 나누어 생각해 볼 수 있다. 소수의 재벌그룹이나 대기업의 성장을 통한 GDP향상을 꾀하는 경제적 접근 보다는 최대의 국민들이 전체적으로 혜택을 누리는 선의 경제를 지향할 필요가 있다. 그러면 이 선의 경제의 관점에서의 가장 주요한 경제지표는 바로 고용지표이다. 완전 고용이 이를 때 까지 경기 부양 정책을 계속하며 부동산 가격을 안정시키는 것이 필요하다. 2009년 4월 기준으로 미국의 실업률은 9.2%이며 유럽은 8.9%, 일본은 5.0%로 나타나고 있다(한국경제, 2009. 8. 4). 우리나라는 3.8%이며 전년도 보다 0.6% 상승한 상태이다. OECD국가들의 평균 실업률이 7.8%보다는 양호한 수준이다. 특히 스페인 같은 나라는 18.1%에 이르고 있다.

오늘날은 기술혁신 및 자동화 정보화 때문에 고용없는 경제 성장이 이루어지는 시대이기 때문에 우리나라의 완전고용은 그만큼 산업경쟁력이 더 떨어진 못사는 나라에게 실업의 부담을 전가하는 성격을 지닌다. 그리고 고용지표의 최우선주의에 따른 접근은 선택과 집중에 의한 효율성이 저하된다는 문제점이 있다. 그러나 출구전략의 실행할 때와 그 판단기준은 선한 경제를 위한 완전고용이다. 경제성장율로는 인플레이션 4%, 순수 잠재성장률 4%하여 총 8% 이상이 될 때까지는 출구전략의 실시를 유보하고 오히려 경기정책을 계속 실시하여야 한다는 주장이다.

통계청이 2009년 8월 12일에 발표한 7월 고용동향은 여전히 취업자가 -7.6%로 감소하고 있어서 경제 상황이 본격적인 회복이라고 말하기에는 이르다는 것을 보여준다. 생산 소비 등 각종 지표는 나아지고 있지만 고용으로 본 체감경기는 출구에 접근하지도 못했다고도 할 수 있다. 고용 상황을 전년도와 대비를 해 보면 민간부문 일자리는 40만개나 줄었고 비정규직도 10만 명, 일용직 근로자 19만 5000명이나 줄었기 때문이다. 현 스트로스 칸 IMF 총재는 글로벌 금융위기는 저점을 지나 회복세에 있다고 평하지만 출구전략은 생각할 단계이지 실행할 단계는 아니라고 말하고 있다. 실업은 2011년 초반까지 증가할 것이라고 예상하고 있다(조선일보, 2009. 8. 31).

글로벌 금융위기의 극복을 위하여 현 MB정권이 금융스와프를 잘 성사시킨 것은 매우 잘한 일이었다, 반면에 집권 초기에 저지른 잘못은 대기업들의 수출력을 강화하기 위하여 고환율 상태를 너무나 쉽게 용인하여 국내 인플레이션을 유발시키고 중소기업 및 소상인 자영민들을 어려운 처지로 몰리게 했다는 점과 경기부양을 위하여 화폐량의 공급을 증대시킬 때 전 정권이 만들어 놓은 강력한 부동산 규제를 풀지 않고 그대로 둔 채로 경기부양 확대재정금융정책을 시행하지 못한 점이다. 일부 지역의 부동산 가격의 폭등을 조장하였기 때문에 우리 사회 전체에 여전히 금융 유동성이 고갈 상태에 있음에도 불구하고 출구전략의 조기 시행의 필요성을 제기하는 요인이 된 것이다. 그러나 이는 지역적 선별적으로 시행해야 옳다. 부동산 관련 규제의 완화와 그 가격의 폭등은 유동성 공급을 기업으로 돌리지 못하게 만든 원인이 된다.

외환보유고 및 국부펀드의 활용

국부펀드는 정부자산을 투자 및 관리하는 국영 투자회사를 뜻한다. 주로 중국, 싱가포르와 중동국가 등 신흥수출국이나 자원부국에서 활성화 되어 있다. 각국의 주식, 채권, 파생상품, 부동산, 원자재, M&A 등에 정부가 주도하여 막대한 자금을 투자하는 세계경제의 큰손으로 불리우기도 한다. 투자대상도 이제는 더욱 확대되어 프로축구구단과 같은 스포츠 산업, 엔터테인먼트 산업 등으로 다양해지고 있다(조선일보, 2009. 8. 6). 특히 2조 달러가 넘는 외환보유고를 자랑하는 중국과 오일달러가 넘치는 중동국가의 국부펀드가 특히 왕성한 투자를 하고 있다. 그리고 일본의 외화보유고도 지금 1조 423억 달러나 된다. 외화보유고는 달러나 유로 등 외화예금 및 해외채권이 주를 이루고 금이나 IMF의 SDR도 외환보유액에 잡힌다(동아, 2009. 9. 8).

지난 7월 카타르투자청(QIA)는 독일 자동차 회사 폴크그바겐에 대한 투자를 협상중이라고 밝혔다. 중국투자공사(CIC)는 호주 부동산 회사 굿맨그룹과 캐나다 광산업체 텍을 인수했다. 아부다비의 국부펀드들은 올해 2009년에 들어서 가장 활발하게 투자활동을 벌였다. 중국공사는 최근 미국의 투자회사(CIC)는 최근 미국의 투자회사 블랙스톤, 모건스탠리 등과 손잡고 헤지펀드, 사모펀드 등으로 투자영역을 확대하는 방안을 모색 중이다. 또 아랍에미레이트연합(UAE)의 아부다비투자 그룹은 작년 영국축구프리미어리그의 맨체스터시티를 사들인데 이어 지난 7월에는 포츠머스까지 인수했다. 한국투자공사의 자료에 의거하여 현재 각 나라의 국부펀드 규모를 추정해보면 아랍에미리트가 8750억 달러, 싱가포르가 4380억 달러, 그리고 노르웨이, 사우디아라비아, 중국, 쿠웨이트가 약 3000억 달러씩이 되며, 홍콩, 러시아가 1700억 달러, 그리고 우리나라는 약 280억 달러가 된다. 우리나라 국부펀드인 한국투자공사(KIC)는 앞으로 아시아, 미국의 증시에 투자를 늘여갈 것이라고 밝혔고 박종인 투자전략팀 부장은 앞으로 경기회복과 더불어 나타나는 인플레이션을 상쇄하기 위하여 부동산과 원자재 투자를 늘여갈 것이라고 말했다.

중국 정부는 앞으로 외환보유고의 달러 자산에의 의존도를 줄이면서 중국 국내기업의 해외진출 및 해외자원 확보를 지원하는 해외투자전략을 취하고 있다(조선일보, 2009. 7. 23). 단순히 달러나 미 채권 등 단기수익을 올릴 수 있는 금융자산에 투자하는 대신 기업들의 실물자산을 축적해 나가겠다는 의도로 풀이된다. 중국의 외환보유액은 현재 2조 1320억 달러로서 세계 1위이다. 이중 지난 2002년에 1억 4300억 달러에 불과했던 비금융부문의 해외투자액은 지난해 280배 가량 증가했다. 특히 석유와 천연자원 분야의 거대 국유기업들은 이미 해외에서 관련기업의 자본을 사들이고 있다. 그리고 중국의 국부펀드도 이러한 비금융자산을 확보하는데 전위적 역할을 하고 있다. 석유 및 화공분야의 중국석화그룹과 석유해양공사는 7월 15일경 미국 4위 석유업체인 마라톤오일이 보유한 앙골라오일 블록의 지분 20%를 매입하기로 합의했다. 페트로차이나는 6월경에 이라크 루마이라 유전의 개발권을 획득했으며 중국의 투자공사(CIC)는 영국의 주류회사 디아지오의 지분 1.1%를 인수했다.

중국이 최근에 자신이 보유하고 있는 방대한 외환보유고 및 국부펀드를 활용하여 세계 자원의 싹쓸이를 시도하고 있는 조짐을 보이고 있다. 세계자원의 독점은 앞으로 세계경제의 질서를 재편하는 데 주요한 변수가 될 수도 있다. 우리나라의 한국광물자원공사 및 한국석유공사도 세계자원의 확보가 미래의 우리나라의 경제의 향방을 결정하는 주요한 몫을 담당할 것이라는 인식을 갖고 세계자원 확보 경쟁에 적적극적으로 뛰어들고 있지만 자금력과 국력에 있어서 중국에 밀리고 있는 실정이다. 우리는 중국의 최근 행보를 주목할 필요가 있다(조선일보, 2009. 8. 10, 김승범, 박수찬 글).

지난 7월 20일 중국의 우한철강은 경쟁기업인 한국자원광물공사를 제치고 캐나다 블룸레이크 철고아석 광산 지분을 인수하는 최종 계약을 체결했다. 당초 한국광물자원공사는 매장량 5억 8000만 톤 규모의 광산 지분 인수를 목표로 끈질긴 협상을 벌였지만, 캐나다 정부 등을 상대로 전방위로 로비를 펼친 중국에 밀려 막판에 고배를 마셨다. 지난 6월에는 이라크와 나이지리아 등의 광산을 소유한 스위스의 석유 및 가스 회사인 아닥스사(社) 인수를 둘러싸고 한국석유공사와 중국석유화공유한회사(SINOPEC)가 맞붙었다. 우리 정부는 국민관리연금공단 등을 통한 연기금 지원을 결정했고 석유공사는 회사채까지 발행하여 인수금액을 69억 달러를 써냈다. 하지만 중국은 그 보다 많은 72억 달러를 제시해 한국을 제쳤다. 한국은 지난 2월 호주로 로즈베리 광산 인수전에서도 중국 업체와 맞붙어서 졌다. 로즈베리고아산 인수전 때 중국 기업은 매물인 광산 뿐만 아니라 광산을 소유한 기업을 통째로 사들였고 역시 호주의 팬오트사 지분 인수 때에는 한국의 5000달러 보다 3배 가까운 1억 4200만 달러나 제시했다.

중국은 무려 약 2조 달러에 달하는 세계최대 외환보유고를 앞세워 과감한 자원확보전략을 추진하고 있다. 글로벌 금융위기로 미국 및 유럽의 업체들이 자금난으로 자원확보 인수전에 뛰어들지 못하고 M&A 시장이 크게 위축되어 있는 시기를 틈타서 특히 에너지 광산 분야의 자원 확보에 집중 투자하고 있다. 중국의 M&A에 투자액은 2005년 약 100억 달러 이후 매년 약 2배씩 증가하여 2009년에는 약 1000억 달러에 이를 것으로 전망되고 있다. 중국은 SINOPEC(중국석유화공유한회사), CNOOC(중국해양석유총공사), CNPC(중국석유천연가스집단공사) 등이 정부의 지시에 따라 막대한 현금을 가지고 돌아가면서 인수전에 뛰어들어 가격을 올리고 있다. 중국은 반미정서가 강해서 우리나라가 근접하기 어려운 이란, 베네스웰라, 그리고 서방국가의 영향력이 크지 않은 아프리카와 같은 정치적 틈새지역을 집중 공략하고 있으며 저개발 신흥경제국가에 차관을 제공하는 대신 자원 개발의 우선권을 확보하는 등의 다양한 전략도 구사하고 있다.

이에 반하여 우리나라는 자원 공급원이 일부 국가와 지역에 편중되어 있고 국제경쟁력을 갖춘 대형 자원개발회사도 없다. 분만 아니라 전략을 구사할 전문인력도 부족한 편이다. 국내전문인력은 약 800명 정도로 중국 CNPC 한 회사의 연구개발인력 2만 2000명의 4% 수준에 불과하다. 지금은 자원 확보 경쟁에 밀려도 당장은 큰 위협 느끼지 못하겠지만 세월이 좀 지나면 국가가 엄청난 경제적 손실의 그 대가를 치러야 하는 문제이라고 할 수 있다. 더구나 해외투자에 의한 공격은 고사하고 우리나라의 유망한 기업에 대한 방어조차도 제대로 하고 있는지 의문이다. 지금 외국인 지분율은 2009년 9월 17일자로 삼성전자 47.20%, 포스코는 48.43%, 현대차는 32.86%, LG전자 28.02%이며, 특히 금융주 지분은 KB지주 58.72%, 신한지주 56.27%, 삼성화재 53.33%, 하나금융지주 65.38%로서 이미 지분율이 50%를 훌쩍 뛰어넘어 우리나라의 금융주권이 위협받고 있는 지경이다(한국경제, 2009. 9. 19). 아마도 무분별하게 자유시장경제체제를 주장했던 사람들은 금융주권의 중요성을 잘 인식하지 못할 것이다. 화폐발행권을 갖고 있으며 국영 중앙은행인 한국은행만이 지금 이러한 금융주권의 상실을 상쇄할 마지막 보루임을 잊어서는 안 될 것이다. 한국은행마저 민영으로 무너지면 우리나라는 결국 국제금융재벌 세력이 지배하는 경제식민지가 될 것은 불을 보듯 뻔하기 때문이다.

국제에너지기구(IEA)의 수석 에코노미스트는 파티 비롤은 석유가 당초 예상보다 10년이나 빨리 줄어들어 향후 5년 이내에 심각한 석유위기가 발생하여 유가급등으로 세계 경제의 회복에 위협이 될 수 있음을 경고하고 있다. 최근 세계 석유 매장량의 4분의 3을 차지하는 800여 개의 주요 유전들에 대한 IEA 조사 결과 대규모의 유전 대부분에서 석유생산이 이미 정점을 지난 것으로 나타나고 있다. 현재 주요 유전에서 원유는 매년 6.7% 줄어들고 있는데 이는 2 년 전 예상했던 3.7% 보다 2 배가량 빨라진 것이다(한국경제, 2009. 8. 4, 영국 인디펜던트, 8. 3).

글로벌 금융위기의 근본 원인과 결과

지금까지 논의된 개요와 앞으로 계속 이 책에서 언급할 줄거리의 논리를 정리해 보는 작업과 유사한 의미를 갖게 될 것이다.

- 미국의 은행들의 지속적인 금리 인하는 시중 통화량의 증가와 주택의 대출을 부채질 하였고 이로서 주택의 가격 상승과 경기 과열을 유도 하였다. 반면에 곧 이어서 유가 급등과 함께 통화량 회수를 위한 미국 중앙은행의 계속된 금리 인상은 갑작스러운 주택 시장의 침체와 가격의 하락을 가져오고 이로서 주택 담보 채권의 원리금 상환의 대규모 불능상태를 초래하게 되었다. 이중 가장 심각한 것이 고위험 고이자율의 서브프라임 모기지

론의 경우였다.

- 주택 담보대출을 한 미국의 일반은행 및 상업은행은 그러한 담보 대출한 금액만큼의 현금이 부동산에 묶여서 자금의 유동성을 상실하게 된다. 만약에 담보 대출이 많아지면 예금의 지급불능의 위험에 놓이게 될 뿐만 아니라 또한 추가 주택 담보대출을 하여 보다 많은 은행의 이익을 창출할 수 있는 기회를 잃게 된다. 따라서 주택 대출은행 및 기관은 이 주택 담보대출 채권에서 일정 수수료를 떼고 이를 다시 투자은행으로 넘겨서 유동성을 확보하게 되면 이후 계속된 추가담보 대출 및 추가이윤을 추구할 능력을 더욱 갖게 된다. 투자은행들은 이 넘겨받은 이 주택 담보대출 채권을 증권화하여 유동성을 갖는 파생상품을 개발하여 헤지펀드 등 각종의 펀드 및 투자자들에게 역시 일정부분의 이윤을 떼고 이를 다시 팔아서 유동성을 재확보한다.
- 이 고위험 고이윤의 주택 담보 파생상품 판매를 더욱 촉진하기 위하여 고위험 부분을 저위험으로 바꾸는 보험가입을 한다. AIG가 이 경우의 대표적인 보험회사이다. 보험으로 고위험이 없어진 주택 및 부동산채권 파생상품(CDS)은 날개 돋힌 듯이 팔리게 되고 여기에 내포된 구조적 위험이 그 금융설계의 복잡성 때문에 쉽게 노출되지 않고 광범위하게 유통된다. 저위험 고수익의 이 파생상품으로 화폐의 신용창출의 효과가 커서 금융권 전체에 유동성이 넘쳐 나게 되고 은행들이 부동산 대출을 경쟁적으로 하게 되어 부동산의 시가 전액에 해당되거나 초과금액까지 대출을 해주는 대출 과열 상황에 가게 된다. 보험은 일반적으로 실제의 문제가 생길 확률이 적을 경우에서 보험료 수익보다도 사고의 비용이 적은 차이를 노리고 만든 파생상품이

다. 그러나 부동산 전체의 가격이 전반적으로 하락하게 되고 전체적인 채권부실이 발생하면 보험회사 자체가 무너지고 부동산 담보채권의 대부분이 휴지조각이 될 것이다.

- 부동산담보 채권의 파생상품의 부실이 미국의 시장에서만 주로 발생한 것으로 처음에 생각되었고 이것은 단지 미국의 작은 문제라고 생각되었다. 그래서 처음 부시 대통령의 국제공조 제안에 많은 국가들이 소극적이었다. 그러나 실제 이 파생상품의 규모는 수백조 달러에 이르며 유럽의 금융기관을 비롯한 전 세계의 많은 큰 금융기관들이 수익을 올리기 위하여 이러한 파생상품을 대량 구매했었다. 그리고 미국의 부동산담보 채권부실로 말미암은 글로 금융위기가 빠르게 전 세계로 파급되었다.
- 미국뿐만 아니라 전 세계에 각종 채권에 대한 불신이 팽배하여 추가 채권 발행이 어려워지게 되었다. 그리고 이러한 채권에 대한 신용위기는 방대한 기존의 채권을 보유하고 있는 거의 모든 종류의 은행들에게 유동성 위기가 발생하여 금융기관의 도산이 이어졌고 또한 대부분 부도의 위기에 몰리게 되었다. 따라서 기업이나 개인 어느 곳에든지 추가 대출은 불가능해 졌고 또한 만기가 도래하는 채권의 연장도 전반적으로 어려워 졌다. 즉 금융기관의 유동성 상실은 곧 실물경제에서의 자금압박을 초래하여 수 많은 기업 및 개인들이 부도의 위기로 경제가 마비될 지경에 이른 것이다.
- 미국 및 유럽 등의 선진국들의 해외 금융기관들은 도산의 위기에서 벗어날 유동성 확보를 위하여 기왕에 해외에 투자한 부동산이나 주식 등을 급속히 처분하고 자금회수에 들어간 것이다. 이로 말미암아 세계의 각 나라는 해외로 갑자기 대규모로 유출

되는 달러 때문에 심각한 외환위기를 경험하게 되어 많은 나라들의 정부는 대외 지불 불능의 국가 부도 사태를 실제로 겪거나 염려하게 된다. 어느 국가가 극심한 고환율의 상태가 되거나 대외 지불불능에 빠지면 에너지, 부품, 원자재 수입이 거의 불가능해 지고 그 나라의 실물 경제 전체가 마비되고 국민 경제는 무너지게 되는 것이다.

- 우리나라도 해외금융기관들의 갑작스러운 자금회수로 말미암은 외환위기의 악 영향에 빠져들었으나 다행히 외환 스와프 제도로 외환의 부족을 메꿀 수 있어서 이 외환위기를 넘기게 되었다. 미국이 글로벌 금유위기를 극복하기 위하여 달러를 마구 찍어내고 세계의 인플레이션을 유발하기 때문에 달러의 기축통화에 대한 부도덕성 및 의문이 제기되고 앞으로는 달러 유일의 기축통화 대신 유럽의 유로화, 중국의 위안화, 일본의 엔화 등을 모두 기축 통화로서 사용하는 다원적인 기축통화를 주장하는 경향이 생기기도 하였다. 외환스와프 제도는 외환위기를 겪는 나라들을 구제한다는 명분으로 미국의 달러의 추가발행을 정당화키는 한 요인이 되기도 하였다. 이번 글로벌 경제위기로 말미암은 우리나라의 경제의 또 다른 심각한 문제점은 전 세계의 경제침체로 우리의 수출이 줄고 따라서 외환위기가 더욱 가중될 것이라는 예상이었다. 그러나 우리나라는 지정학적으로 경제대국인 중국과 일본이 바로 인접하여 있고 이들 양국가가 수조 달러의 대규모의 경제 부양 정책을 펴는 바람에 우리의 수출액이 감소하지 않은 행운이 있었다. 즉, 외화 위기와 수출 감소의 두 문제가 일단 단기적으로는 상당히 예상 밖으로 잘 해결되어간 셈이다.

- 미국이 달러를 대량으로 찍어내어 도산위기에 빠진 금융기관, 보험회사 및 자동차회사 등의 기간산업도 살리기로 하였다. 특히 금융기관의 마비는 미국경제 및 세계 경제의 심장으로서 그대로 죽도록 내버려 둘 수가 없었다. 미 정부가 마구 찍어낸 달러가 대규모의 공적자금으로 이곳에 투입된 것이다. 고이윤을 바라보고 사업하여 그동안 엄청난 이윤을 챙겼던 금융기관과 금융인들이 사업의 파탄에 대한 책임은 지지 않고 미국 정부가 미국 국민들의 미래의 세금으로 이들의 책임을 대신 해결해 준 것이다. 그러나 이것은 엄청난 모험, 탐욕, 폭리, 만용, 사치에 대한 그 나쁜 결과를 해당 당사자가 책임지지 않고 선량한 미국 국민들이 대신 짊어진다는 뜻이 된다. 이러한 모럴 해저드(Moral Hazard)는 앞으로 매우 심각한 또 다른 문제를 계속 야기하게 될 것이다. 이미 부동산 담보 채권의 파생상품은 대규모이며 미국 정부의 공적 구제자금으로 대부분 금융기관의 유동성은 이미 확보되었다. 채권에 대한 신뢰가 서서히 회복되기 시작하였고 똑같은 과정이 반복될 조짐이 보이기 시작하였다. 즉 글로벌 금융위기는 모럴 해저드와 함께 공존 하면서 구조적으로 반복될 세계사적 운명이 아닐 수 없다.
- 글로벌 금융위기를 극복하기 위하여 대규모 금융기관에 공적자금을 투입하면 금융기관의 유동성 고갈의 위기는 벗어나게 될 것이다. 그러나 아직 채권에 대한 불신이 너무 깊어서 다시 담보 대출을 과감히 재개하는 데에는 당연히 매우 조심하거나 소극적이 된다. "자라보고 놀란 가슴 소뚜껑 보고 놀란다"라는 속담처럼 다시 채권의 부실에 대한 경계의 심리가 팽배하여 정부가 제공하는 화폐량의 공급이 실물경제에 까지 이르는 데는 매

우 속도가 느리게 된다. 계속 부동산 등 자산의 가격이 하락하고 실물경제가 자금난으로 위축되는 경기 지체 현상과 금융권에의 대규모 자금 공급으로 다시 채권 발행이 활성화 되는 속도 사이에 빚어지는 아슬아슬한 경합 과정이 상당한 기간 계속될 것이다.

- 이윤을 추구하기 위한 복잡한 파생상품의 개발은 금융규제를 벗어난 지나친 경제 자유주의에 기인하며 또한 전 세계로의 그 강력한 파급성과 긴밀한 상호관련성은 자유시장경제체제의 세계적인 확대 및 정보통신 기술에 의한 스피디한 업무처리 능력과 관계된다. 자본이 재생산되고 이동하는 속도와 그 파급의 범위로 볼 때 세계 전체 자본의 메카니즘은 개별국가의 통제권을 훨씬 벗어나 있는 상태이다. 즉, 세계의 총자본의 덩어리가 움직이는 이 세계시스템은 개별국가를 초월하여 거의 모든 제약의 굴레를 벗어버리고 자본재증식, 부의 이동, 전 세계의 불평등 구조의 심화를 향하여 무한 질주하고 있는 셈이다.
- 미국이 달러를 대규모로 찍어낼 때 그 찍어낸 돈의 소유는 누구의 것인가? 엄격히 살펴 보면 이는 미국의 정부의 것도 아니다. 달러는 미국 연방준비위원회(FRB)에서 찍어내고 미국 정부는 채권을 발행하여 FRB에게 팔고 그 대신 달러를 얻게 되는 것이다. 즉 미국 정부는 미래의 미국 국민들의 세금을 담보로 채권을 발행하여 달러를 빌려온 셈이다. 즉 찍어낸 달러의 원 소유자는 미국 정부가 아니라 FRB이다. 물론 이 미국정부 채권은 다른 외국에서도 사기도 한다. 지금 중국과 일본은 미국 정부의 채권을 각각 약 일조 달러어치나 갖고 있다. 알고 보면 화폐 발행권을 가진 자 혹은 그 기관이 글로벌 금융위기 때에 최대의

수혜자이다. 방대한 달러의 수요가 발생함에 따라 달러를 마구 찍어내어 전 세계의 부를 조용하게 가로채는 것이다. 가령 기존의 달러량 존재 만큼 찍어내어 전체를 2배로 늘이면 인플레이션이 2 배로 되면서 세계의 부의 반을 공짜로 가져가는 꼴이다. 이렇게 화폐발행권을 가진 FRB을 뒤에서 실질적으로 지배하는 가장 강력한 국제금융재벌이 유태인계의 로스차일드 패미리를 중심으로 하고 있는 세력이라고 중국의 홍쏭빈의 "화폐전쟁"이라는 저서(2009)에서 밝히고 있다. 이 국제금융재벌세력을 비호하는 수많은 금융기관, 다국적 대기업, 정계, 학계, 언론계, 군부 등이 서로 강력히 얽혀져 있기 때문에 이들의 탐욕적인 노선을 바꾸기는 결코 쉽지 않을 것이다.

- 국제금융재벌세력의 자본덩어리는 자유시장경제메카니즘의 세계체계(Word System)를 통하여 마치 허파가 숨쉬는 것처럼 거대한 투기자금을 밀물 및 썰물이 오가듯이 풀었다 거두어 들였다 하고 있다. 대규모 투기자금을 어느 나라에 밀물처럼 공급하여 경기를 활성화하고 온 국민이 열심히 일하게 하여 산업을 육성시킨 다음 갑자기 썰물처럼 자금을 회수하여 그 국가의 산업을 마비시키고 초토화시켜 부동산 및 기업의 가격을 바닥으로 내려앉힌다. 그리고는 이를 헐값으로 사들인 다음 다시 자금을 투입하여 이들을 회생시켜 높은 이익을 챙긴다. 이러한 국제투기세력들의 농간을 세간에서는 "양털깍기" 혹은 "물고기의 도마위 칼질"이라고 불리워지면서 비난하고 있다.
- 달러를 대규모로 찍어 내어 공급하면 전 세계의 인플레이션이 유발되어 세계인들의 실질적인 구매력이 떨어진다. 그리고 세계 자금은 환물사상 때문에 원자재나 에너지의 자원에 투자하

고 또한 그 자원들의 가격이 폭등하여 엄청난 폭리를 취하게 된다. 반면 기업들은 원가상승에 의한 채산성 악화로 때문에 인플레이션은 나타나지만 생산규모가 크게 위축 되는 스태그플레이션 현상이 나타나게 된다. 그리고 전 세계는 점차 빈익빈 부익부의 불평등구조로 나아감으로서 핵심부(Core)와 주변부(Periphery)로 나누어지며 전반적인 수요도 감퇴하여 세계 경제는 아무리 화패공급을 통한 거품을 크게 조장시킨다 하더라도 결국은 세계인의 실질적 구매력 만큼의 수준으로 회기하게 된다. 이는 사자가 약한 짐승들을 다 잡아먹은 다음에 결국 자기도 굶어 죽게 되는 것과 같은 이치이다.

- 금융은 실물의 그림자이다. 실물의 거래의 편의를 위한 매개물로서 처음 나타났다. 그러나 교환과정에서 화폐는 그 자체가 실물처럼 가치가 있는 것으로 평가되는 사회적 약속이 이루어진 것이다. 첫째, 부동산이나 기업들은 유동성이 매우 낮은 가치물이다. 둘째, 원자재, 상품은 유동성이 부동산이나 기업들 보다는 조금 더 나을 것이다. 반면 금, 은 등의 귀금속은 유동성이 상당히 높다. 그래서 옛날에는 이것들을 화폐로 사용하기도 했다. 셋째, 지폐 및 주식, 채권 등의 유가증권이나 파생상품은 더욱 유동성이 높다. 넷째, 앞으로 더욱 확대될 전자화폐 및 전자거래기록 방식은 빛의 속도로서 유동성이 매우 높다. 이러한 순위는 점차 실물이 금융화 되어 가는 과정을 나타낸다. 사람들은 유동화 보다 비유동화 자산의 이윤이 더 많으면 실물을 보유하려고 하겠지만 그렇지 않다면 당연히 안전성을 위한 유동성이 높은 금융 쪽을 택할 것이다. 세계가 오랜 역사동안 축적해 온 잉여 실물자산은 점차 금융자산으로 바뀌어 지고 또한 그 금융

의 거래의 폭과 깊이가 커지게 되었다. 그리고 세계의 국제자본의 재벌들은 실물보다 그 금융을 손에 쥐는 경향을 갖게 되었다.

- 세계에 축적된 잉여물이 유동성이 더욱 높은 방향으로 금융화 작업이 계속되었다. 더군다나 실물의 보유 및 거래보다 금융의 보유 및 거래과정은 그 광역성 및 복잡성 및 스피드로 말미암아 더욱 이익을 창출하는 효율성이 높다. 따라서 자본가들은 잉여금을 실물자산에서 금융자산으로 바꾸어 이를 재생산 하는 방식을 취하게 되었다.
- 세계 중심부의 자본덩어리의 움직임을 거역할 것인가 적응할 것인가? 개별 국가는 생존하기 위하여 이것이 윤리적이든 아니든 상관없이 그 적응의 논리밖에는 다른 선택의 길이 없을 것이다. 다만 전 세계인들이 함께 힘을 합하면 전 세계적인 차원에서 국제금융재벌세력의 움직임을 규제하는 길은 있을 것이다. 이 경우 이것은 바로 국제사회주의 세력의 출현의 문제가 될 것이다 그리고 이러한 세력형성 외에는 어느 누구도 감히 이러한 국제금융자본 세력과 맞설 수 없을 것이다. 세계의 역사성(Historicity)은 자본(Capital)의 힘과 유대(Solidarity)의 힘 두 가지가 경합하면서 변증법적으로 진행되어 온 셈이다. 그러나 어쩌면 이 국제사회주의 유대에 의한 세력도 결국 지나치게 커져 버린 국제금융자본의 강대함을 결코 당하지는 못할 것이다. 이것이 인류의 불가피한 운명일 것이다.
- 국제금융재벌 세력이 주요 정치인, 군수 , 군수산업, 매스컴, 학계, 투자은행, 산업은행, 다국적 기업 등을 장악하고 있다. 이 세역은 화폐발행권 장악 및 "과잉유동성공급 및 긴급자금 회수"

의 전략을 사용하여 세계 경제의 지배권을 확대하고 있다. 우리는 이들 세력의 앞잡이나 대리인의 말을 분별하여 받아들여야 하며 또한 경제력 식민지가 되지 않도록 화폐발행권을 가진 중앙은행인 한국은행을 잘 지켜내어야 한다. 그리고 미국과 유럽의 경제장악을 성공시킨 이 국제금융재벌 세력을 효과적으로 잘 대응하기 위하여 한중일 금융공조시스템 구축이 시급히 필요할 것이다.

3. 세계금융자본의 형성

최초의 잉여물(剩餘物), 상업자본 및 산업자본의 형성

지구상에 처음 나타난 우리 인류는 자신들이 생산한 생산물에서 쓰고 남은 부분의 최초의 잉여물을 발생시켰다. 그러나 수렵채취시대와 같이 각자가 필요한 만큼만 생산하든지 혹은 늘 쓰고 남은 재화가 부족할 경우는 거의 잉여물이 발생하지 않는다. 그러나 전쟁을 하여 승자가 패자를 죽이고 재산을 약탈할 경우는 승자의 편에서 상당히 많은 잉여물이 발생할 수 있었다. 고대와 같이 생산력이 매우 적은 시대에서의 잉여물은 이와 같이 약탈과 전쟁을 통하여 축재가 가능하였고 잉여물을 발생시켰다. 그리고 신석기시대와 같이 농경시대에 들어와서는 구석기시대에 비하여 점점 높아지는 생산능력 때문에 비록 남으로부터 빼앗은 전쟁과 약탈의 방법이외에도 대규모의 잉여물을 발생시키는 것이 가능하였다.

마르크스나 엥겔스의 주장에 의하면 이러한 잉여물이 오히려 순수한 공동체인 원시공산사회를 파괴하였고 잉여물을 혈연적으로 가까운 가족을 중심으로 축적, 보호 및 증식하려는 경향을 보이게 된다. 따라서 가족제도는 잉여물 발생과 밀접한 관계가 있으며 가장 강력한 가족의 장은 왕권으로 발전하게 된다. 즉 잉여물은 타인을 지배하는 강대한 권력을 가져오는 자원이 된다.

그리고 물건과 물건의 교환을 통하여 생기는 거래 차이의 이익이 역사적으로 점차 축적되면서 상거래에 의한 상업자본이 형성되었다. 그리고 점차 고대의 노예제도나 중세의 농노제도가 폐지되면서 피지배자가 지배자에게 세금의 형태로 지정된 물품이나 화폐로 상납하게 됨에 따라 물건과 물건을 교환하는 상업이 더욱 발달하게 되었다. 상업이 발달함에 따라 과거의 잉여물 축적과 계급적 권력관계의 변동이 상당히 생기기도 하였다. 상업자본의 규모는 과거의 잉여물 수준을 훨씬 넘는 것이며 상업 자본을 축적한 대상(大商)들이나 이 시대의 신흥 계급들은 과거의 잉여물의 축적을 흡수하거나 승계하게 된다. 더군다나 동서양 사이의 무역 과정에서 큰 이익이 발생함에 따라 중세기의 말엽에 서구의 많은 나라들은 무역이나 상업을 중시하는 중상주의를 택하였다. 그리고 이러한 중상주의를 통하여 엄청난 부(富)를 축적하는 상인이나 국가가 나타났으며 이러한 부는 최종적으로 가장 양이 적고 유통이 편리한 주로 황금으로 그 상업자본을 형성하였다. 또한 이 축적된 황금은 금화 화폐의 형태로 나타나기도 하였다.

산업혁명 및 근대화의 시대에 진입하면서 산업자본이 형성되었다. 동력화, 기계화, 자동화, 정보화 등의 기술혁신은 생산성 및 생산력을 크게 향상시키고 생산양식(Mode of production)의 대변동을 초래하였다. 이는 노동생산성을 향상시키고 노동장비율을 높이는 과정이었다. 즉 노동을 자본으로 대체함으로서 경쟁력을 높이었다. 그리고 이는 시장메카니즘의 발달과 함께 노동보다도 자본의 소유자에게 더욱 많은 잉여물의 배분을 가능케 하는 성격을 갖는다. 기술혁신이 더욱 가속화됨으로서 자본이 스스로 자본을 형성하는 생산양식의 대변동으로 노동보다도 자본의 잉여금의 배분비율이 더욱 극대화되게 되었다.

이러한 생산양식의 대변동으로 생산경쟁력 향상으로 말미암아 국내적으로 발생하는 대량 실업과 사회 불안은 해외 판로를 개척함으로서 해결하였다. 이 당시 해외 시장의 확대는 대개 군사력을 동원한 식민지 개척으로 이루어졌다. 기술혁신 및 생산양식의 대변동을 먼저 달성한 선진강대국들은 자신들의 우월한 경쟁력을 해외로 확대시켜 더욱 자본을 축적하고자 자유시장경제체제를 전 세계로 파급시켰다. 구소련 및 동구유럽의 사회주의 국가가 붕괴됨에 따라 더욱 전 세계의 자유시장경제체제의 영역은 넓어졌다. 후진국 혹은 개발도상국은 선진강대국들의 힘에 밀려 자신들의 폐쇄경제체제나 관리경제체제를 포기하고 개방적인 자유시장경제체제를 받아들이게 된다. 각 나라의 국경 사이를 넘어서 보다 경쟁력이 있는 자원들이 쉽게 자유롭게 넘나드는 글로벌(Globalization) 시대, 혹은 무한경쟁의 시대가 열리게 된다. 이는 세계의 경제권 및 지구사회가 보다 하나로 통합되는 것이며 모든 자원의 국제경쟁력이 매우 중요한 이슈로 등장하게 된다. 경쟁력 있는 자원은 전 세계를 석권하지만 반면 경쟁력이 없는 자원은 설 땅 없는 전부 아니면 전무(all or nothing)의 치열한 생존경쟁의 시대로 돌입하게 된다. 그리고 경쟁에서 이기기 위하여 합종연횡의 네트워크 전략과 활동이 더욱 중시되는 시대이기도 하다. 사회 거의 모든 곳에 자유주의 및 시장주의 원리인 경쟁관계가 신분관계를 대신하게 된다. 어떤 의미에서 정치적 의회주의 및 민주주의도 이러한 자유주의 및 시장주의 원리인 경쟁관계의 시대적 영향을 받아 나타났다고도 볼 수 있다. 신분관계의 특성을 갖는 남녀 사이의 가족관계도 점차 경쟁의 원리에 의하여 급격히 해체되거나 재구성 되는 모습을 보이기도 한다.

자유시장경제체제의 강화는 선진국의 경쟁력 있는 재화나 상품을 후진국이나 개발도상국에 팔고 그 대신 노동, 목재, 식량, 광물, 석유 등 각종 자원을 싼 값에 사게 된다. 자유시장경제체제하에서 선진강대국은 후진국이나 개발도상국과의 거래에서 폭리를 취하게 된다. 후진국이나 개발도상국들의 지하자원 혹은 천연자원들은 더욱 고갈되고 나중에는 그 나라의 기업, 부동산 및 환경까지 팔 게 된다. 이러한 악조건의 상황에서는 대개 극도의 독재정권이 들어서며 더 교환할 것이 없는 경우는 인신매매나 장기(臟器)의 매매에 까지 이르게 된다. 경제적으로 실패한 나라에서의 민주주의나 인권은 반드시 실종하게 된다.

금융자본으로의 전환과 세계총자본 덩어리

과거의 잉여물, 상업자본 및 산업자본의 축적이 점차 금융자본의 형태로 전환된다. 이러한 금융자본으로의 전환은 앞으로 자본의 재증식을 보다 더 매우 편리하고 용이하게 가속화시킬 수 있는 장점을 지닌다.

화폐는 본래 물물교환의 불편을 극복하고자 가치척도를 하는 매개물로서 등장하였다. 이러한 화폐는 재화의 공급자와 수요자를 매우 효율적으로 연결시키는 효과를 지녔다. 최초의 화폐로는 조개껍질, 상아, 쌀, 각종 청동무기 등이 사용되었다. 점차 그 속성이 거의 영구적으로 변하지 않는 구리, 금, 은 혹은 다이아몬드 등이 많이 사용되었으며 이들 화폐의 총 가치는 그 사회가 교환하는 재화의 총 가치에 상당하였다. 그리고 화폐의 발행의 근거가 되는 재화의 량에 비하여 유통하는 화폐량이 적으면 단위 화폐의 가치가 증가하고 반면에 화폐 발행량이 많으면 단위 화폐의 가치가 떨어질 것이다. 이 경우의 화폐가치는 재화가치의 그림자였으며 종속적인 성격을 지녔다.

그러나 경제의 규모 및 영역이 증대함에 따라 교환의 불편으로 말미암은 경제발전의 제약을 해소하고 거래의 편의성을 위한 화폐량이 급증하게 되었다. 그리고 이에 따르는 어느 정도의 인플레이션은 일반적으로 기업들의 이익을 촉진하게 하여 투자의 확대 및 경제를 활성화시키는 긍정적인 측면이 생긴다. 반면에 만약 화폐의 량이 절대적으로 부족하면 유동성 위기로 말미암아 경제를 위축시키는 악영향이 우려되기도 하였다. 즉 화폐의 공급량의 과다에 의하여 경제가 활성화 여부를 결정하는 화폐 고유의 경제 통제 능력이 생기게 되었다. 화폐 공급이 풍부하면 인플레이션을 경험하지만 유동성이 풍부해지고 경기가 좋아진다. 반면에 화폐 공급이 부족하면 유동성 경직 현상이 나타나고 경기가 나빠진다. 여기에 화폐공급량을 조절하는 것의 중요성을 인식하지 않을 수 없다.

물론 이 경우들은 타 자원공급 및 활용이 가격 메카니즘의 변동에 의하여 무제한으로 충분할 경우이다. 화폐의 공급을 증가시키더라도 다른 자원의 공급의 한계가 있으면 이러한 인플레이션은 화폐발행자를 향한 부의 전반적인 이동이 있게 되며 이는 마치 세금을 거두는 것과 같은 유사한 모습이 된다. 또한 이러한 인플레이션은 환물사상을 부추겨서 자원 소유자의 독점 경향과 폭리를 가능케 한다. 그리고 이는 일반대중들의 구매력을 크게 떨어뜨려서 소위 원가

인상 인플레이션과 경기침체를 동시에 경험하는 스테그플래이션의 현상을 낳게 한다.

각 나라의 정부는 나라의 화폐공급량의 공급량을 조정하기 위하여 주로 이자율 높이거나 낮추는 금융정책과 국민들로부터 거두어들인 국가세금 보다 더 많거나 더 적은 정부지출을 하는 재정정책을 사용한다. 그리고 외국으로부터 외국 돈을 들어오기 쉽게 하든지 내보내기 쉽게 하는 환율정책이 있다. 그리고 화폐는 더 이상 다른 재화의 그림자나 종속적인 위치가 아니라 화폐는 그 자체가 다른 자원과 마찬가지로 스스로 능동적이고 독립된 교환가치를 갖고 있게 되었다. 화폐는 당초에 물물교환의 불편함을 극복하기 위하여 생겨났지만 점차 독자적인 가치물 존재로서 이 화폐의 공급량의 과다에 의하여 경제의 활성화 여부를 결정하는 고유의 경제 통제 능력을 갖게 된 것이다.

점차 방대한 국제적 산업자본의 축적은 보다 더 효율적인 자본재증식이 용이한 금융자본으로 탈바꿈하였다. 그리고 원래 축적된 기초 금융자본은 그 유동성을 확대하기 위한 파생상품증권화 및 신용창출의 과정을 통하여 기하급수적으로 그 규모가 방대하게 되었다. 세계의 국제금융재벌세력들은 초국가적인 성격을 갖으면서 상호 결탁하여 자본재증식을 위하여 함께 공동 노력하는 세계총자본덩어리, 즉 자본주의 세계시스템을 구축하였다.

그리고 국제금융재벌세력들은 주요 국가들의 화폐발행권도 함께 장악하는 권력을 갖는다. 이들은 각 나라의 중앙은행 및 주요 은행들을 체계적으로 지배하고 있다. 뿐만 아니라, 정치, 군부, 기간산업, 주요자원기업, 언론, 학계 등도 지배하고 있다. 화폐발행은 금은의 보유를 근거로 발행하든지, 각종 채권을 담보로 발행하든지, 지급준비율을 초과하는 신용창출에 의한 발행, 그리고 각종 선물 혹은 지수의 변동의 위험성을 커버하는 파생상품 증권을 근거로 발행하는 등의 방법으로 정리될 수 있다. 화폐발행의 능력은 공영이든 민영이든 대개 각 국가의 중앙은행이 장악하고 있다. 그러나 실질적인 화폐발행의 효과를 갖는 준 화폐발행의 신용창출 기능은 일반 유사 화폐발행 행위로서 사실상 은행이 갖고 있다. 따라서 모든 은행은 이러한 신용창출을 극대화하고 또한 대출을 극대화하여 이윤극대화를 누릴려고 할 것이다. 이 경우도 마찬가지로 인플레이션에 의한 간접적인 부의 이동을 은행으로 초래할 수 있다.

더군다나 전 세계를 하나의 시장 메카니즘으로 통합시키는 자유시장경제체제는 이러한 자본주의 세계시스템의 호조건의 환경이 되었다. 그리고 국제금융재벌세력은 이러한 자유시장경제체제의 세계체제(world system)의 핵(core)이 되어 주변부(periphery)를 지배하게 되었다.

사회주의 세계체계가 붕괴됨에 따라 자유시장경제체제의 영역은 더욱 확대되었다. 세계총자본덩어리인 세계금융자본 혹은 국제금융재벌세력은 사회주의 세력이나 노동의 저항을 벗어나 마치 굴레 벗은 말처럼 가볍게 자본재증식의 길로 질주하게 된 것이다. 21세기 후기산업사회는 고도의 자동화 정보화의 기술로 노동을 생산현장에서 최대한 배제시키고 자본이 스스로 자본을 재생산하는 생산양식의 대변동을 초래하였다. 그리고 파생상품에 설계는 금융자본의 이해관계 구조 및 거래관련성을 아주 복잡하게 만들었다. 또한 특히 컴퓨터네트워크 정보기술의 발달은 금융거래의 스피드를 매우 가속화 시켰다. 세계금융자본시스템의 광역성, 복잡성, 스피드는 세계 어느 곳에서 문제가 생기면 전 세계로 급속히 증폭하여 터지는 거대한 시한폭탄과 같은 특성을 갖게 되었다.

세계총자본덩어리는 서로의 결합과 그들의 영향력을 더 공고히 하고자 빌더버그틀럽(Bilderberg Club), 국제청산은행, IMF, IBRD, OECD, WTO의 조직을 통하여 세계적인 네트워크를 추진하고 있다.

화폐발행권자의 이권문제

이 사회의 모든 가치물은 인간이 평가하는 체제이다. 재화든 화폐이든 모두 마찬가지이다. 화폐도 인간이 가치가 있다고 평가하는 한 이것이 금화이든 은화이든 지폐이든 가치물로서 모두 다른 재화와 전혀 다를 바가 없다. 화폐발행권자는 화폐발행을 통하여 일반적으로 인식되는 그 화폐의 액면 가액 만큼의 재화를 만들어내는 능력을 갖게 된다. 문제는 그 화폐발행의 마진이 너무 크다는 데에 있다.

화폐의 액면 가치와 이것을 만드는데 들어간 비용 사이의 차이를 주조차익(seignorage)이라고 한다. 금화나 은화와 같은 금속화폐를 발행할 경우에 화폐발행의 원가와 액면가액이 별 차이가 없다. 그런데 만약 지폐를 발행할 경우에는 이러한 화폐발행의 차익이 매우 커지며 화폐발행권자의 이익이 방대하다고 할 수 있다. 이렇게 화폐를 발행할 수 있는 권한 즉 화폐발행권이 옛날에는 주로 왕실이었고 근대에 이르러 대개 정부나 정부소속의 중앙은행이 갖게 되었다. 국민을 대표하는 정부나 정부소속의 중앙은행이 화폐발행권을 갖고 있는 경우에는 화폐발행을 통한 이득이 국민전체에 귀속되고 또한 그 부담을 국민전체가 지는 결과를 낳을 것이다. 그러나 만약에 화폐발행이 민영은행인 중앙은행이 화폐를 발행하고 정부가 채권을 팔아 이를 인수하는 형태라면 이 방대한 화폐발행의 이익이 어느 민간에게 고수란히 돌아가는 꼴이 된다. 그리고 이는 국제금융세력들이 자본을 재증식하는 최고의 수단이 되고 있다. 화폐전쟁(2009)이라는 책의 저자 쑹훙빙은 자신의 책에서 영국의 잉글랜드은행 및 미국의 연방준비은행(FRB, Federal Reserve Bank)이 바로 민영의 중앙은행이라고 말하고 있다. 국가가 은행에 채무를 지고 또한 이러한 채무에 대한 이자를 지불해야 하는 황당한 처지가 되었음을 설파하고 있다.

전 세계의 금권정치가 서로 연합하고 있으며 사실상 경제적 민주주의를 극도로 위협하고 있는 실정이다. 민주주의의 설계와 수립은 봉건독재 세력의 위협을 막아내고 괄목할 성과를 이루었지만 금권이라는 신형 바이러스에 믿을 만한 면역을 갖추지 못했다. 서양의 근대사는 금전을 둘러싼 각축전으로 진화되었으며 금전의 계략을 제대로 이해하지 못하면 서방 역사의 흐름을 제대로 파악할 수 없다. 미국의 성장과정은 국제세력의 개입과 음모로 점철되었다. 특히 국제금융재벌 세력은 미국에 대해 가공할 만한 침투력과 영향력을 발휘했다. 이들은 통화발행권 통제로 국가 전체를 통제한다는 공격 방향을 갖고 있다. 금권 슈퍼 특수 이익 집단과 미국의 민주주의 정부 사이는 남북전쟁 전후의 100년 동안 미국 중앙은행의 지배권의 고지를 선점하고자 치열한 투쟁을 반복하였다. 이 과정에서 일곱 명의 미국 대통령이 피살되었고 다수의 의원이 사망했다(쑹훙빙, 2009, p.54). 국제금융재벌 세력의 계파는 여럿으로 나누어지지만 자본재증식의 효율성을 향환 전략에서는 모두 이해관계를 같이하여 자연히 하나로 뭉쳐지게 된다. 돈은 초국적적 성격을 갖는다. 그 재벌 계파 중 가장 대표적인 한 세력이 로스차일드 가문이라고 할 것이다.

로스차일드(Rothschild) 가문의 자손들이 1798년부터 전 세계에 은행들을 세워 유럽 모든 국가의 국가와 정부 각료에 영향을 주는 최초의 국제은행그룹이 되었다. 유태계인 메이어 암셸 바우어(Mayer Amschel Bauer)는 나중에 성을 로스차일드로 바꾸었다. 그의 셋째 아들 네이선은 영국의 런던에서 은행의 거두로 성공하고 첫째 아들 암셸은 독일의 프랑크푸르트에서 로스차일드 은행의 본점을 창립하고, 둘째 아들 살로몬은 오스트리아의 빈, 넷째 아들 칼은 이탈리아 나폴리, 그리고 다섯째 아들 제임스는 프랑스 파리에 로스차일드 지점을 세웠다.

로스차일드의 셋째 아들 네이선은 무역 및 금 거래로 많은 부를 축적했다. 그리고 그는 영국에서 유럽대륙의 운명을 결정할 워터루 전쟁 당시 자기의 비밀 정보망을 잘 이용하여 승리를 하루 전 미리 알고 패전의 가능성으로 투매 광풍에 휩싸인 영국 국채를 싼값에 닥치는 대로 사 들였다. 이로서 그는 무려 20배의 차익을 남기면서 영국정부의 최고의 채권자로 등극하였으며 또한 화폐발행의 권한을 갖고 있는 잉글랜드은행에 대한 사실상의 실권을 장악하였다. 이 후 영국 정부는 국채를 발행하여 대부분 민간은행인 잉글랜드가 발행한 화폐를 빌려 재정 지출에 필요한 자금을 충당하고 그 원금과 이자를 언젠가 갚아야 하는 실정에 이르렀다. 즉, 네이선이 영국 정부의 국채를 대부분을 손에 넣었기 때문에 영국인들은 그동안 영국정부에 내던 세금을 로스차일드의 은행에 내는 꼴이 되었다. 영국의 민영 중앙은행인 잉글랜드 은행은 1689년 빈번한 전쟁으로 기진맥진한 영국정부에게 120만 파운드를 빌려 주었고 영국 정부로부터 은행권의 발행의 권한을 승인 받았다. 그리고 영국 정부가 인정한 은행권은 곧 영국국가의 화폐가 된다. 잉글랜드 은행은 영국정부에 대한 채권을 담보로 국가 화폐를 발행하여 사실상 영국의 경제를 지배하게 된 것이다. 잉글랜드 은행의 이러한 화폐발행권은 당시 영국 국왕과 왕실 개인의 채무를 갚지 않아도 되는 영국 정부의 영구적 채무로 변환시키는 특혜를 줌으로서 서로의 호혜적인 이해관계가 맞아 떨어져 잉글랜드 은행의 화폐발행권은 날로 강화되고 안전하게 되었다. 결국 잉글랜드 은행의 화폐발행과 영국 정부의 영구적인 국채를 서로 묶어 놓았다. 그래서 화폐를 신규 발행하면 국채가 늘어나게 되어 있었다. 국채를 상환하면 그 만큼 국가의 화폐를 폐기하는 셈이 되므로 시중에 유통할 화폐가 없게 된다. 따라서 영국 정부는 영원히 채무를 상환할 수 없게 된다. 오히려 이자를 갚고 경제를 발전시켜야 하므로 국채는 계속불어 날 수 밖에 없다. 그리고 이 채무에 대한 이자 수입은 고스란히 은행가의 지갑으로 들어갔으며 이자는 국민의 세금으로 부담해야 했다(쑹훙빙, 2009, pp.21-31). 잉글랜드 은행이 화폐 발행하여 영국 정부에 빌려준 채무의 원금은 영국의 국왕이나 왕실이 쓰게 되지만 이 역시 잉글랜드 은행의 채권이며 미래의 영국 국민들의 세금을 담보로 한 것이다. 이는 모두 영국 국민의 세금을 근거로 단기적으로는 이자는 잉글랜드 은행이 챙기고 원금은 국왕 및 왕실이 향유하는 고도의 정치적 결탁이 아닐 수 없다.

로스차일드가의 그 밖의 각 아들들도 영국에서 행한 것과 유사한 방식인 황실 및 왕실과의 결탁, 정부에의 대부, 국채의 가격조작, 전쟁 상황 이용, 무역, 금 거래 등의 방법으로 유럽의 거부가 되고 또한 프랑스, 독일, 오스트리아, 이탈리아 등 유럽의 주요 국가의 금융권 및 화폐발행권을 사실상 장악하였다. 이들은 가족 내의 통혼도 자주하고 긴밀한 단합 그리고 재산 상황 비공개로 세계의 금융제국을 건설하며 이들의 총재산은 지금 40조 달러에 이를 것으로 추정된다. 로스차일드은행은 유럽의 주요도시에 분포하고 있으며 치밀한 정보수집 및 전달시스템을 갖추고 있다. 그리고 로스차일드 가문은 국제 금융 청산 시스템을 처음으로 설립해 전 세계의 황금시장의 수급량 및 가격을 통제하기도 한다(쑹훙빙, 2009, pp.32-51). 특히 세계 1차 2차 대전을 통하여 각 국가의 군비확장 과정에서 각 나라의 정부는 이 가문에의 막대한 금액의 채무자로 떨어졌으며 미국의 연방준비은행(FRB) 및 이 은행의 화폐발행권에 대한 상당한 지분의 영향력을 장악하고 있다.

역사적으로 보면 미국의 정계에서 미국의 중앙은행 및 화폐발행권을 민영화 되는 것을 막으려고 치열한 투쟁을 벌였다는 기록을 볼 수 있다. 3대 대통령이던 제퍼슨은 일개 민간 중앙은행이 국민의 공공화폐를 발행한다면 이는 적의 군대보다 더 국민의 자유를 심각하게 위협하는 일이라고 보았다. 화폐발행권을 은행으로부터 되찾아야 한다. 그것은 당연히 주인인 국민에게 속해야 한다고 하였다.(쑹훙빙, 2009, pp.55-63). 1811년 와싱턴 대통령은 독립전쟁으로 말미암은 거대한 채무 때문에 20년 유효기간의 중앙은행을 설립하는데 서명하였고 이 때 외국자본이 1000만 주 가운데 700만 주을 차지하여 미국의 중앙은행이 잉글랜드 은행 및 로스차일드은행의 외국 국제재벌 자본의 영향 하에 들어갔다. 1차 유효기간 20년 이 지난 뒤 1815년 설립된 2차 미국 중앙은행은 총주식이 3500만 달러로 상승하였지만 정부 지분은 20%에 불과하고 80%가 주로 로스차일드의 민간 개인의 소유였다. 7대 잭슨 대통령이 민영 중앙은행에서 유럽자본 은행의 권한을 뽑아내려고 국채를 전부 상환하고 1936년 중앙은행을 폐지하고 미국 재무부의 독립재무시스템을 갖었지만 이러한 상황이 그의 사후 그 뒤를 잇지 못했다. 로스차일드가 주도하는 영국의 금융체계가 전 방위로 미국의 중앙은행을 압박하여 화폐 유통 부족을 초래하여 1837년 대공황을 초래했다. 민간 중앙은행의 설립은 유럽 은행가들의 꿈이며 이는 국제금융재벌의 은행이 미국과 미 국민의 운명을 최종적으로 결정함을 의미한다. 민간 중앙은행의 재설립을 방해하던 테일러 대통령도 독극물에 의한 의문의 죽음을 맞았다.

미국의 남북전쟁은 거액의 전비를 지출하는 정부의 채권을 금융재벌이 장악하고 전쟁은 엄청난 이익을 갖어다 준다. 영국과 프랑스군은 남부군을 지원하여 링컨의 북군을 궁지로 몰아넣은 것은 국제금융자본의 각본일 수도 있다. 링컨은 앞에 있는 남부군 보다도 뒤에 도사린 금융기관이 더 나라에 큰 위협이 될 것이라고 걱정하였다. 그의 피살의 이유도 이러한 투쟁과 관련 되었다고 보는 견해가 있다. 링컨은 전쟁에 이기기 이한 필요한 막대한 돈을 유럽은행들이 제시하는 연리 24~36%의 융자를 거절하고 연리 5% 그린백(greenback)이라는 정부 자체가 채무를 지지 않으며 또한 태환하지 않은 4억 5천만 달러 규모의 화폐를 스스로 발행하여 성공적으로 사용하였다. 그리고 국민을 상대로 국채를 직접 팔아 은행재벌이 화폐발행권을 독점하는 시대와 작별을 고할 수 있는 조치를 취했지만 그의 화폐정책을 뒤집기 위한 국제금융재벌의 보복이 링컨에 대한 암살로서 이루어졌다. 유럽의 로스차일드은행 및 그 대리인들을 중심으로 한 국제금융재벌들은 미국에도 잉글랜드은행과 같은 방식으로 복제하여 1863년 국립은행법이 통과되어 미국의 국립은행에 은행권을 발행할 권한을 주게 한 것이다. 또한 미국 정부 채권을 은행권 발행의 준비금으로 삼아 미국의 화폐발행과 정부 채무를 연동시킴으로서 정부가 영구적으로 채무를 상환할 수 없도록 하였다(쑹훙빙, 2009,

pp.64-93). 정부가 직접 화폐를 발행하는 것과 정부의 채무를 담보로 정부와 독립된 타 자본 소유의 민간 은행이 화폐를 발행하는 것과는 하늘과 땅 차이이다. 화폐발행 자체에는 늘 이익을 보는 쪽과 손해를 보는 쪽이 있다. 이와 같이 화폐를 발행하는 쪽이 민간 은행이라면 화폐발행을 통한 이익이 납세자인 국민들에게 환원되지 못하고 그 화폐 발행은행만 거액의 이익을 누리고 납세자 국민들만 손해를 보는 꼴이 된다. 만약 정부가 화폐를 직접 발행하면 정부가 이익을 보는 동시에 국민이 손해를 보기 때문에 이익을 본 정부가 그 이익을 국민을 위하여 다시 국민들에게 베풀면 결국 마찬가지가 된다.

국제금융재벌세력은 미국의 의회에 대한 영향력을 확대하여 점진적으로 계속 유리한 입법조치를 성사시켰다. 1873년 화폐주조법을 통과시켜 은화를 배제하고 금화만을 유일한 기축통화로 채택하는 금본위제도로 환원시킴으로서 국제금융재벌세력이 세계화폐공급량에 대한 절대적 통제권까지 확보하였다. 화폐시스템이 극소수에 의하여 통제되면 곧 통화팽창이나 긴축의 근원이 되어 세계의 경제가 좌우될 수 있음 경고한 미국 20대 대통령 제임스 가필드(James Garfield)가 의문의 암살을 당했다(쑹훙빙, 2009, pp.64-93). 여기서 의문이란 늘 정신병자 소행으로 결론이 나타난다.

1913년 12월 23일 미국의 민선 정부의 권력은 민간 중앙은행인 연방준비은행(Federal Reserve Bank, FRB)의 발족으로 국제금융재벌세력에 의해 사실상 전복되었다고 볼 수 있다. 오늘날까지도 이 FRB가 사실상 민영 중앙은행이라는 사실을 알고 있는 사람들이 얼마 안 된다. FRB는 마치 미국 정부의 은행인 것처럼 세상 사람들이 속도록 공공성의 냄새가 나는 이름으로 포장했을 뿐이다. 세상의 대부분 사람들은 미국 정부가 화폐를 발행한다고 생각한다. 그러나 미국정부에는 화폐발행의 권한이 아예 없다. 33대 대통령인 루스벨트 대통령 암살미수 사건 및 1963년 케네디 대통령 암살 사건으로 이 화폐발행권에 대한 저항세력을 거의 완전히 제압하였다. 지금까지 이들이 화폐발행권을 뺏는 과정에서는 금본위제도를 강조하고 세계 전체의 통화공급량 조절에 의한 금융위기로서 미국을 위협하였으나 승리한 이후에는 화폐발행의 제약을 없애는 관리통화제도로 전환하였다. 이제 달러가 세계의 기축통화가 됨으로서 전 세계의 경기변동은 통화량을 손에 쥐고 조였다 풀었다 하는 이 FRB의 화폐발행권에 달려있는 점이 근본적인 큰 문제이다. 그리고 아무도 이 국제금융재벌의 횡포에 대항할 세력이 이 지구상에는 없고 오히려 이들을 보호하는 정부, 정치인, 법조계, 군부, 군수산업, 기업, 은행, 언론, 학계 등의 친위적 협조세력만이 두텁게 협성되고 있는 실정이다. 미국 28대 우드로 윌슨(Woodrow Wilson) 대통령은 다음과 같이 말했다. "이 나라의 발전과 우리의 모든 경제활동은 완전히 소수에 의해 좌우된다. 우리는 가장 악랄한 통치의 함정에 빠져들었다. 세계에서 가장 완벽하고 가장 철저한 통제를 받고 있는 것이다. 정부에게는 더 이상 자유로운 발언권이 없으며 이 죄를 다스릴 사법권도 없다. 이제 다수의 의견으로 선거한 정부가 아니라 극소수의 지배권을 가진 자의 강압으로 움직이는 힘없는 정부다. 보이지 않은 이 권력이 얼마나 조직적이고 은밀하며 얼마나 무소불위하고 얼마나 상호결탁이 잘 되어 있으며 얼마나 철저하고 완벽한지 많은 사람들은 감히 이 권력이 두려워 공개적으로 비난하지 못한다"(쑹훙빙, 2009, pp.94-100).

FRB도 영국의 중앙은행인 잉글랜드은행과 마찬가지로 개인이 보유한 주식으로 구성되어 있다. 더구나 FRB는 당초의 20%의 정부

지분도 없앤 순수 민영 중앙은행으로 재탄생하였다. 국제금융재벌들은 긴박한 금유위기를 조성함으로서 화폐발행권 획득을 위한 유리한 고지를 계속 선점해 나간 것이다. 그리고 1913년 12월 23일 막강한 금권으로 정치인들에게 영향력을 행사하고 국민들의 여론을 교란하는 고도의 양동작전을 통하여 연방준비은행법을 하원에서 298 대 60으로 드디어 관철하였다. 이 때 찰스 린드버그(Charles Lindbergh) 의원은 다음과 같은 요지의 개탄하는 연설을 했다. "이 은행법의 통과는 우리 시대의 가장 악랄한 입법 범죄이다. 국민은 다시 독립선을 해야 금권에서 해방될 수 있다는 사실을 깨달을 것이다" 그러나 은행, 매스콤 및 학계 등 국제금융재벌 세력의 앞잡이들은 이 연방준비은행법의 통과에 대하여 찬사의 발언을 쏟아 놓았다. 국제금융재벌세력들이 미국 정부와 100년에 걸쳐 벌인 치열한 힘겨루기는 그들이 목적을 달성하고 미국의 화폐발행권을 완전히 장악하는 것으로 끝났다. 영국 잉글랜드은행의 모델이 미국에서도 성공적으로 복제된 것이다(쑹홍빙, 2009, pp.101-133). 공적소유의 성격을 상실한 민영 중앙은행의 화폐발행권은 곧 미국국민 및 세계인들을 상대로 한 교묘한 사기행위인지는 잘 알 수가 없다. 그러나 이것을 바로잡을 힘이 지금 누구에게도 없는 상황이다. 앞으로 세계화폐의 화폐발행권의 장악으로까지 확대되면 더욱 이런 문제가 심각할 것이다. 그럼 FRB의 주인은 누구인가? 베일에 싸인 비밀이 마침내 밝혀진 계기가 있었다. "미연방 준비은행의 비밀"이라는 책의 작가 유스터스 멀린스가 거의 반세기에 거친 연구 끝에 연방준비은행 최초의 영업허가증을 찾아냈다. FRB의 12개 지역은행 중에서 FRB를 실질적으로 지배하는 것은 FRB의 뉴욕은행이다. 1914년 5월 19일 통화감사원에 보고한 문건에 적혀있는 주시 지분 중 총 발행수량은 20만 3053

주, 등록 자본금은 1억 4300만 달러였다. 록펠러와 쿤룹사의 뉴욕내셔널시티은행이 3만주, JP모건스의 퍼스트내셔널은행이 1만 5천주, 폴와그너의 뉴욕 내셔널 상업은행이 2만1천주, 로스차일드 가문이 이사로 되어 있는 하노버은행이 1만이백주, 체이스은행이 6천주, 케미칼은행이 6천주로서 이상 6개 은행이 FRB뉴욕은행의 주식의 40% 를 보유했다. 모건과 록펠러 등의 성공을 도왔던 로스차일드가는 자신이 대주주인 잉글랜드 은행의 영향력과 함께 실질적인 지배주주가 된 셈이다. FRB 뉴욕은행의 지분은 FRB전체의 거의 4분의 1에 달하여 사실상 FRB의 총재 후보 결정권을 갖게 되며 미대통령의 임명절차 청문회는 그저 요식행위에 불과했다. 연방자문위원회는 FRB의 12개 지역은행의 대표 1명씩으로 구성되며 이 지역은행의 대부분은 월가의 5대은행의 자본 지배하에 놓여 있다. 총재, 이사회, 자문회의는 사실상 국제금융재벌의 거수기에 불과하다. 그리고 FRB는 민영중앙은행이기 때문에 단 한번도 의회의 감사를 받은 적이 없고 완전히 의회의 통제권 밖에서 움직인다. FRB는 화폐공급과 금리수준을 조정함으로서 경기 파동을 만들어낼 수 있다. 그리고 경기변동의 상황을 사전에 다 파악할 수 있는 위치에 있다. 로스차일드 가문은 영국 런던 금융시티의 맹주, 이스라엘의 창시자, 국제정보 네트워크의 선조, 월가 5대 은행의 막후, 세계의 황금가격을 정하는 런던 금 가격 벤치마켓을 거쳐 지금도 런던과 월가의 중추를 움직이는 핵심으로 군림하고 있다. 이들의 재산이 도대체 얼마나 되는지는 아무도 모른다.

맥패든(McFadden) 하원의원은 다음과 FRB의 존재를 비판한 바가 있다. "FRB는 세계에서 가장 부패한 기관이다. FRB는 미국의 정부기관이 아니라 민간 신용대출 (혹은 화폐발행) 독점 기관이다. FRB는 자신과 외국 사기꾼의 이익을 위하여 미국 국민을 착취하고 있다". 1913년-1949년 사이에 FRB의 자산은 1억 4300만 달러에서 450억 달러로 중폭했다. 이 돈은 FRB 주주들의 지갑으로 흘러들어 갔다. 2009년도의 FRB의 자산은 약 44조달러로 추정되며 고정금리 5%로서 매년 2조 2000억 달러가 넘는 돈을 이자로 지급해야 한다(쑹훙빈, 2009, p.368). 전쟁 상태나 금융위기와 같은 긴급한 상황은 FRB가 화폐를 찍어 크게 치부할 수 있는 절호의 기회가 된다. 윌슨 대통령은 세상을 뜨기 전에 다음과 같이 고백했다. "자신이 FRB 문제에서 사기를 당했다. 나는 무의식중에 내 나라를 망쳤다"(쑹훙빙, 2009, pp.134-143). 국제금융재벌들의 최종적 전략목표는 전 세계의 화폐발행권을 완전 독점하면서 세계경제를 해체시켜 월가 및 런던가가 축이 되어 통제하는 세계정부, 세계화폐, 세계세금의 체제를 완성하는 것이다. 다행히 아직 우리나라, 중국, 일본은 화폐발행권을 빼앗기지 않고 있지만 국제금융세력의 다음 차례의 타겟이 될 것이다. 한중일동북아경제공동체 결성의 긴박한 필요성이 여기에 놓여 있다. 글로벌 금융위기의 강력한 무형의 제 3의 적이 계속 나타나기 때문에 과거에 얽매어 있을 시간적 여유가 없다.

글로벌 금융위기를 극복하기 위하여 미국 정부를 포함한 세계 각국은 경기부양 정책을 실시하고 또한 외환위기를 극복하기 위하여 많은 달러의 공급을 필요로 하였다. 이 기회에 달러의 화폐발행권을 갖고 있는 FRB는 세계 인플레이션을 조장시키면서 엄청난 부를 챙긴 최대의 수혜자가 되었다. 저금리 정책으로 부동산의 버블을 한껏 키웠다가 이 버블의 붕괴와 더불어 글로벌 금융위기를 초래한 후 부양정책 혹은 통화스와프용으로 거의 무제한의 화폐발행을 한 것이다. 글로벌 금융위기를 FRB가 의도적으로 일으켰는지는 알 수는 없으나 충분히 의심받을 수 있는 상황이라고 할 수 있다.

FRB는 막대한 량의 미국 정부의 국채를 사들여 미국 정부에 새로 찍은 달러를 지원했다. 미국 정부의 재정적자는 올 회계연도가 끝나는 9월 말에는 1조 8000억 달러로 늘어날 것으로 전망되고 있다. 지금은 2008년도 FRB 자산의 두배 이상이 증가하여 2조 달러를 넘어섰다(한국경제, 2009. 8. 7). 7월 30일 기준으로 FRB가 보유한 미국의 국채는 6950억 달러로 1년만에 2160억 달러나 늘어났다. 또 패니메이와 프레디맥을 살리기 위해 매입한 5000억 달러에 가까운 모기지담보부증권(MBS)도 보유하고 있다. 유동성 직접 공급으로 FRB에게 지배권을 넘겨준 미국 투자은행, 상업은행 및 주요기업들이 다시 FRB에 맡긴 예치금이 9500억 달러나 된다. AIG, BOA에 대한 구제조치의 지분도 크다.

현재 벤 버냉키(Bernanke) 의장은 최근 전 세계를 휩쓴 경제위기와의 싸움에서 사실상 승리를 선언했다. 대공황 연구전문가인 그는 헬리콥터로 돈을 뿌려서라도 경기침체와 물가하락의 디플레이션을 막아야 한다는 논리를 펴왔다. 그가 FRB의장이 되어 실제로 금융위기가 터지고 세계경제가 동반침체에 들어서자 정책금리를 제로수준으로 떨어뜨리고 아예 돈을 마구 찍어 장기 국채를 사들이는 유례없는 극단적인 통화완화 정책을 구사 했다. 그는 이제 연말까지 경제성장이 플러스로 돌아서고 내년엔 2.1%~3.3% 가량 완만한 성장을 할 것으로 보고 있다. 그는 세계경제가 대공황을 피하고 세계금융이 파국을 면한 것은 미국 FRB의 적극적인 통화정책이 있었기 때문이라고 주장하고 있다. FRB는 과거 지속적인 저금리정책과 통화과잉공급으로 부동산 거품을 한껏 부풀게 만든 다음, 다시 이 부동산 가격의 거품을 터뜨려 글로벌 금융위기를 초래하였다. 세계의 기축통화인 달러의 화폐발행권을 갖고 있는 이 FRB가 엄청난 달러공급으로 인프레이션 조장과 함께 공짜로 세계의 부을 강탈해 가면서 마치 글로벌 금융위기가 자신들이 돈을 찍어낸 공로라는 주장에는 가소롭지 않을 수 없다.

기축통화의 주도권 논쟁

오늘날 미국의 달라는 국제 무역이나 금융거래에서 보편적으로 쓰이고 있는 화폐이다. 이와 같이 국가 사이의 결제나 금융거래의 기본이 되는 통화를 기축(基軸, basic currency)통화라고 한다. 미국의 경우는 달러가 세계의 기축통화이기 때문에 미국 산업의 경쟁력 약화로 발생한 대외 국제수지 적자는 달러를 새로이 막 찍어내어 메꾼 셈이다. 2차 대전 직후 달라만이 금으로 바꾸어주는 금 태환(兌換)의 의무를 국제적으로 합의한 브레튼우드(Bretton woods)체제 이후 기축통화로 공인되었다. 그러나 1960년 이후 베트남 전쟁을 수행하거나 누적된 미국 경상수지 적자 및 정부의 재정적자를 메우기 위하여 달러를 많이 발행하지 않을 수 없었고 마침내 1971년에 닉슨 대통령이 금 태환을 포기하겠다고 일방적으로 선언하였다. 그 이후에 미국은 냉전 혹은 각종 전쟁의 수행 비용, 재정적자 및 경상수지 적자를 극복하기 위하여 계속 달러를 남발하였고 이에 따라 달러의 가치가 거듭 폭락하여 왔지만 약 반세기가 지난 지금도 달러는 세계경제에서 기축통화의 지위를 유지하고 있다.

이와 같이 금 태환을 포기한 이후에도 달러가 계속 기축통화로서의 영향력을 유지하는 이유로는 아직도 미국이 최대의 경제대국이며 교역량의 규모가 매우 크고 발달된 금융시장 때문이다. 미국은 전 세계 GDP의 약 28%나 차지하고 있기 때문이다(조선일보, 2009. 8. 31). 그런데 중국은 7~8%이다. 달러의 발행이 남발되면 전 세계에 인플레이션이 조성되며 그만큼 세계적인 조세의 성격으로 부의 이동이 강제적으로 발생한다. 이는 단순히 달러발행권의 이유하나로 미국이 세계의 부를 조용히 강탈해 가는 강도행위와 같은 부도덕함을 지닌다. 최근에 글로벌 금융위기로 미국이 부실주택담보채권과 관련된 파생상품을 인수하는데 무려 수 조 달러를 발행하여 사용하였다. 앞으로 미국의 통화남발은 전 세계의 비난과 기축통화로서의 우려를 표시하고 있다. 실제로 이번 국채매입발표 이후 달러가치가 떨어지고 제 2, 제 3의 기축통화인 유로화, 엔화의 가치가 오르는 현상이 나타나고 있다. 중국도 미국의 달러를 대신하여 위안화를 기축통화로서 만들겠다는 의지를 분명히 나타내고 있다. 그리고 중국은 미래에 위안화를 자유태환이 가능케 하여 국제통화로서 위상을 높이기 위하여 황금을 과감하게 사 모으고 있다.

중국은 최근 중국-홍콩간의 위안화 국제결제 양해각서를 체결하였다. 그리고 이러한 결제서비스에 최선을 다할 것이고 또한 위한화 예금에 우대이자를 제공한다는 광고를 연일 싣고 있다. 위안화로 국제결제를 할 때 달러의 경우 보다 2~3%의 원가절감 효과가 있을 것이다. 이는 중국기업들이 달러 결제를 할 때의 엄격한 외환규정과 복잡한 자금 수수 절차를 피할 수 있기 때문이다. 그리고 위안화의 가치가 달러화의 가치 보다 안정적인 경향을 보일 것으로 예상하고 있어 이를 선호할 가능성도 높다. 위안화의 국제결제가 앞으로 홍콩 외의 아시아 지역으로 급속히 확대될 가능성이 매우 높으며 위안화는 달러, 유로화 다음으로 기축통화로서의 위상이 올라가며 또한 홍콩과 상하이가 금융허브로서 등장할 입지가 강화될 조짐이다. 3년 후에는 중국 전체 무역량의 절반인 약 2조 달러 규모의 금액이 위안화로 결제될 것으로 추정된다.

뿐만 아니라 중국은 다른 국가들과의 통화 스와프 체결을 늘여가고 있다. 2008년 12월 한국과 1800억 위안(약 39조 6000억원) 규모의 통화스와프를 체결하였다. 그리고 홍콩 2000억 위안, 말레이시아 800억 위안, 벨라루스 200억 위안, 인도네시아 1000억 위안 규모의 통화스와프를 위안화의 기본으로 체결하였다. 이러한 확대적인 통화 스와프 정책은 중국 위안화를 더욱더 국제통화로 비중을 높이는데 도움을 줄 것이다.

중국의 인민은행장인 저우샤오찬은 2009년 3월 23일 인민은행 홈페이지에 기고한 글에서 "특정국가의 통화가 기축통화의 역할을 하면 그 국가의 국내통화 정책상의 필요와 다른 나라의 요구가 서로 충돌할 수밖에 없다"며 기축통화를 미국 달러에서 초국가적인 국제통화로 대체할 것을 주장했다. 중국은 2008년 10월 24일 공산당 기관지 논평을 통해 "어둡고 힘든 금융위기 현실 속에서 사람들은 미국이 달러의 지배적 지위를 이용하여 세계의 부를 착취해 왔다는 사실을 깨닫게 됐다. 이제 세계는 국제경제에서 미국이 점해온 지배적 지위에서 벗어나야 된다"고 선언했다. 2008년 11월 G20 정상회의에서 후진타오 중국주석은 국제통화를 다원화해야 한다고 주장했으며 2009년 4월 2일 런던 G20 정상회의를 기점으로 기축통화를 달러에서 국제통화기금(IMF)의 특별인출권(SDR)로 대체하려는 시도를 관철코자 하고 있다. 이때의 SDR은 국가의 경제규모를 반영해 주요 경제국 통화들을 포함시켜야 한다고 주장하였다. 이는 SDR이 기축통화로 될 때 그 지분의 구성이 공정하지 않으면 특정 세력에 의한 착취현상이 더욱 심화될 현상을 우려한 합리적인 고려라고 할 수 있다. 그러나 현행의 SDR은 미국, 영국, 프랑스, 일본의 통화를 가중평균하여 산정하며 현재 약 1.5달러 수준이다. IMF 회원국은 일정 규모의 SDR을 출연하고 경제가 어려워지면 SDR을 분배받아서 사용한다. 이 경우 이러한 현행 SDR 발행방식은 기존의 통화량 기준이기 때문에 기존의 달러의 기축통화의 제도를 더욱 세계적으로 심화시키거나 확대시킨 것에 불과하며 SDR을 출연한 수 많은 나라들은 IMF의 SDR 화폐발행권의 들러리 서는 것에 불과하다. 즉 FRB가 발행하는 달러의 기축통화를 IMF가 발행하는 SDR로 더 규모가 크게 전환시킨 것일 뿐이다(한경비지니스, 2009. 4. 6, pp.88-89).

미국의 달러발행 남발의 문제

미국의 2009년 회계연도 재정수지 적자가 6월말 현재 1조 860억 달러로 집계되고 있으며 이는 작년도 지난 회계연도의 같은 기간의 적자액 2859억 달러 보다 2.8배나 많은 수치이다. 그리고 올해 회계연도가 끝나면 약 1조 8400억 달러에 이를 것으로 미국 재무부가 예상하고 있다. 작년 회계연도 말의 적자액은 4548억 이었다. 미국의 국가부채 총 누적액은 2009년 7월 13일 현재 11조 5167억 달러에 이르며 이는 미국 국내총생산 GDP의 89%를 상회하는 수준이다. 그리고 작년 한해 부채에 대한 이자비용만으로도 4520억 달러를 썼다(조선일보, 2009. 7. 15). 외국이 가진 미국 국채는 현재 3조 달러 수준이며 중국 7400억, 일본 6300억, 중동 1800억 달러 가량이고 우리나라도 313억 달러 어치를 보유 중이다(조선일보, 2009. 4. 11). 미국의 막대한 국가부채는 앞으로 3가지 재앙을 불러올 것으로 우려된다. 즉, 인플레이션, 달러가치의 하락, 고금리이다.

미국의 달러발행의 권한은 연방준비은행(FRB) 이며 이는 민영중앙은행이다. 따라서 달러를 발행할 때마다 미국 정부는 미래의 세금을 근거로 한 채권을 발행하고 FRB에서 달러를 발행하여 이 채권을 인수하는 형식을 취하고 있다. 즉 미국정부는 달러의 필요에 따라 민영 중앙은행인 FRB에 방대한 채무를 지게 되었으며 지금 약 44조 달러에 에 이르고 이 채무의 이자만도 매년 약 2조 달러에 이른다. 민영 FRB는 달러 발행권 이 하나만으로도 엄청난 부를 창출하고 있는 셈이다. 더군다나 금 태환을 하지 않는 지폐 발행은 화폐 발행의 마진이 90%이상이나 되어 채권에 대한 이자를 포함하여 더욱 엄청나고 황당한 부를 FRB에 안겨 주는 것이다.

역사적으로 보면 이 "금태환 없는 화폐발행권"을 두고 미국에서도 FRB 와 미 행정부 사이에 엄청난 갈등을 치러왔다. 링컨과 케네디의 암살, 레이건의 암살 미수도 이 갈등과 결코 무관하지 않고 케인즈와 루스벨트 대통령은 국제금융세력의 배후가 있는 FRB가 완전한 달러 발행권을 확보하는데 공로가 큰 국제금융세력 앞잡이 역할을 했다고 평가하고 있다(화폐전쟁, 2000).

이러한 이해관계 때문에 FRB는 기축통화의 지위를 어떻게 해서든지 유지할려고 하며 달러를 많이 발행하면 할수록 부를 더욱 창출할 수 있기 때문에 무제한 달러 발행의 기회를 찾고 있다고 추정된다. 최근 글로벌 금융위기를 극복하기 위하여 대규모의 유동성 확대의 필요성은 달러 화폐발행의 좋은 명분이 되고 있다. 세계경제의 심장인 투자은행 및 상업은행을 안정화시키고 외환위기를 겪고 있는 각 나라들과의 통화스와프 체결은 달러화폐발행의 정당성을 부여해 주는 좋은 기회가 되고 있다. 국제금융세력은 이러한 세계 부를 자기 쪽으로 이동시키는 효율성을 더욱 가속화시키고자 화폐발행권을 그대로 확보한 세계정부, 세계은행을 지향하고 있다. 새로운 기축통화로서 IMF에서 달러를 대체하는 특별인출권(SDR)을 활용하고자 하는 주장도 이러한 맥락이라고 보여 진다. SDR은 IMF가 회원국들에게 대출시 적용하는 복합회계단위(composite accounting unit)이며 달러나 다른 통화로 전환될 수 있으며 IMF 회원국가간 공적거래에만 사용될 수 있다. 미국 버클리 대학 교수인 배리 에이켄그린(Barry Eichengreen)은 한 국가의 기축통화는 일방적인 화폐발행으로 인한 시스템불균형 때문에 IMF의 SDR의 기축통화 필요성을 제시하고 있다. 이 SDR이 달러의 유동성이나 규모면에서 필적할 상대가 되지 않기 때문에 쉬운 일은 아니겠지만 기축통화가 되기 위하여 IMF가 미국의 FRB와 같은 역할을 해야 한다고 말하고 있다. 그는 IMF의 SDR이 부족할 경우 달러 유동성을 적절하게 유지하기 위하여 달러 스와프를 제공하기 위하여 달러를 발행 했던 것처럼 IMF 스스로 추가로 발행할 수 있어야 한다고 주장한다. IMF의 운영진도 SDR발행결정에 대한 권한을 가져야 하며 IMF세계의 중앙은행이 되고 세계적으로 최종의 대부자(lender of last resort)의 역할을 해야 한다고 주장하고 있다. 그러한 이러한 그의 주장은 국제금융재벌의 세력을 대변하는 듯한 주장으로서 전혀 믿을 것이 못된다. 민영 미국 FRB의 폭리 추구보다 한술 더 뜬 국제금융재벌의 세력의 최종 세계 지배의 완성판을 향하고 있는 구도라고 평가 된다.

오늘날 글로벌 금융위기를 해결코자 가령 거의 무제한 달러발행을 하여 세계의 인플레이션을 약 2배 초래하였다고 가정하면 세계의 부의 약 반은 이들 국제금융세력으로 귀속되고 동시에 세계의 지구인들은 거의 2배로 가난하게 되어 구매력인 반으로 떨어질 것이며 장기적인 스태그플레이션의 세계공황이 찾아올 것이다. 그런데 이러한 가정이 얼마든지 가능한 개연성을 갖고 있다는데 문제가 있다.

중국의 유동성 확대 정책

중국 인민은행은 2009년 5월 분기보고서에서 미국 FRB를 비롯하여 일본 영국 등이 대규모의 양적완화 정책을 채택하였으나 글로벌 금융위기가 중장기적으로 안정되기 시작하면 인플레이션이 가중될 수밖에 없다고 비판했다. 이는 우선적으로 전 세계의 각국이 통화발행증대를 통한 확대 재정금융정책이 문제해결의 효과를 볼 것이라는 예상을 하고 있으며 또한 곧이어 이러한 금융 유동성의 과잉상태로 말미암은 인플레이션을 염려하고 있다는 의미가 된다.

인플레이션을 막기 위하여 다시 금리를 높이고 유동성을 거두어들일 때 채권 값이 폭락할 가능성이 높다. 그리고 또다시 600조 달러 규모의 파생상품 영역에서의 일부 붕괴로 시작되는 또 다른 글로벌 금융위기가 재발될 가능성이 높다. 중국은 2009년 2월말 현재 7440억 달러 규모의 미국 국채를 보유하고 있는 세계 최대 미국 채권 보유국이다. 그러나 미국 중앙은행의 계속적인 유동성 공급확대는 중국이 보유한 달러가치의 하락으로 이어질 수 있어 극도의 우려감을 갖게 될 것이다.

중국은 올해 상반기 7조 4천억 위안(약 1조 800억 달러)의 신규대출이 집행된 것으로 알려지고 있다. 그리고 이 금액과는 별도로 4조 위안(약 5850억 달러) 규모의 경기부양책도 실행되고 있다(조선일보, 2009. 8. 26). 이는 중국의 국내 고강도 경기부양 정책인 동시에 달러의 통화팽창에 맞대응하는 것으로서 위안화의 지나친 평가절상으로 말미암은 미국 보유 국채의 가치 하락을 막기 물타기 효과도 겨냥하고 있을 것이다. 그리고 이 투자 중 약 50%는 철도, 도로, 공항 등 주로 인프라 구축 사업에 투자되어 중국이 지속적으로 성장 가능한 경제 기반을 조성하는 의미가 있을 것이다. 그러나 약 20%는 증시에 30%는 부동산에 몰려 자산 거품이 형성되어 이것이 언제 터질지 모른다는 우려를 낳고 있다. 어쨌든 이 현상은 중국의 통화팽창이 세계 전체의 인플레이션의 심화를 거들고 있다는 뜻이 된다. 그러나 단기적으로 우리나라는 중국의 경기부양의 영향으로서 수출이 증대되는 측면과 또한 위안화와의 통화스와프의 증대로 말미암아 달러 긴축에 의한 외환위기를 극복하는 대안을 발견하는 측면의 긍정적인 효과를 누릴 수도 있다.

중국의 현재 외환보유액은 금년 2009년 들어서 1856억 달러나 더 늘어나 6월 말 현재로 2조 1320억 달러에 이르러 세계 1위 외환보유국이 되었다(한국경제, 2009. 7. 16). 일본의 외환보유액은 약 1조 달러로서 세계 2위이다. 중국의 외환보유액이 특히 핫마니 유입 급증에 의하여 눈덩이처럼 불어나면서 국제금융시장에서 영향력도 한층 커질 전망이다. 중국의 이러한 외환보유액 증가는 인플레이션 우려를 크게 하고 있다. 이에 따라 총통화(M2) 증가율이 지난 6월 사상 최고인 28.5%로 치솟는등 과잉유동성에 대한 우려가 커지고 있다. 중국은 보유외환 중 미국 국채 등 달러 자산이 70%가 넘어 외환분산에 고심 중인 것으로 알려지고 있다(동아일보, 2009. 7. 16).

중국의 경기부양 정책과 외환보유고 증가로 말미암은 대규모 자금의 공급은 부동산과 주식의 가격의 폭등을 불러일으키고 있다. 중국은 최근에 돈줄을 죄는 움직임이 조금씩 감지되고 있다. 중국의 은행감독위는 주요 시중은행을 상대로 자기자본비율인 BIS기준을 현재 10%에서 올해 말까지 12%로 올리도록 지시하고 있으며 중국 인민은행은 통화량 회수를 위한 국채금리 상승을 용인하고 있다.

변동환율과 외환위기

세계를 하나의 자유시장경제체제로 통합되는 것은 그만큼 국제투기자본이 유입과 유출이 빈번하고 용이하다는 것이다. 이것은 변동환율을 택하고 있는 나라가 국제자본이 쉽게 들락날락하는 투기장으로 변할 수 있고 또한 산업 경기변동 및 국내 금융상황의 가변성도 그만큼 커지기 때문에 변동환율은 그 변동성 자체만으로 경제의 불확실성과 위기성을 내포하고 있다. 반면에 고정환율은 해외의 투기자본의 악의적 공격으로부터 막을 수 있지만 해외 악성자본에 대한 면역성이 약하여 한번 외환의 고갈상황이 되면 시장메카니즘에 의한 자율수급조정 기능이 결핍된 경직성 때문에 그 경제의 메카니즘이 붕괴될 수도 있다.

환율을 결정하는 국제통화체제는 2차 세계대전 이전에 고정환율제의 한 형태인 금본위제도이었다. 2차 세계대전 후에는 금 대신 달러를 중심으로 역시 일종의 유사 고정환율제라고 볼 수 있는 각 나라의 화폐의 환율을 고정하기로 한 브레튼우즈체계를 탄생시켰다. 그러나 그 이후 달러 발행의 남발에 의하여 달러의 가치가 계속 하락하자 이 브레튼우즈의 체제는 더 이상 유지되지 못하고 1973년부터 각국의 환율이 수급상황에 맞추어 변동되는 변동환율제를 대부분 국가들이 채택하게 되었다. 이러한 변동환율제를 킹스턴체제라고 부르고 있으며 이로서 전 세계는 국제금융세력에 의한 국제투기의 게임에 그 취약성이 더욱 노출되게 되었다.

국가 산업의 경쟁력을 약화시키는 요인은 여러 가지가 있다. 어떤 이유에서이든 경쟁력이 떨어지면 수출보다 수입이 많아지고 유력한 대외결제 수단인 달러의 부족이 발생한다. 달러에 대한 채무가 늘어나든지 달러 보유고가 줄어들어 국가의 부도가 나는 경우는 국가에 엄청난 충격을 주게 된다. 이와 같이 대외지불능력이 마비되는 경우는 원자재 수입이 불가능하여 공장이 멈추고 근로자가 해고되거나 급료를 받지 못하고 길거리를 배회하게 될 것이다. 발전소를 움직이는 석유의 수입이 불가능 하면 가정의 전기불이나 가로등도 켜지 못하여 밤이면 암흑천지가 될 것이다. 배고픈 사람들이 남의 재산을 약탈하는 일이 발생할 수도 있고 때로는 인권유린도 발생할 수도 있다. 그리고 국가부도 상황에 대한 불만은 정권퇴진과 책임자 처벌을 요구할 수도 있을 것이다.

국가산업의 경쟁력이 약화되어 대외무역수지 적자가 누적되어 외환보유고가 급격히 줄어 외환위기를 초래할 수도 있지만 또 다른 경우는 국제금융세력이 다른 나라에 거액의 달러를 투자 혹은 투기를 했다가 갑자기 달라 공급을 긴축하거나 회수조치를 할 때 발생하게 된다. 이는 예상하지 못한 기습공격과 같은 것으로서 악의적인 외환위기의 초래상황이다. 외화대출을 받았던 기업이나 은행들이 도산되고 국가부도 상황에서 그 해당국가의 기업의 주식이나 부동산 가격은 엄청난 폭락을 경험하지 않을 수 없다. 이는 어항이 깨어져서 물고기가 죽어 자빠지게 되는 꼴과 같다.

외국의 국제금융세력 혹은 투기꾼들은 이 때 마치 죽은 물고기를 싼 값에 소유하게 되는 과정과 같다. 그리고 다시 달러를 풀어 원래의 상황으로 되돌린다.

금괴 혹은 은괴 보유의 의미

금화든, 은화든, 지폐이든 화폐로서의 속성은 마찬가지이며 결국 모두 사람들이 부여한 가치에 따라서 결정되는 것이다. 오늘날은 금화나 은화를 사용하는 곳은 드물고 대개 지폐를 많이 사용한다. 지폐는 주로 타인 혹은 타기관의 채권를 담보로 발행한다. 그런데 지폐는 초기의 금태환의 방식에서 벗어나 금태환을 포기함에 따라서 무제한 발행을 하여 그 지폐 가치가 폭락될 수 있는 위험을 나타낸다.

미국은 달러지폐를 기회가 있을 때 마다 무제한 발행하여 대규모로 방출하고 있다. 점차 달러지폐의 가치가 인플레이션을 초래하면서 폭락하고 미국정부의 채권의 값도 따라서 하락하고 미국의 기업들의 주식도 함께 내려갈 가능성이 있다. 따라서 미국의 달러, 채권, 주식 모두가 폭락함에 따라 미국 경제는 세계공황의 시한폭탄이 되고 있다. 신자유주의 영향으로 수많은 파생상품들이 개발되어 지금 파생상품으로 상호 얽혀있는 총금액이 무려 약 600조 달러에 이르며 이는 언제든지 폭발가능성이 있다. 오늘날 글로벌 금융위기는 서브프라임 모기지 론의 파생상품에서 일부 터진 것이고 지금 미국 정부는 엄청난 달러 추가 발행액을 여기에 퍼부어서 이 문제를 일시적으로 미봉하고 있는 것이다.

미국의 달러, 채권, 주식 모두가 폭락할 때 믿을 수 있는 가치척도로는 금괴 혹은 은괴 일 수 있다. 비록 지금은 화폐가 아니더라도 인류가 오랫동안 사용해 오던 금괴 혹은 은괴가 타성에 의하여 믿을 만한 준화폐로서의 기능을 갖을 수 있다. 금괴와 은괴는 달러대신 유동성을 가진 국제 결제 수단이 될 수 있다. 우리나라가 IMF 재정위기를 겪을 때 금모으기 운동의 의미도 이러한 맥락에서 그 의의를 이해해 볼 수 있다. 달러의 가치의 위기가 올 때 그 대체 수단으로서 금괴 은괴의 확보가 필요해 진다. 그리고 달러가치가 떨어질 때 마다 금괴 은괴의 전 세계적인 수요가 늘고 그 가격도 당연히 오를 것이다. 1999년에는 영국을 중심으로 호주, 스위스, 네델란드 등의 여러 나라들의 중앙은행들은 이 금괴를 대량으로 처분하여 보다 안정적인 수익을 가져주는 정부발행 채권을 선호하는 경향이 있었다. 이때 국제 금값은 1트로이온스(약 31.1034g)당 약 250달러 수준이었지만 10년이 지난 지금은 1트로이 온스당 약 1,000달러에 이른다. 영국의 파이낸셜 타임즈는 2009년 3월 기준으로 유럽의 중앙은행들은 그동안 총 3800t의 금괴를 팔아 560억 달러를 현금화 하여 다른 곳에 투자하여 얻은 이익이 120억 달러였다고 한다. 그러나 그사이 금괴의 값이 올라서 금괴를 그냥 보유했을 때 보다도 약 400억 달러 손실을 본 셈이다. 중앙은행들이 금괴를 팔아 다른 곳에 투자하였다가 손실을 본 사실은 일반적으로 그 나라 국민 용납될 수 없는 비행으로서 무거운 책임이 뒤따를 수 있다.

파이낸셜타임즈가 제시한 자료에 의하면 1999년에서 2009년간 약 10년 사이의 각나라 중앙은행 및 국제기구의 금 보유량의 변동을 다음과 같이 제시하고 있다. 유럽중앙은행은 747.4톤에서 536.9톤, 일본은 753.6톤에서 765.2톤, 스위스는 2590.2톤에서 1040.1톤,

중국은 395톤에서 1054톤, 이탈리아는 2451.8톤에서 2451.8톤, 프랑스는 3024.6톤에서 2487.1톤, 독일은 3468.6톤에서 3412.6톤, 미국은 8138.9톤에서 8133.5톤, IMF는 3217.3에서 3217.3, 기타는 8736.3톤에서 7047.2톤으로 변동하였다고 한다.

특히 중국은 10년 사이에 달러 약세현상에 대한 불안감이 작용하여 금 보유량을 10년 사이에 3배 가까이나 늘렸고 세계의 5위의 금 보유국으로 올라서면서 금값 상승을 이끌었다. 중국 현행 2조 달러 이상의 외환보유고를 갖고 있으므로 5000톤까지 무난히 금 보유량을 최대의 단시일에 5000톤 이상을 비축할 것으로 전망된다. 그러나 미국이나 독일 등은 앞으로 금을 틀어쥐고 당분간 팔지 않을 태세이다.

따라서 앞으로 금값이 계속 오를 것이라는 심리적 기대감이 높아지고 있다. 금 가격은 달러화 기준으로 산정되지만 달러화가 약세를 보이면 당연히 가격이 오르는 속성이 있기 때문이다. 우리나라도 여기에 적절히 대응할 필요가 있다.

4. 글로벌 자유시장경제체제의 도래

세계시스템의 논쟁

기술혁신에 의한 생산양식의 대변동을 먼저 달성했던 경쟁력 있는 선진강대국들은 자본재증식의 효율성을 위하여 그 경쟁력을 더욱 쉽게 해외로 방출시키는 자유주의경제체제를 전 세계로 파급시켜서 자본주의 세계시스템을 형성코자 하였다. 이 세계시스템의 개방적 광역성 특성은 산업자본 재증식의 엄청난 효율성을 가져왔으며 또한 네트워크 정보기술의 발달로 금융자본 거래의 상호연결을 거의 광속 스피드로 가능하게 하였다. 따라서 어느 한 곳에서의 금융자본상의 문제는 곧바로 전 세계의 어느 곳으로도 증폭되어 파급될 수 있는 나비효과(Butterfly Effect)의 가능성이 존재하게 되었다. 따라서 마치 휘발유를 뿌려 놓은 장작더미에 단지 작은 불티 하나가 번져 큰 폭발적인 불길을 만들듯이 세계 어느 한 곳에서의 작은 금융문제가 언제든지 글로벌 금융위기로 비화할 수 있는 여건이 만들어졌다. 그리고 세계의 자본덩어리의 국제금융재벌세력은 이러한 자본주의 세계시스템의 중심부의 핵이 되어 마치 허파가 숨을 쉬듯이 화폐공급량을 풀었다 줄였다하면서 세계의 경기변동을 급락 및 반복적인 글로벌 금융위기를 초래하면서 자본의 부익부 재증식을 꾀하고 있다. 그리고 이러한 자본주의 세계시스템의 현 운동의 메카니즘을 전체적인 차원에서 바꿀 수 있는 역사적 능력은 이 세상의 어디에도 지금 보이지 않는다. 그렇다면 인류가 여기에 오직 적응 외에는 다른 방법이 없는 것이 비극적 운명일 것이다. 그리고 그런 적응을 위해서라면 이러한 자본주의 메카니즘의 운동 법칙을 주워진 제약 요인이나 가정으로 삼고 부분적인 차원에서 그 대책을 강구하는 길만이 현명할 것이다. 적응논리의 관점은 자본주의 세계시스템에 대한 도덕적인 논의를 사실상 초월하는 문제일 수도 있다.

구소련이 붕괴되기 전에 1980년대 말 미국 와싱턴 대학의 시로(Chirot) 교수는 세계의 총자본을 중심으로 형성된 자본주의 세계시스템(Capitalistic World System)을 주장하였다. 반면에 종속이론가인 왈렌스타인(Wallenstein)은 이 자본주의 세계시스템을 중심부와 주변부로 나누어 국제적인 불평등구조와 계급갈등의 필연성을 밝혔다. 그리고 이러한 자본주의 세계시스템에 대한 대안으로서 사회주의 세계시스템(Socialist World System)을 주장하였다.

시로는 미국을 중심으로 한 자본주의 세계시스템이 사회주의 세계시스템에 대하여 승리할 것이라고 본 반면에 왈렌스타인은 그 반대로 사회주의 세계시스템이 자본주의 세계시스템에 대하여 승리할 것이라고 예언하였다. 한때 월맹에 의하여 월남이 패망하고 아프카니스탄에 소련군이 진입하였을 때 왈렌스타인의 예언이 더 설득력 있게도 여겨지는 듯 했으나 곧이어 소련 및 동구권의 사회주의 국가들이 붕괴됨에 따라 실제로는 결국 시로의 예언이 맞아 떨어져서 시로는 일약 더욱 유명한 위치가 되었다. 결국 역사는 자본주의 세계체계의 승리를 증명하였다.

20세기에서 21세기로 넘어가는 과정은 세계체계의 대변동의 시대라고 볼 수 있다. 자본주의 세계체계가 승리할 것인지 아니면 사회주의 세계체계가 승리할 것인지의 산업주의 시대의 숨 막히는 오랫동안의 논쟁은 이제 막을 내렸다. 새로운 21세기는 사회주의 세계체계가 붕괴하여 사라지면서 자본주의 세계체계가 홀로 주도적으로 세계사를 재편해 가는 과정이라고 볼 수 있다. 이제 21세기로 진입한 이 세기적 변동과정은 그 환경이 매우 소용돌이치고 급변하며 또한 매우 불확실한 후기자본주의 세계체계이다. 그러면 이 시대를 주도하는 후기자본주의 사회의 본질과 정체는 과연 무엇일까? 그리고 첨단기술 및 정보통신기술이 매우 발달한 이 새로운 사회가 우리에게 미치는 영향력은 어떤 것이며 또한 여기에 우리는 어떻게 해석하고 대처하는 것이 옳을 것인가? 지엽적이고 단편적인 접근을 지양하여 총체적이고 종합적인 인식을 통하여 이제 이러한 문제인식을 구조적으로 파악해 볼 필요성이 있다.

그럼 왜 그렇게도 강대했던 사회주의 세계체계가 붕괴하였을까? 그 이유를 다음과 같이 열거해 볼 수 있을 것이다.

첫째, 공유에 의한 생산성의 저하현상 때문이다. 노력을 많이 한 사람이 그 노력의 대가를 온전히 향유하지 못하고 노력하지 아니한 다수와 함께 거의 똑같이 그 대가를 나누어 공유해야 함으로서 동기유발이 극히 억제되었던 것이다. 빈부격차를 줄이려는 시도는 열심히 일하고 경쟁하려는 의욕을 줄여 빈곤의 평준화로 나아가는 비효율적인 사회체제가 되었다.

둘째, 사회주의 체제는 원래 저항조직이다. 인류역사상 사회주의 체제는 돌연변이와 같이 희귀한 것이었다. 지배자와 피지배자 사이의 교체 현상은 역사상 많았지만 불평등 구조 자체를 구조적으로 시정하려는 이념이 어느 정도 성공을 거두어 현실 속에서 구체성을 갖고서 나타난 경우는 역사상 거의 없었다. 사회주의 체제는 원래 근본적으로 저항조직, 투쟁조직이기 때문에 혁명과 전쟁 등 대립적인 정책을 표방할 때만이 그 조직이 유지되는 것이다. 만약에 개방을 하거나 화해 및 평화공존을 시도할 때는 사회주의 체제가 곧 허물어지고 보수주의 사회체계로 변질되는 것이다.

셋째, 기술의 국제주의 성격을 간과하였다. 기술은 보다 광범위한 영역에서 비교우위의 것을 추구해 나갈 때 그 기술의 발전을 보게 된다. 한 국가내의 기술 비교보다도 국제적인 기술의 비교를 했을 경우에 더 기술의 발전의 가능성이 있게 됨을 예상할 수 있다. 그러나 사회주의 체제는 폐쇄적인 전투조직, 저항조직의 성격 때문에 기술의 국제주의 성격에 역행하였다. 그리고 국내에서도 통제적 사회의 성격으로 말미암아 기술의 소유자들 사이의 광범위한 많은 비교와 그 비교우위의 선택과정이 불가능하였었다. 기술은 바로 힘이다. 사회주의 체제는 이 기술의 낙후로 말미암아 자본주의 체제에 비하여 열세가 되었다고 할 수 있다.

넷째, 과잉 군사비의 지출 때문이다. 냉전시대에 미국, 소련 모두 공히 막대한 군사비 때문에 경제가 악화되어 가는 경험을 하게 되었다. 그러나 미국의 경우는 무기거래 등에 관하여 우방에게 주로 유상원조를 한 반면에 소련의 경우는 동지애에 기초하여 주로 무상원조에 의존하였다. 쿠바의 경우는 늘 소련으로 부터 무상원조를 많이 받아 오다가 소련의 멸망 후 큰 경제적인 타격을 입은 예라고 볼 수 있다. 소련은 아프카니스탄의 침공으로 미국 보다 먼저 경제적인 파탄의 경지에 이름으로서 양대진영의 냉전시대를 종결시키게 되었다.

생산양식의 대변동 및 진화의 과정

세계나 사회를 지배하는 권력의 원천을 흔히 크게 둘로 나눈다. 그 하나는 소수의 자본(Capital)에 의한 권력이며 또 다른 하나는 다수 사람들이 단결하여 만들어내는 유대(Solidality)에 의한 권력이 그것이다. 자본주의 세계시스템은 자본(Capital)에 의한 권력에 기반을 두며 사회주의 세계시스템은 유대(Solidality)에 의한 권력에 근거한다. 소련 및 동구권이 붕괴하고 자본주의 세계체계가 승리함으로 말미암아 자본주의 세계시스템의 중심부를 형성하는 세계총자본덩어리의 권력은 사회주의 세계시스템의 제약적 굴레를 벗어던져 버리고 자본재증식의 가속도를 내면서 거침없이 질주하게 되었다. 뿐만 아니라 자동화, 정보화 등 기술혁신을 통하여 노동을 생산현장에서 최대한 배제시키고 "자본이 스스로 자본을 재생산하는 생산양식의 대변동"을 초래함으로서 노동조직의 저항의 굴레도 벗어 던지게 되었다. 그리고 그 다음 단계에 세계총자본은 축적된 산업자본을 금융자본으로 대대적으로 탈바꿈시킴으로서 자본재증식의 효율성의 극치 및 그 완성에 이르는 시도로서 오늘날의 세계금융시스템을 설계하였다.

이러한 생산양식(Mode of Production)의 끊임없는 발전도 인류의 진화의 한 모습이다. 그리고 자유시장경제체제, 거래시스템, 금융시스템 및 여러 금융기술, 제도나 조직 등도 역시 인류의 적자생존을 위한 진화의 산물이라고 할 수 있다.

동식물이나 인류는 모두 똑같이 진화 과정을 계속하였다. 이 지구상에 작은 미생물이 처음 나타났을 때 이것들이 지구에서 합성되어 생겨난 것인지 아니면 혜성이나 운석을 통하여 외계로부터 온 것이지 아직 모른다. 그러나 이 초기의 미생물들은 점차 힘차게 진화하고 뭉쳐져서 식물, 동물 그리고 고등동물을 거쳐 인간에 이르기까지 매우 다양하게 변화하였다. 그러나 오늘날 인간은 더욱 진화하여 물리적인 자연 환경 및 생태계뿐만 아니라 심지어는 인공적인 사회적 환경, 기술적 환경 등도 인간 자신이 스스로 만들어 놓았다.

인간은 적자생존의 법칙의 치열한 경쟁에서 이기고자 자신의 유전자와 몸 자체의 변동은 물론, 지능, 지식, 사고방식, 전략, 과학기술, 무기, 일의 절차와 방법, 인간관계, 결혼, 사회관계, 각종 조직형성, 자원소유, 기업, 정부형성, 유전자조작, 우주탐험 등의 발전을 통하여 계속 더욱 생존경쟁력 있는 새로운 진화의 형태와 산물들을 만들어 내어 왔다. 그리고 인간들이 모여서 형성하는 이 조직이나 제도들의 형태와 속성 그리고 그 각각의 운영 방식들도 진화 과정의 한 단면이며 환경에 적자생존하기 위하여 선택되어 가는 최선의 양상이라고도 해석해 볼 수 있다. 인류 역사 전체를 통하여 볼 때 생산성 향상을 위한 끊임없는 노력이 이루어 졌다. 그리고 결국 이 자본주의 생산양식의 대변동의 파도가 개방적 자유시장경제체제를 도래케 하였고 기업 조직의 환경에도 매우 큰 영향을 미치게 되었다.

인류의 역사를 변화시키는 힘의 원천에 대한 논의를 일반적으로 역사성(Historicity)에 대한 연구라고 부른다. 그리고 이 역사성은 인류가 진화하는 과정에 만들어가는 역사의 변동의 과정이라고 볼 수 있다. 역사성의 원인으로는 사회학에서 대체로 크게 문화변동, 전쟁과 혁명, 자연환경의 변동, 기술혁신의 4가지를 열거하고 있다. 고대나 중세시대의 사회변동 및 역사성은 상부구조의 변동인 문화변동으로 잘 설명하고 있으며 막스베버(Max Weber)나 파슨즈(Parsons) 같은 학자들이 이를 주장하고 있다. 그리고 지난 21세기는 전쟁과 혁명의 시대로서 보다 잘 설명할 수 있는 피로 얼룩진 시대라고 할 수 있다. 이와 같이 역사변동의 하부구조를 강조하는 입장에는 마르크스(K. Marx), 달렌도르프(Darendorf), 코저(Coser)와 같은 학자들이 여기에 속한다. 역시 고대사회나 중세사회의 변동을 설명하는데 극심한 가뭄이나 홍수, 화산폭발, 질병 등 자연환경의 변동이 더 설득력이 있을 수도 있다. 그러나 21세기는 기술혁신으로 그 역사성을 가장 잘 해명할 수 있을 것이다. 자동화 및 정보화기술, 유전공학, 우주항공기술 등은 현재 혹은 미래의 사회 변동에 엄청난 영향을 줄 것이다.

인류는 역사적으로 꾸준히 생산성을 높이는 기술혁신을 해 왔으며 이러한 기술혁신은 자본이 스스로 자본을 재생산하는 생산양식의 대변동과 글로벌 자유시장경제체제의 도래를 초래한 것이다. 특히 동력화, 기계화, 자동화, 정보화의 기술 혁신이 생산성 향상에 큰 기여를 한 것이다. 그리고 오늘날 산업자본이 금융자본으로 크게 전환함에 따라 자본이 스스로 자본을 재생산하는 방식도 크게 변화되었다. 즉 산업자본이 스스로 산업자본을 재생산하는 방식에서 금융자본이 스스로 금융자본을 재생산하는 방식으로 진화하는 것이다. 이는 옛날 전통적으로 노동과 자본이 결합하여 사회적 가치창출이나 생산이 이루어지는 생산양식과는 근본적으로 다른 것이다. 사회적 가치물의 생산이 주로 노동에 의해서가 아니다. 오히려 산업자본 스스로 산업자본 재생산이 이루어지고 더 나아가서는 금융자본이 자체적으로 금융자본을 재생산 하게 되는 금융메카니즘을 갖는다는 뜻이 된다. 노동이 가치창출에 기여하는 부분이 점점 미미해지는 글로벌 자유시장경제체제 및 글로벌 금융시스템이 만들어진 것이다. 이것 역시 인류의 진화의 산물이다.

노동가치설의 실종 및 자본의 자본에 의한 재생산 과정

20세기는 경제적 가치물의 분배 문제를 이슈로 하여 자본주의와 사회주의 사이의 이념 투쟁이 치열했던 시대였다. 따라서 이 양자의 사상 및 체제의 근본적 차이를 이해하기 위해서는 반드시 노동가치설에 대한 이해가 필요하다고 할 것이다. 자본주의이든 사회주의든 가치창출의 생산을 위하여 반드시 노동과 자본이 상호 결합되어야 하며 노동이 가치창출 역할을 한다는 사실 자체에는 양자 모두가 서로 동의하고 있다. 다만 노동이 그 가치창출에 어느 정도 기여를 하고 있다고 인정하느냐에 대해서는 서로 입장의 차이가 크게 다르다. 즉, 자본주의는 그 기여도를 소극적으로 인정하는 반면 사회주의는 적극적으로 반영하고자 하였다.

노동가치설을 이해하지 않고서는 자본주의 체제와 공산주의 체제 사이의 핵심적 차이를 이해하기 어려울 것이다. 칼 마르크스의 자본론에서도 자본주의를 비판하기 위하여 리카도의 노동가치설을 적극 활용하였다. 노동가치설은 노동이 가치를 창출한다는 전제로부터 출발한다. 그리고 그 노동이 가치 창출에 기여한 비중을 어느 정도로 인정해야 할 것인가에 대한 논의라고 할 것이다. 이 노동의 기여도 비중 정도를 두고 이를 적극적으로 인정하는 사회주의와 소극적으로 인정하는 자본주의로 나누어진다. 물론 오늘날은 이 극단적인 양극의 중간에 위치하는 절충형의 혼합적 사회체제가 일반적이다.

지나간 20세기는 이념투쟁에 의한 소위 "혁명과 전쟁"의 시기라고도 불리어진다. 이러한 이념 투쟁 때문에 약 1억 이상의 인구가 희생되었다. 이러한 비극의 근저에는 노동가치의 해석을 두고 벌인 인류 전체의 싸움이라고 해도 과언이 아니다.

자본주의는 노동뿐만 아니라 수많은 다른 자본적 생산 요소들이 함께 참여하여 가치를 창출한다고 본다. 그리고 이 각 생산요소들의 가치창출에 대한 기여도는 소위 시장 메카니즘에서 경합 과정을 거치면서 결정되는 가격에 의하여 판단될 수 있다고 본다. 만약 토지의 그 기여도가 크다면 토지매매 가격이나 임대가격이 높아질 것이다. 기계의 기여도가 높으면 기계구입비나 임대료가 높아질 것이다. 원자재의 가치창출의 기여도가 크다면 원자재 값이 비싸질 것이다. 그리고 기술의 기여도가 높으면 기술의 값이 높아질 것이다. 노동의 기여도도 바로 다른 생산요소와 마찬가지로 임금이라는 노동가격으로 정해진다는 의미이다.

자본주의는 시장 메카니즘에 의하여 각 생산요소의 기여도가 가격으로 결정되고 따라서 잉여물의 배분도 이 시장 메카니즘에 의하여 이루어진다는 사고방식이다. 그러나 사회주의는 이 시장 메카니즘이 바로 기여도의 판단과 잉여물의 배분을 왜곡시키는 원흉이라고 보는 것이다. 가치물 창출은 오직 현재 살아있는 노동자에 의해서만 이루어지는 것이고 기타 자본재들은 단지 가치를 증식시키지 아니하고 생산과정에서 변형되는 재화나 서비스에 단순히 이전될 뿐이라고 본다. 따라서 자본재를 소유한 자본가에게 시장 메카니즘을 통하여 불로잉여금 소득이 주어지고 사회구조가 점차 경제적으로 심각하게 불평등구조로 변화하는 것을 모순이라고 비판하는 것이다.

원래 순수한 사회주의는 이러한 시장 메카니즘과 가격 기능을 타파하고 그 잉여물을 노동자에게 귀속시키려는 것이다. 즉, 시장을 형성하는 사회구성원들의 자유경쟁과 자유거래 기능을 타파하고 계획경제체제와 계획자원배분을 실시하려는 것이다. 이를 달성하기 위하여 순수한 사회주의는 불가피하게 정치적 민주주의는 파기하고 프로렐타리아 독재로서만 이를 실천할 수밖에 없는 것이다. 정치적 민주주의와 시장 메카니즘의 발달은 같은 사회적 속성이며 상호 결부되어 있기 때문에 이 경우 자본의 사적 소유제와 시장 메카니즘의 타도는 당연히 귀결이다. 구소련과 구 동구국가는 초기에 이러한 순수한 사회주의 원리를 지키려고 하였다. 그러나 오늘날의 중국과 베트남과 같은 사회주의 국가는 상당한 영역에서의 시장 메카니즘을 수용하고 있으므로 처음의 순수한 형태의 사회주의는 아니다.

구소련의 경우 러시아혁명의 초기에는 다수파인 멘쉐비키가 집권하여 의회민주주의 방식을 허용하였다가 다시 소수파인 볼쉐비키 혁명으로 의회민주주의가 파기되고 프로렐타이아 일당독재체제로 전환되었다. 정치세력간의 자율적 경쟁, 교환 및 타협, 사회계약의 성격을 갖는 정치적 의회민주주의는 기존 세력의 경계심이나 반발을 잠재우는데 일시 활용되지만 순수한 사회주의의 적용은 논리상 시장 메카니즘과 상극이므로 반드시 프로렐타리아 일당 독재로 떨어진다는 것을 의미한다. 즉, 좌익세력의 의회민주주의는 논리상 늘 프로렐타리아 독재로 가는 과도기상의 속임수일 것이다.

프로렐타이아 독재는 오늘날과 같은 매우 급변하는 환경 때문에 그 계획경제체제 및 계획배분 체제가 망가져 버렸다. 그리고 제국주의 시장 확대에 대항하는 폐쇄 경제체제로 각 분야의 첨단기술 경쟁력 및 생산 경쟁력이 뒤떨어져서 사회주의 체제는 붕괴 되었다. 그리고 과다한 무상 군사원조로 재정의 파탄을 겪은 구소련은 동구 유럽 국가들의 독립과 함께 멸망하였고 오늘날 남아 있는 사회주의 국가들도 모두 자본주의와 시장메카니즘의 요소를 크게 받아들이는 변화의 조짐을 보이고 있다.

자본주의 입장으로 볼 때 가치창출은 제 생산요소가 모두 가치창출에 기여하고 그 중에 노동이 그 하나를 구성할 뿐이라는 생각이다. 즉 건물, 자본, 토지, 원자재, 기계, 기술, 경영, 노동 등이 모두 생산에 참여하며 각 생산요소의 기여도는 결국 시장메카니즘에서 각각의 가격의 형태로 판정 나게 된다고 본다. 마찬가지로 노동의 기여도는 노동시장에서 임금으로 결정된다고 간주한다. 노동도 토지, 건물, 기계, 원료, 자본, 기술, 경영 등 다른 많은 생산요소와 마찬가지로 가치를 창출한다고 본다. 노동이 가치를 창출하는 정도는 시장에 나와 있는 다른 생산요소와 경합하여 팔리는 가격으로 알 수 있다. 임금수준으로 그 가치창출의 기여도를 알 수 있는 것이다. 따라서 자본주의 입장에서는 시장메카니즘은 잉여물을 합리적으로 배분하는 과정으로서 이를 긍정적으로 본다. 반면에 사회주의 입장에서 볼 때, 가치창출은 살아있는 노동자에 의해서만 이루어지고 다른 생산요소는 단지 가치를 이전시킬 뿐이라고 본다. 따라서 생산요소를 소유하고 있다는 사실만으로 소유자들이 그 불로소득을 왜곡 배분 받게 되는 것은 시장메카니즘 때문이라고 본다. 따라서 이러한 모순을 공권력으로 해결하고자 이 시장메카니즘을 없애고 계획경제를 실시해야 한다고 본다. 즉, 잉여물은 노동을 제공한 노동자에게만 귀속되어야 하며 다른 생산요소의 소유자에게는 잉여물이 귀속되어서는 아니 됨으로 이를 왜곡시키는 시장메카니즘을 부정하고 이를 국가가 감시하고 관리하여야 한다고 보았다. 20세기에 이러한 노동가치설의 적용 방법을 두고 자본주의와 사회주의 양 체제 사이의 치열한 논쟁이 벌어진다. 그러나 21세기에 들어와서는 이 노동가치설은 노동이 과연 반드시 가치창출에 기여하는가에 대한 근본적 의문이 제기되면서 붕괴되기 시작한다. 이데올로기의 종언이 이루어지는 것이다.

자유임금노동자에 의하여 임금을 받는 대가로 노동을 제공하는 노동관은 자본주의 사회의 지배적인 노동형태이다. 그리고 이것은 노동이 가치를 창조하는 근원이라는 노동가치설과 관련된다. 그러나 노동이 가치창조를 담당하는 몫을 어떻게 해석할 것이냐에 따라 20세기 때에 자본주의와 사회주의 사이에 이념 및 경제체제가 갈라지는 분기점이 되고 있다. 노동가치설에 대한 인식이 없이는 이 양체제의 속성을 거의 피상적으로 밖에는 인식하지 못 할 것이다.

원래 노동가치설은 고대로 부터 학자들의 주장이 조금씩 있어 왔고 존 로크도 주장한 바가 있고, 아담스미드, 리카아도와 같은 학자들에 의하여 잘 정리되었었다. 그리고 마르크스와 엥겔스가 이를 더 적극적으로 재해석하여 공산주의에 관한 이론을 내놓은 것이다. 고대의 파나이토스(Panaitos)는 인간에게 이익을 주는 사물은 인간의 노동에 의한 것이라고 하였고, 시체로(Cicero)는 자연은 인간의 생활을 재생산 하는 데 기여하기 위해서는 인간의 노동에 의하여 변형이 되어야 한다고 파악하면서 이를 입증하는 일련의 사례들을 열거하고 있다. 그리고 계몽사상가 로크(Locke)는 인간생활의 유용한 산물 가운데 10의 9는 노동의 성과라고 보는 것이다. 본격적인 노동가치설의 이론체계는 아담스미드와 리카아도의 이론에 의하여 시작된다고 볼 수 있는데 아담스미드는 한 나라의 국민이 한 해 동안 투입하는 노동은 국민들이 해마다 소비하는 생활품과 편의품 일체를 그들에게 원천적으로 공급해 주는 근원이다라고 하였다. 즉 노동이 국부의 원천과 문명의 진보를 가져옴을 말하고 있다. 그리고 리카아도는 상품의 가치가 노동의 투하량에 의하여 결정된다고 보았다. 마르크스와 엥겔스는 노동이 인간과 자연을 매개하는 것이며 노동은 인간의 삶을 재생산하는 과정으로 보았다. 인류의 역사는 바로 노동의 역사이며 노동의 발전이 생산양식 변동의 역사과정을 대폭 규정해 왔다는 입장이다.

가치창조가 노동투하량에 의하여 결정된다는 사고방식은 자본주의 사회에서나 사회주의 사회에서나 모두 적용된다. 자본주의 사회에서는 여러 가지 생산요소와 더불어서 노동도 가치창조의 한 역할을 담당하는 것으로 보는 것이다. 자본, 기계, 건물, 토지, 자연, 자원, 정보, 기술 등과 마찬가지로 노동도 가치창조를 하며 각 생산요소들의 기여도는 그것들이 시장에서 경쟁하여 팔리는 가격수준으로 판명나게 된다고 보는 것이다. 잉여물은 시장메카니즘을 통하여 각 생산요소의 소유자들의 제 세력에 따라 분배되는 것이다. 이러한 자본주의 사회의 임금노동 노동관은 노동을 상품과 마찬가지로 사고 파는 대상으로 파악된다. 즉 노동을 교환가치로서 인식하는 것이며 노동의 원인은 돈(임금)을 벌기 위하여 노동을 하는 것이라고 보는 것이다.

반면에 사회주의는 오직 현실의 살아있는 노동자들의 현재의 노동만이 가치 창조를 하며 가공된 자연물이나 기타 과거의 노동자에 의하여 투하된 죽은 노동인 자본, 기계 등 생산요소들은 그 가치가 상품에 단순히 이전될 뿐 새롭게 가치를 창조하는 것이 아니라고 보는 것이다. 생산력을 담당하는 노동자들에게 귀속될 잉여물을 시장메카니즘이 왜곡시켜 이를 생산요소 소유자들에게 소유케 하고 있다고 비판하고 있다. 사회주의 국가는 원칙적으로 자유경쟁에 의한 시장경제 원리를 부인하고 노동자들의 잉여물을 국가가 수거하고 분배관리 하는 방식을 취하고 있다. 그러나 강력한 국가의 통제권력에 노동자들이 재종속되는 문제와 그 국가권력이 소수인에 의한 사권력화(私權力化)의 문제를 어떻게 해결해야 할 것이냐의 과제가 제기된다.

자본축적에 있어서 베버와 마르크스의 견해는 상호 정반대라고 볼 수 있다. 베버는 프로테스탄티즘이라는 종교적 윤리를 실천하는 과정에서 무한한 영리추구의 동기가 발생하였고 자본가의 자본축적 및 노동자들의 초과노동을 정당화시키고 미화시키는 입장이었다. 그러나 마르크스는 자본가가 잉여물을 착취하는 동기에 의하여 자본주의가 발생하였다고 보며, 초과노동, 기술의 발달, 생산성 향상은 그 축적을 가속화시킨다고 보았다. 이것뿐만 아니라 사회를 분석하는 사고방식에 있어서도 베버와 마르크스는 상호 대비할만 하다. 베버는 문화와 이념과 같은 상부구조가 사회의 하부구조를 결정한다고 본 반면 마르크스는 생산양식의 변동과 같은 하부구조가 상부구조를 결정한다고 보는 사고방식을 갖고 있다.

자본주의 사회의 실체와 모순들은 자본주의의 지배적인 사상체계에 의하여서는 정당화되거나 은폐될 뿐 잘 드러나지 않음은 당연하다. 부득이 자본주의 사회는 사회주의 사상의 입장에서 살펴보아야 그 각 실체들이 극명하게 드러나는 것이다. 흔히 사회주의 사상이 유물론적이라고 하여 정신보다 빵만을 중시하는 사회라고 비판하는 것은 옳은 평가가 아니다. 사회주의 사회는 자본주의 사회의 물질만능의 사회구조 및 물화(物化)된 인간관계를 비판하는 이론적 무기로서 유물론을 강하게 내세우는 것이며 오히려 그 사회는 정치사상에 의하여 대중들을 동원하여 부단히 정치적 에너지로 재생산시켜 나가는 과정을 밟는 비유물적 사회체질을 지니고 있다. 사회주의 입장, 즉 마르크스가 분석하고 있는 자본주의 사회의 잉여물 축적과정과 모순의 발생과정에 관한 주장들은 다음과 같이 분석하여 나타낼 수 있다.

자유임금노동자와 자유계약의 방식은 우선 초과노동의 잉여물을 착취하는 것을 가능하게 한다. 가령 생산수준이 1인의 노동자가 1시간에 1파운드씩 방적물을 생산하고 이 방적물 1파운드 당 2실링에 팔릴 수 있다고 가정하자. 그리고 1파운드의 방적물에 소요되는 방적면의 량이 1파운드이며 생산된 1파운드의 방적물은 1실링의 값이 된다고 하자. 이 때 1인의 노동자가 하루 12시간을 일한다면 다음과 같은 등식을 세울 수 있다(K. Marx, Capital, 1967, pp.156-368)

방적면원료 12실링 + 노동의 재생산부문 6실링 + 초과노동분 6실링
= 방적물 판매대금 24실링

여기에서 수입의 24실링중 자본이나 원료는 새로이 가치증식에 전혀 기여하지 못하고 단순히 새로운 상품에 이전된 것일 뿐이라고 보는 것이다. 잉여물의 착취수준은 자연노동의 계량화가 가능해지는 인위노동으로 바꾸는 시계의 발명과 화폐의 발명으로 더욱 촉진되며 자본주의 사회는 자유계약 때문에 자본축적의 속도가 매우 빨라진다. 위의 공식에서 잉여물은 시장메카니즘의 왜곡으로 여러 다른 생산요소를 소유하고 있는 자본가에게 귀속된다고 간주하고 착취율을 초과노동분의 잉여물/임금액=6/6=100%로 계산하는 것이다. 만약 최저생계비 이상으로 착취하게 되면 위의 공식이 달라진다. 즉

방적면원료 12실링 + 노동의 재생산부문 4실링 + 초과노동분 8실링
= 방적물 판매대금 24실링

최저생계비 수준이 6실링인데 노동의 재생산부문이 4실링으로 준다는 것은 내일의 노동생산량이 오늘보다 점차 작아진다는 것으로서 개인이든 세대간이든 점차 쇠하고 생명이 단축되며 죽어간다는 의미이다. 그리고 초과노동분은 잉여물로서 이 때 착취율은 8/4로 = 200%가 된다. 그리고 초기자본주의 시대의 영국의 경우 여성, 연소자, 노인 등이 농촌에서 도시로 이주하여 오고 생산기술의 변동으로 이들이 대거 생산에 참여함으로서 당시의 인력의 수급상황으로 볼 때 생계비 이하의 노동자가 부단히 공급 대체될 수 있었기 때문이다. 국가의 입장에서는 국부를 축적하기 위한 이해관계 때문에 잉여물을 많이 생산하는 방향의 초과근무 또는 생계비이하의 착취를 은연중에 옹호하게 되었고 자연히 노동자의 인권의 문제를 도외시하고 자본가의 편을 들게 되는 것이다. 더구나 기술의 발달로 생산성이 향상되면 착취율이 더욱 높아지게 된다. 즉, 기술적 사회적 여건변화로 1시간에 2파운드를 생산하게 되면,

방적면원료 24실링 + 최저생계비 6실링 + 초과노동분 18실링
= 방적면 판매대금 48실링

로 나타난다. 이 등식에서 착취율은 18/6=300%가 되고 만약에 최저생계비 이하의 착취를 하게 되면, 위 등식이 다시,

24실링 + 4실링 + 20실링 = 48실링

으로 표시되어 착취율은 20/4 = 500%로 기하급수적으로 늘어난다. 착취율의 증가는 초과노동의 증가, 생계비이하의 임금수준, 기술 및

생산성 향상으로 촉진되며 자본은 원래 그 스스로 증식되려는 속성이 있다고 본다. 그리고 자본주의 사회에서 인간관계는 1 : 1의 인격적 관계가 아니라 상품 대 상품의 관계, 또는 자본 대 자본의 물화된 인간관계로 변질된다. 인간은 자본의 대리인이 되며 자본가와 노동자의 소유불평등의 차이는 권력의 차이로 수직적 지배와 복종의 관계로 변하게 된다고 보는 것이다.

그러나 이러한 맑스의 잉여물 착취분석은 몇 가지 점에서 비판이 제기될 수 있다. 첫째, 가치의 생산적 측면의 일면만을 분석한 점이다. 아무리 노동이 많이 투하되어도 수요자의 효용이 없으면 가치를 지닐 수 없는 수요측면이 간과되었다는 점이다. 둘째, 자본재나 자연의 생산기여 측면을 간과했다는 점이다. 그리고 노동이외의 다른 생산요소의 경우도 마찬가지로 지나치게 무시된 점이다. 이러한 생산요소들이 설사 생산의 주체는 아니더라도 생산활동에 호조건을 만들어 주는 측면이 전혀 고려되지 않아 잉여물의 생산을 과잉 계산하는 우를 범하고 있는 점이다. 셋째, 경영의 생산기여를 간과하고 있는 점도 착취율을 크게 하는데 원인이 되고 있다는 점이다. 넷째, 잉여물의 불평등 배분으로 사회의 권력을 단일 차원에서 분석하려고 하였다는 점이다. 이것은 다렌도르프(Darendorf)가 지적하였으며 기든스(Gidens)도 물적 축적뿐만 아니라 미래사회에는 정보의 축적이 사회의 더 크고 근원적인 권력의 원천이 될 것으로 보고 있는 것이다. 국가는 최고의 조직화된 정보덩어리로 보았다. 다섯째, 잉여물을 국가권력이 관리를 한다고 할 때 국가권력이 사권력화(私權力化)되며 당(黨)이 노동자계급에 대한 대표성이 단절되는 우려의 문제가 있다.

그러나 맑스의 자본축적에 대한 비판분석은 식민지개척과 세계전쟁을 설명하는 제국주의론으로 발전된다. 국내에서 자본담합과 잉여물의 축적에 의한 독점자본주의는 노동자들의 극심한 소외, 국내 구매력 감퇴와 국가의 정당성 상실 등으로 공황과 혁명의 불안이 감돌고 이를 타개하기 위하여 해외로 진출하여 그 돌파구를 찾게 된다. 1, 2차 세계전쟁은 이러한 식민지 쟁탈전쟁으로서 이러한 자본의 해외진출로 선진자본의 제국주의 국가들이 각축전을 벌일 것이라고 볼 것이다. 독일이 국내통일을 비교적 늦게 하여 후발로 식민지 분할에 참가하려다가 충돌한 것으로 보고 있다. 그러나 선진자본국의 도시의 노동자가 혁명을 우선적으로 일으킬 가능성을 전제로 구성한 이 제국주의론은 스탈린이 노동자의 국제적 단결을 포기하고 러시아 일국의 혁명을 보호하려고 적극 전쟁을 벌인 일국사회주의론, 모택동이 노동자를 대상으로 하지 않고 농민과 손잡고 실천한 혁명전략전술, 그리고 중심부와 주변부의 국가간 계급구분을 함으로서 오히려 후진국, 개발도상국에서의 빈번한 혁명을 설명한 종속이론 등은 제국주의론이 잘못되었음을 실증하고 있는 것이다. 그리고, 오늘날 채무국동맹들과 일부 경제블럭화는 종속의 굴레를 벗어나려는 약소국의 몸부림으로서 해석 할만하다.

자본주의 노동관뿐만 아니라 사회주의 노동관도 자본주의 노동관과 마찬가지로 노동가치설에 입각하고 있다. 자본이 가치를 창조한다는 관점을 부인하고 노동만이 가치를 창조하기 때문에 잉여물은 왜곡된 시장메카니즘을 통하여 생산수단의 소유자에게 절대 귀속될 수 없다고 보는 적극적인 노동가치설을 택하고 있다. 그리고 잉여물은 프로렐타리아 계급을 대표하는 국가가 전면적으로 징수하고 분배하는 공유제를 적용시키고 있는 것이다. 사적소유에 의한 차별화를 공적 소유로서 극복하고 평등의 정의를 실현하고자 하는 시도라고 할 것이다.

자본주의 국가에서는 이러한 사회주의 노동관을 부분적으로 받아들여 부의 불평등구조를 소극적으로 시정하려는 노력을 하고 있다. 노동자들의 조직적인 힘을 배경으로 권력적 불평등구조를 완화하고 사회복지적 수정자본주의가 이루어져 왔고 이로서 선진자본국은 사회주의의 비판에 견딜 수 있는 체질을 강화해 온 셈이다.

사회주의 국가에서는 잉여물이 모두 국가에 귀속되기 때문에 국가의 권력의 속성이 중요한 문제가 된다. 우선 국가권력이 사권력인가 아니면 공권력인가가 문제 된다. 이것은 국가의 관리자들이 민주적인 절차에 의하여 대표되고 통치를 하느냐에 달려 있다. 그러나 프로렐타리아 독재는 노동자와 당간부 사이의 괴리를 발생케 하여 새로운 계급분화를 낳고 있다. 당비판금지, 당명절대복종, 사생활철저감시 등의 강경한 억압으로 체제가 유지되고 있으며 이를 그 정도에 따라 엄밀히 표현하면 사회주의와 대비하여 공산주의로 구별해 볼 수 있다. 공산주의 국가는 자본과 권력이 철저하게 일원화 되어 있기 때문에 권력(관직)을 잃는다는 것은 모든 것을 잃는 것이며 권력을 얻는다는 것은 모든 것을 얻는 것이기 때문에 권력투쟁이 매우 치열하게 전개 된다.

사회주의는 자본주의와 전쟁하거나 투쟁하는 과정에서만 그 순수성을 유지할 수 있는 과정적 산물의 저항조직의 형태라고 할 수 있다. 그렇기 때문에 이 과정에서는 국가권력의 재생산과정은 명령일원화의 전투조직인 프로렐타리아 독재의 공산주의 조직으로 나아가기가 십상인 것이다. 그러나 만약에 자본주의 국가와의 투쟁을 포기하고 공존, 화해, 평화협정의 상태로 나아가면 공산주의 체제는 본래의 순수성을 잃게 된다. 따라서 의회적 사회주의로 나아가든지 아니면 기존의 정치적 위계질서가 자본주의 사회의 계층으로 변환하게 되는 것이다. 시장의 원리를 도입하든가 생산성 향상 및 기술도입을 위한 개방은 역시 이 사회의 보수적인 기득권을 강화하기 위한 변동이라고 볼 수 있다.

사회주의 국가에서 노동을 하는 것은 돈을 벌기 위하여 노동을 하는 것이 아니라 이타적인 동지애라는 사랑 때문에 노동을 한다. 즉 자기 때문에 노동을 하는 것이 아니라 공동체를 위한 가치의식과 이념 때문에 노동을 하는 것이다. 이는 이상적인 사회주의 공동체를 건설하기 위한 유토피아의 이념에 의하여 자기헌신을 하는 것이다. 그리고 노동은 국제적으로 부르조아 사회를 타도하고 평등사회를 건설하는 혁명적, 전투적 성격을 지닌다고 할 것이다. 국가 권력은 평등보장을 위한 명분으로 강력한 공권력을 행사한다. 이타적인 동지애라고 하더라도 자율적이 아닌 타율적 이타주의는 또 다른 형태의 심각한 국가착취제도가 아닐 수 없을 것이다. 그리고 자주 공산주의는 전략전술상 오류를 낳는다. 본래의 인본주의 정신(목적)이 반인본주의 전략(수단)에 의하여 압도되는 경우이다. 사회주의는 노동자들의 단결에 의한 조직적 권력에 의존하여 사적 소유와 자본주의 사회의 불평등구조를 시정하려는 것이다. 숫적인 우세에 의하여 단결만 하면 노동은 자본에 대하여 항상 승리의 길이 있다고 보는 것이다.

사회주의 체제가 대부분 붕괴하거나 자본주의 정책을 대폭 도입하게 된 배경과 원인은 다음과 같다. 첫째, 사회주의의 국가 자체는 근본적으로 고도의 첨단기술의 발달에 적합한 체제가 아니다. 고도의 첨단기술은 불가피하게 개방적 국제주의의 성격을 갖는다. 폐쇄적인 저항조직으로는 기술의 상호 비교, 상호 교류, 비교우위의 선택과정 등이 크게 제약을 받거나 불가능하게 되기 때문이다. 따라서 오늘날 사회주의 체제가 후기산업사회의 세계체계에 잘 적응하는 것이 어려운 체제라는 것이 입증되고 있는 것이다. 둘째, 사회주의 국가들의 상층부 구성이 지식이나 기술의 축적이 많이 이루어진 숙련노동자집단이 아니라 투쟁정신으로 의식화된 미숙련 노동자집단이었고 이들은 또한 지식인들을 배척하는 사회이념 및 지배이념을 신봉하였다. 따라서 복잡하고 다양한 후기산업사회를 대처하는 국가관리 능력에 한계를 갖게 되었다고 볼 수 있다. 셋째, 노동자들의 동기유발이 크게 억제되어 생산성의 저하가 초래되었다는 점이다. 사유재산제를 부인하는 과정에서 자신의 노력의 결과에 대하여 합리적 보상이 주어지는 인과관계마저 파괴되어 버렸다. 자신의 노력의 결과가 공유제도에 의하여 사회구성원의 사람수(n) 만큼 나누어진 몫(1/n) 만큼 노력하지 않은 사람과 거의 동일하게 받게 된다. 따라서 일하려는 동기유발이 저하되고 사회구성원 모두가 빈곤의 평준화의 길로 가게 되는 사회적 성격을 갖게 되었다.

2차 세계대전 이후 군비경쟁에 의한 과학기술의 엄청난 발달은 사회를 매우 급변시키고 있다. 그리고 산업사회의 누적된 모순은 사회의 전반적인 기반이 소용돌이치며 변화하게 하고 있다. 토플러(Toffler)와 같은 미래학자들은 이러한 새로운 충격의 시대를 제 3의 물결이라고 표현했으며 소위 고도정보기술시대라고 규정하였다. 그리고 동시에 이때는 새로운 문화, 새로운 조직과 질서를 요구하는 시대가 될 것이라고 보았다. 노동과 관련하여 이 후기산업사회의 가장 특이한 점은 바로 노동가치설이 점차 무너진다는 것이다. 기술집약적인 생산체제가 되고 또한 새로운 시설투자, 각종의 자동화 과정, 정보시스템의 구축 등으로 자본장비율이 매우 높아져 노동의 투하량과 생산성과의 관계가 매우 희박하게 된다는 점이다. 즉 고도의 정보와 기술에 의하여 생산성이 결정적인 영향을 받는 반면에 노동과 가치생산과의 상호 관계가 상당히 모호해 진다는 것이다. 이 시대는 노동이 양적개념에서 질적 개념으로 바뀌게 된다. 일일 노동시간제의 의미가 없으며 일과 즐거움이 동일시된다. 이 시대의 노동은 게임과 다를 바 없으며 노동의 원인은 그것이 바로 쾌락이기 때문에 하는 것이다. 그리고 만약 일이 고통인 경우는 아마도 직무설계가 잘못된 경우라고 보는 것이다. 극단적인 경우는 무인공장에 의하여 생산이 이루어지며 자본은 노동과의 결합을 꾀하지 않고서도 스스로 자본을 재생산하는 체제로 바뀌게 되는 것이다.

후기산업사회는 세계자본이 산업주의시대의 노동세력의 견제와 부담을 벗어버리고 새로운 돌파구를 찾아가는 과정에서 나타난 새로운 시대의 성격을 갖는다고 볼 수 있다. 산업주의 시대에 배분을 둘러싸고 자본주의와 사회주의 사이의 이념논쟁의 기반이 되어왔던 노동가치설이 붕괴되어 버리고 생산이 자본과 노동의 결합으로 이루어지는 것이 아니라 "자본이 스스로 자본을 재생산"하는 새로운 체제로 나아가는 것이다. 후기산업사회는 자본장비율을 고도화하고 생산 및 사무자동화, 정보시스템 구축 등으로 결국 무인공장을 지향하는 과도기적 상황에 놓여 있으며 이 중간적 과정에서 노동자는 소수의 고임금 고급인력으로 기업에 남게 된다. 이러한 현상들은 선진국의 첨단 대기업에서부터 시작되는 경향을 보인다. 소수의 고임금 고급인력의 근로자들은 자본가들과 이해관계가 서로 근접하여 내부의 노사분규가 점차 사라지게 될 가능성이 많은 반면 오히려 고용을 둘러싼 유직자와 무직자 사이의 기업외부의 사회갈등이 크게 연출될 가능성이 많다.

기업 내에서는 노사 간의 이해관계가 서로 맞아 떨어지면서 노사 간의 갈등을 청산하고 구조적으로 협력적 노사관계를 형성할 바탕이 이루어진다. 근로자들은 자신들의 노동의 질의 향상을 위한 인력개발에 관심이 많고 부단히 경쟁적인 노동의 질적 향상을 꾀하게 된다. 비고용상태의 사회구성원들은 생산시설을 소유할 기회 및 즐거운 노동을 할 기회를 갖은 소수의 소유자 및 근로자에게 그러한 좋은 기회를 양보한 댓가를 요구할 가능성이 크다. 노동가치설에 의한 배분의 요구를 하는 방식이 아니라 소수의 자본가와 노동자들이 그러한 소유와 노동의 기회를 갖지 못한 대중을 먹여 살릴 책임을 지는 기회평등설에 입각한 배분의 문제가 새롭게 제기될 가능성이 많다.

이 새로운 시대는 갑자기 생산성이 증가됨으로 노동자들이 단순노동으로부터 해방되며 다양성과 개성화가 가능하다고 보는 낙관적인 견해가 있다. 그러나 다른 한편 노동자들의 자신의 몫을 노동가치설에 입각하여 주장할 수도 없으며 정보배분의 불평등구조는 오히려 사회를 극단적인 새로운 계급갈등으로 더욱 몰아갈 가능성도 있다. 따라서 인간과 인간 사이의 만남과 협조, 상호관계와 상호작용이 더욱 중요시되는 시대라고 할 수 있다. 의사소통과 경로 정보배분의 문제가 중요하게 대두되는 시대이기도 하다.

후기산업사회의 사회조직 및 기업조직은 산업주의사회의 기반과 가정이 근본적으로 붕괴되는 엄청난 환경의 변화를 경험함으로서 국가나 기업이 큰 혼란(Chaos)으로 빠져드는 경향을 보이고 있다. 따라서 이를 제로베이스의 관점에서 새롭게 사회 및 기업조직의 정보자원, 인적자원, 물적자원, 정보통신시스템 등을 근본적으로 새롭게 설계하여 재구성 재배치해야 할 필요성의 문제가 제기된다. 정보통신기술 및 자동화와 조직혁신을 결합하여 접근하려는 "제로베이스 패러다임(Zero Base Paradigm)"이 등장할 가능성이 매우 높다고 할 것이다.

사회주의 세계체계의 붕괴와 자본주의 세계체계의 승리 현상은 어떤 결과의 의미가 있는 것일까? 이는 산업주의 시대에 자본주의 세계와 사회주의 세계 사이에 치열한 논쟁이 되어온 노동가치설의 근본 전제가 무너지게 되는 계기가 된다. 즉 산업주의 시대에 노동이 생산과정에서 가치창출에 얼마나 기여를 하는가에 대한 노동가치설을 두고 벌어진 치열한 논쟁이 점차 무의미하게 된다. 이는 자본이 스스로 자본을 재생산하는 논리가 근간이 된 후기산업주의 시대가 본격적으로 심화됨을 의미한다.

자본주의 체제는 산업주의 시대에 많은 노동세력과 사회주의 세력의 제약성 때문에 자본증식을 위한 과정에서 많은 애로를 겪었다. 그러나 후기산업사회에서는 이러한 부담을 벗어버리고 자본증식을 위한 자동화, 정보화의 정보기술 사회를 과감히 열게 된다. 오늘날 사회주의 체계의 붕괴는 생산과정에서 자본과 노동의 결합 요구 및 자본에 대한 노동의 견제 세력으로의 작용하는 거대한 배후의 권력이 제거됨으로서 이제 자본주의 세계체계는 마치 굴레 벗은 말처럼 자동화 및 정보화의 길로 계속 박차를 가하게 된 것이다. 산업주의 시대에 양대 체제의 분기점인 노동가치설이 무너지고 후기산업사회에서는 노동이 가치를 생산하는 것이 아니라 "자본이 스스로 자본을 재생산하는 새로운 논리"에 의거한 생산과정이 진행된다. 이는 자본장비율 및 기술집약도를 고도화하는 과정이며 또한 이는 노동대체과정을 통하여 노동생산성 향상 및 기업경쟁력 신장의 과정이라고 볼 수 있다. 결국 이 시대는 궁극적으로 무인공장을 지향하며 다만 그 과도기에서 소수의 고임금 고급인력이 기업에 남게 되고 이들은 자본가의 이해관계와 서로 맞아 떨어지게 된다. 이는 양적 노동의 시대에서 질적 노동의 시대로 옮아가는 것이며 기업 내에서는 앞으로 인력개발이 노동운동을 대체하게 될 가능성이 많다. 앞으로 기업 내의 노사갈등의 필요성은 사라지고 오히려 유직자와 무직자 사이의 기업 밖에서의 사회갈등이 더욱 등장할 가능성이 많게 된다. 이는 후기자본주의 세계체계의 진행과정에 노동운동이 편입되는 현상이라고 할 수 있다. 21세기는 싫든 좋든 상관없이 세계총자본덩어리 중심으로 진행되는 역사와 이와 관련된 새로운 경제관점을 갖지 않으면 앞으로 다가올 문제를 이해하거나 예측하는데 실패하기 십상이다. 그리고 앞으로 문제의 대처 방법에서도 심각한 착오를 일으키기 쉽다.

자동화, 정보화 신기술의 영향

인류역사를 보면 인력을 절감시키려는 기술의 발달이 계속되어온 셈이다. 동력화, 기계화, 자동화, 정보화의 과정이다. 이들은 모두 넓은 의미에서의 자동화 과정이라고 한마디로 표현할 수 있다. 특히 정보화의 과정은 이렇게 인력을 절감시키는 자동화 과정의 마지막 최고수준의 마무리 단계라고 할 것이다. 역사적으로 볼 때 이러한 기술혁신에 의한 생산양식의 변동 과정은 일시적으로 조금씩 문제점이 야기된 적이 있으나 일반적으로는 모두 기업 및 국가의 부흥을 가져온 것이 증명이 되었다.

공장자동화, 사무자동화, 정보시스템화를 통하여 인력이 절감되고 노동생산성이 높아지며 소수의 고임금 고급인력으로 나아가게 된다. 이러한 자동화 과정은 양적 노동의 시대에서 질적 노동의 시대로 옮아가는 방향이 된다. 그리고 이는 기업경쟁력 또는 국가경쟁력을 높이는 과정이 된다. 기업 및 국가의 내부에서 발생하는 인력절감의 효과 및 실업발생 등 고용의 문제는 외부의 시장규모의 증대로 상쇄된다. 역사적으로 볼 때 자동화기술의 발달로 경쟁력을 높인 기업이나 국가가 실업문제로 고민한 적은 별로 없고 모두 크게 발전한 것이다. 그리고 자동화 및 정보화 과정으로 경쟁력을 키운 선진자본국들은 당연히 시장의 확대를 위하여 보다 후진된 나라에게 개방압력 및 통상을 요구하게 된다. 지금 가트체제(GATT)를 발전시켜 거의 완전 자유무역에 가까운 체제 다자간협정인 WTO와 양자간협정인 FTA로의 변환은 후기자본주의 진행상 당연한 귀결이라고 하겠다. 세계전체를 하나의 시장으로 하나의 경제권으로 통합되어 가는 과정이다. 세계화는 정보화의 부산물이며 필연적 귀결이다. 따라서 정보화는 세계화의 원인적 요인이며 보다 상위개념이라고 하겠다. 세계화와 정보화의 상호결합은 더욱 지구를 하나의 공동체로 통합시켜 주었고 세계총자본덩어리가 자본증식을 가속화 시킬 수 있는 호조건의 환경을 조성해 주었다.

21세기로 진입하면서 많은 사람들이 예측한 이상으로 정보통신기술이 급속히 발전되었다. 21세기는 전 세계적으로 멀티미디어 무선통신을 자유자재로 활용할 수 있는 시대로 시작할 것이 분명하여진다. 급변하며 소용돌이치는 대변혁의 시대에 국가든 기업이든 소규모의 분권화된 기동성 있는 환경적응 조직으로 나아가야 하는데 이러한 새로운 혁신적 조직설계에 정보통신기술은 이를 거의 무한히 뒷받침 해 주는 것을 가능하게 만든다.

자동화 및 정보화 과정을 통하여 인력이 절감되지만 그 경쟁력을 바탕으로 시장을 크게 확대할 수 있음으로 고용감소의 문제는 해결될 수 있다. 해외진출은 정보화로 말미암은 경쟁력 향상의 자연스러운 귀결이며 자유무역의 체계는 정보화 및 경쟁력을 앞당긴 선진국들의 압력에 의하여 만들어진 작품이다. 세계진출은 정보화의 결과적 현상 또는 그 하위개념으로서의 의의를 갖는다. 그리고 중심국의 세계시장의 확대과정은 중심국의 사회문제의 부담을 후진국으로 전가시키는 과정이라고 볼 수 있다. 만약에 어느 국가가 이러한 정보기술사회에 적응을 못하면 주변국 또는 후진국으로 전락하여 무자비한 후기자본주의 상품화 과정이 초래하는 심각한 모순적 부담의 전가와 비극을 짊어져야 할 것이다.

생산양식 대변동의 의미

개인이든 기업이든 국가이든 모두 환경의 산물이며 그 속성이나 형태가 환경에 의하여 결정되어진다는 것은 명약관화한 사실이다. 물론 부분적으로는 각 개체들이 능동적으로 환경의 영향력을 다소 변화시키려는 반작용이 있을 수는 있다. 환경의 변동은 바로 각종 조직의 속성과 형태를 변화시키고 또한 그것이 변해야 하는 근본적 원인이 되고 있다. 조직은 거대한 사회와 역사에 떠 있는 일엽편주와 같은 존재라고 비유적으로 말할 수 있다. 따라서 환경의 변동에 대한 이해를 철저히 하지 않으면 조직 변동에 대한 모든 시도는 근본적으로 실패할 것이 뻔하다.

거시적으로 볼 때 사회와 역사가 변하는 근본적인 큰 동인으로는 이미 언급한 바와 같이 첫째, 문화의 변동, 둘째, 전쟁과 혁명, 셋째, 신기술의 등장, 넷째는 질변, 홍수 등 자연환경의 변동이다. 이 네 가지 모두가 기업의 환경 변동에 큰 영향을 미치고 있지만 21세기에서는 특히 세 번째의 신기술의 등장이 매우 결정적이라고 할 수 있다.

자본주의와 사회주의가 서로 경합하다가 소련 제국 및 동구유럽의 붕괴로 말미암아 전 세계는 바야흐로 극우의 세계체제(World System)로 역사의 물줄기를 틀고 새로운 치열한 약육강식의 기술 및 경제전쟁의 시대로 돌입하게 되었다. 기업들은 국내외로 경쟁력 향상을 위한 생존의 문제를 앞두고 새로운 분기점을 맞이하게 된다. 기술혁신에 의한 생산양식의 대변동의 영향으로 말미암아 과거의 비대했던 조직은 그 규모를 급속히 줄이고 잉여인력을 추출하기 위한 새로운 조직설계 및 새 업무의 창출을 과감히 추진하지 않으면 안 되게 되었다. 조직 경쟁력을 높이는 생산양식에 대한 저항이나 그 도덕성을 언급할 여유나 여지가 없게 되었다. 이 경제 전쟁에 지면 모두가 파멸한다는 위기의식이 기업과 나라 전체를 뒤덮는 시기가 된다. 이 거대하고 부도덕한 역사의 힘을 아무도 거역하기 어려우며 오직 생존을 위하여 국가든 기업이든 개인이든 오직 적응의 논리만이 크게 지배되는 시대이다.

후기 산업사회는 더욱 자본장비율을 고도화시키고 생산자동화, 무인공장화로 치닫으며 소수의 고임금 고급인력만이 기업에 남게 된다. 후기산업사회에서는 노동가치설이 근본적으로 무너진다. 자본이 노동과 결합되는 부담을 벗어버리고 자본이 스스로 자본을 재생산하는 돌파구를 열어 가는 자본 대변란의 시대적 특성이 있다. 첨단 대기업의 고임금 고급이력의 근로자들은 자본가와 이해관계가 서로 근접함으로써 내부의 노사분규가 점차 사라지게 되는 반면 유직자와 무직자 사이의 기업외부의 사회갈등이 연출될 가능성이 많다. 후기산업사회의 대기업들은 앞으로 고도의 자본집약적 첨단 핵심기술을 제외하고는 대부분 내부조직이 핵분열 되면서 떨어져 나갈 조짐을 보이게 될 것이다. 내부적으로도 문제해결을 할 수 있는 전문가 중심의 팀형조직이 등장하며 기술도급형 관리체제로 바꾸어져 기존의 직급 체제들이 없어질 가능성이 많다. 생산자동화 및 사무자동화의 과정과 새로운 조직 설계에 의하여 조직의 규모가 급속히 줄어들면서 자본 집약의 수준이 크게 높아지는 조직혁신이 요청되는 것이다. 그리고 조직이 외부와의 협동의 밀도가 높아지고 시간적 공간적 조직의 개념이 변화하여 내부와 외부의 경계가 없는 형태가 될 것이다. 그리고 중소기업들은 기술전문화의 방향으로 나아가면서 대기업과는 더욱 긴밀한 연계를 갖게 될 것이며 산업계 전반의 세력판도의 큰 변동이 예상된다. 이 시대에는 조직혁신이 기업에 가장 중요한 경영혁신의 과제가 된다. 정보혼란 업무혼란 그리고 조직혼란의 현상이 기업에 일반화 될 것이다. 그리고 이를 극복하기 위한 조직혁신은 근본적으로 새로운 조직진단과 조직설계의 변화를 필요로 한다. 조직혁신 없이 과거의 조직 및 관리의 틀을 그대로 유지하고서는 기술혁신도 불가능할 것이다. 이때 과거의 기존 조직 자체가 부담이 되는 경우 첨단사업의 겨우 아예 새로운 회사를 따로 설립하는 경우도 있을 것이다. 조직에 관한 지식이나 사고방식도 거추장스러울 굴레가 될 수 있다. 기왕의 모든 지식에 너무 집착하거나 자부심을 갖지 말고 한번 쓰레기를 버리듯이 모두 버리고서 이 첨단 기술시대에 맞추어 전혀 새롭게 다시 이상적인 조직을 원점에서 부터 새롭게 창의적으로 재구성 해보는 극단적인 혁신의 입장들이 등장할 것이라고 예상된다.

21세기에 새로운 생산양식(Mode of Production)의 출현은 바로 생산현장에서의 노동력의 절약과정 및 자동화와 정보기술의 적용의 심화과정이라고 볼 수 있으며 이는 즉 자본재생산이 노동과의 결합이 아닌 자본 스스로에 의한 이루어지는 경향을 뜻한다. 그러나 우리나라와 같이 자본주의의 주변국(Periphery of Capitalism)들은 전세계적으로 볼 때 자본주의 핵심국(Core of Capitalism)과 거의 같은 상황에 있다고 오해해서는 안 될 것이다. 우리나라는 지금 특별히 매우 소용돌이치는 급변하는 환경을 경험하고 있으며 우리의 많은 전통적인 요소들은 급격히 파괴되고 있다. 그리고 거대한 자본주의 세계체계(gigantic wave of Capitalistic World System)는 무자비하고 혁명적으로 진행되고 있다.

오늘날 우리나라의 사회의 거의 모든 최근의 현상들을 꿰뚫어 명쾌하게 설명할 수 있는 개념이 있다면 그것은 바로 자유개방시장경제메카니즘(Free Open-Market Economic Mechanism)이라고 말할 수 있을 것이다. 지금 우리나라는 이러한 자유개방시장경제메카니즘의 강력한 영향 속으로 진입하고 있는 것이다. 자유개방시장경제메카니즘이 강조됨에 따라 관료적 과정적 통제방식(Bureaucratic Process Control Methods)에서부터 시장적 결과적 통제방식(Market Output Control Methods)으로의 큰 변화가 나타나게 되었으며 또한 노동시장, 지식기술시장 및 기업매매시장(M & A Market)이 갑자기 발달하게 되었다. 그리고 지시경영 및 새로운 인적자원관리의 필요성과 중요성은 매우 크게 부각되었다. 과거에 양적 사용하던 인적자원관리시스템은 또한 이러한 새로운 질적 인적자원관리의 패러다임(Paradigm)을 수용하기에는 근본적인 한계에 직면하게 되었다. 따라서 미래의 인적자원관리의 새로운 모델을 만드는 주제도 매우 의미 있게 될 것이다.

특별히 관료조직(Bureaucratic Organization)에서 네트워크팀조직(Network Team Organization)으로의 변동하는 것과 연공서열제 및 직무급제 (Seniority-based or Job-based reward systems)에서 부터 직능급이나 성과급(Skills-based or Performance-based)으로의 전환에 주목하는 것에 의의 있을 것이다.

생산성을 크게 향상시키는 신기술의 등장은 노동가치설을 붕괴시키는 원인이 되어 왔다. 역사적으로 볼 때, 동력화, 기계화, 자동화, 정보화의 신기술의 발달은 이를 먼저 개발 적용해 온 기업이나 국가들을 부강케 하여 온 것은 사실이다. 동력화는 영국, 기계화는 독일 및 미국, 자동화는 일본, 정보화는 미국 등의 발전상으로 증명될 수 있다. 특히 자동화 정보화는 이러한 생산성 증대의 현상을 더욱 가속화 시키는 계기를 만들고 있다.

그러나 이러한 기술진보의 과정은 비록 기업과 국가를 부강케 하나 분명히 노동을 생산현장에서 배제시키는 과정이고 자본장비율을 증가시키면서 노동을 줄여 나가는 과정임에는 부인할 수 는 없다. 궁극적으로는 산업현장에서 노동이 완전히 배제되는 무인공장(無人工場)으로 나갈 것이다. 앞으로는 기업 내 노사갈등 보다는 기업 밖의 유직자와 무직자 사이의 사회갈등이 더욱 첨예화 될 것이다. 경우 무직자의 생활수단의 획득은 노동가치설에 의하기 보다는 기회포기설이 더 합당할 것이다. 그러나 현실적으로는 과도기상 극소수의 고임금 고급인력이 자본과 상호 결합하여 가치창출을 하는 형태가 될 것이다.

21세기에 진입하면서 노동가치설이 붕괴되고 “자본이 스스로 자본을 재생산"하는 생산양식의 대변동은 자동화 정보화의 신기술로 말미암아 더욱 가속화되었다. 이는 마치 여성이 남성 없이도 여성만으로 아기를 만들 수 있다는 유전공학기술의 발명에 필적할만한 대변혁이라고도 볼 수 있다. 그러나 과도기상 현실적으로는 극소수의 고임금 고급인력만이 자본과 결합하게 될 것이다.

20세기는 노동가치설을 둘러싼 치열한 논쟁과 노사갈등, 전쟁 및 혁명의 시대이었다고 말할 수 있다. 그러나 21세기에는 소련 및 동구유럽의 사회주의 몰락과 함께 세계총자본이 세계의 노동세력의 굴레를 벗어던져 버리고 스스로 고도의 자본증식을 위하여 거침없이 제 갈 길을 질주하는 양상을 띠게 되었다. 자동화와 정보화의 신기술은 이러한 생산양식의 대변동의 돌파구 혹은 촉진역할을 수행해 주고 있으며 또한 이러한 생산양식 변동의 필요성 때문에 역으로 자동화 정보화 및 노동절감의 현상이 가속화되는 것이다.

후기산업사회에서 노동가치설의 전제가 무너지면서 자본이 스스로 자본을 재생산하기 위하여 급속히 움직이는 이러한 거대한 자본주의 세계체계의 진행과정은 미래의 역사의 큰 흐름이며 이는 아무도 거역하기 어려울 것이다. 후기자본주의의 세계의 자본덩어리는 노동을 생산과정에서 소외시키거나 배제시킴으로서 그 결합관계를 자본으로 대체시키는 새로운 변혁의 시대를 열어가고 있다. 공장자동화 및 사무자동화를 추구하는 정보기술사회는 바로 이러한 세계자본의 계속적인 자본재생산을 위한 돌파구의 산물이라고 볼 수 있다.

이러한 거대한 세계사의 흐름은 노동을 생산과정에서 배제시키고 소외시키는 과정으로써 전체적으로 볼 때 본질적으로 부도덕한 방향임은 부인할 수 없다. 그러나 개별국가의 차원에서는 온 민족의 생존이 달려있기 때문에 오직 이러한 거대한 세계사의 흐름에 적응해야 할 뿐 다른 대안이 없다. 따라서 도덕성 논의는 거의 무의미하다고 하겠다.

이러한 세계사의 흐름에 철저하게 잘 적응하는 국가는 중심국이 될 것인 반면에 적응을 못하거나 거부하면 주변국으로 떨어지게 된다. 지금 남한은 이러한 세계사의 흐름에 적극적으로 적응하려고 하는 반면 북한과 같은 사회는 이러한 후기자본주의 세계체계의 흐름을 거역하는 폐쇄사회로 나아가고 있다. 그러나 북한도 얼마 버티지 못하여 이 강력한 새로운 세계사의 질서와 흐름에 편입될 것은 자명한 일이다.

그런데 이러한 새로운 세계사를 견인하는 자본주의 세계체계는 어떤 추상적인 개념이 아니라 바로 구체적으로 존재하는 미국 또는 유럽 등의 선진국에서의 소수인들이 소유하고 이끌어 가는 거대한 세계총자본덩어리라는 점이다. 세계의 자본은 미국과 유럽이 상당한 부분을 지배하고 있고 또한 미국과 유럽의 자본은 그 나라의 소수그룹이 장악하고 있다. 미국은 세계에서 불평등 구조가 제일 심한 나라들 중에 하나이다. 미국의 소수의 대자본가들은 미국 내에는 물론이고 세계 곳곳에 멋진 별장을 지어 놓고 유람하는 상류사회의 그룹을 이루고 있다. 이들은 일반사람들과는 매우 다른 별천지의 사람들처럼 생활하고 있다. 이들 중에는 기업을 하여 큰 자본을 이룬 사람들도 있지만 옛날 조상들이 인디언을 내쫓고 대토지를 소유하거나 또는 유능한 총잡이 그룹으로서 미국의 중요한 자원을 소유했던 가문들이기도 하다. 이러한 미국 및 유럽의 대자본은 세계 곳곳에 거액 투자되어 후진국이나 개발도상국을 경제식민지로서 지배하고 있으며 또한 이 대자본의 재생산의 과정은 자본의 원래 증식의 속성상 계속하여 진행되고 있다.

후기자본주의 세계체계의 정보기술사회에 잘 적응하는 국가에서는 기업경쟁력 또는 국가경쟁력이 발생한다. 비록 자동화 정보화 과정 때문에 인력절감이 되어 내부적으로는 고용문제, 실업문제가 발생한다고 하더라도 그 경쟁력으로 말미암아 판매시장이 크게 확대됨으로서 이 문제는 곧 해소되는 것이다. 후기자본주의 시대에는 국경의 개념의 변동이 이루어지며 국가의 경쟁력이 매우 중요한 문제가 된다. 그 주요한 이유로는 다음과 같다고 볼 수 있다.

첫째, 자동화, 정보화 과정으로 선진화된 기업이나 국가가 크게 향상된 경쟁력을 바탕으로 해외진출을 하여 내부의 인력절감, 실업의 문제를 시장의 확대로 해소하여야 하는 압력과 필요성이 있었다. WTO체제가 그 결과 중 하나이다.

둘째, 정보통신기술 및 교통수단의 발달에 의한 네트워크기술의 향상으로 전 지구를 일일 생활권으로 묶고 있다. 즉 시간과 공간의 새로운 개념이 지리적 거리 및 장애를 극복하여 주고 있다.

셋째, 세계자본의 팽창으로 말미암아 세계자본의 덩어리가 한 국가 내에 결코 갇혀있지 못하고 세계의 각국으로 투자를 확대하여 자본의 증식을 꾀하게 된다. 그리고 세계 각 지역에서 상품화과정 및 시장 확대의 과정이 진행된다. 국경은 세계자본 진출의 거추장스러운 울타리가 되었다고 볼 수 있다.

넷째, 후기자본주의 세계체계는 사회주의 세계체계가 붕괴된 상황에서 극우의 방향으로 움직일 가능성이 많다. 상류계층을 중심으로 가족주의 전통이 강하게 생겨나며 부의 소유를 폐쇄적이고 위계적인 방식으로 보호하려는 움직임이 나타난다. 그리고 또한 중심국을 중심으로 민족주의 전통이 강하게 나타나게 된다.

이러한 국경개념의 변동은 지역적인 울타리를 붕괴시키고 모든 기존의 독점적 이익을 무한경쟁의 상황으로 내몰고 있다. 국내의 기업들은 더 이상 정부로부터도 지원과 보호를 강하게 받기가 어려울 뿐만 아니라 외국의 강력한 기업과 적나라하게 경쟁을 하여야 할 정도의 어려운 상황에 처해 있다. 각종 독과점의 이익을 누리던 규제가 자율화되고 철폐되어 거의 완전경쟁시장의 상황 바뀌어 지고 있다.

사회전체가 경쟁의 시대로 돌입하고 있다. 약사회, 의사회, 변호사회 등의 단체들도 더 이상 자신들의 기득권을 보호하기 위한 인력공급 및 경쟁자들의 진입을 제한하기가 어렵게 되어 있다. 그리고 자동차 조합, 플라스틱 조합, 철강 조합 등과 같이 각종 조합들의 신규업체의 진입을 제한하려는 규정이나 자격요건도 점차 철폐될 운명이다. 궁극적으로 고용의 보장 및 고용의 안전성도 사라지고 단기고용계약이나 임시직이 많아지게 될 것이다. 근로자의 기득권인 고용독점이 사라지고 새로운 근로자의 진출과 끊임없는 무한경쟁을 하게 되는 삭막한 시대가 열리게 되었다.

그러나 한편 국제적으로 국경의 개념이 바뀌면서 인적자원, 물적자원, 기술자원 등이 국경을 넘어서 자유롭게 이동될 것이라고 생각하면 큰 오산이다. 자기에게 소중한 것은 침해받지 않으면서 남의 것은 개방시키는 경쟁의 사회라는 것을 잊지 않으면 안 된다. 선진자본국은 비인적 자원의 자유로운 이동은 주장하지만 민족주의의 강화현상으로 인적자원의 이동은 가급적 통제하려는 움직임을 보이고 있다. 미국과 유럽은 이민 등 인적 유입에 관하여 매우 민감한 반응을 보이고 있다. 비인적자원의 무한한 경쟁 및 자유로운 이동현상과 선진국을 중심으로 한 민족주의의 등장으로 말미암은 인적자원의 철저한 제한 및 배척현상 사이에서 세계사의 모순과 비극이 근원적으로 비롯될 가능성이 크다. 그리고 약소국은 강대국의 모순적 부담을 매우 심각하게 영향 받게 될 가능성이 매우 커졌다고 할 것이다.

자유시장경제체제의 도래

경제체제는 일반적으로 크게 세 가지로 분류할 수 있다. 첫째, 자유경제시장메카니즘이 그 하나요, 둘째, 관리경제메카니즘, 셋째, 폐쇄경제체제가 그것들이다. 우리나라는 IMF 재정위기 직후에 급격히 관리경제메카니즘으로부터 자유경제시장메카니즘으로 급선회하였다. 따라서 외국의 강력한 비교우위의 경쟁력이 국가의 보호막 없이 무제한으로 밀려들기 시작하였다.

국경이 더 이상 방파제가 되지 못하고 전 세계로부터 경쟁력 있는 불특정의 재화, 서비스, 자본, 기술, 인력 등을 상대해야 하는 무한경쟁(無限競爭)의 시대가 시작된 것이다. 이는 유한(local) 경쟁과는 다른 더욱 격심한 경쟁의 시대를 만나게 되었다는 뜻이다. 이제 그야말로 자유경제시장메카니즘의 큰 태풍이 생산양식의 대변동과 함께 세계총자본의 중심부로부터 IMF를 계기로 우리나라에 계속 들이 닥치고 있는 셈이다. 이 때 관리경제메카니즘에서부터 자유시장경제메카니즘으로의 급격한 전환이 이루어졌다.

우리나라가 20세기 마지막 해에 경험했던 IMF 재정위기의 본질은 근본적으로 외환부족 현상이라고 할 수 있다. 보다 쉽게 말하자면 우리나라 정부는 경제를 마비시키지 않고 민생을 안정시키기 위하여 원자재 및 에너지 무기 식량 등을 계속 해외에서 구입해야 하지만 국가의 달러 재고가 부족해서 그 대외결제 수단이 고갈됐다는 뜻이다. 이 때 우리나라 정부는 달러를 구해오기 위하여 무슨 큰 대가라도 치르지 않으면 안 되는 매우 취약한 상태에 있었다. 이 때 우리 정부는 전 세계를 동분서주하면서 노력했지만 이미 그 대외결제능력을 국제적으로 불신 받는 시점에서 달러를 구해오는 것은 하늘의 별 따기처럼 어려웠다.

이 때 우리나라 정부가 할 수 있는 일이란 마치 한 가계가 돈이 없을 때 취한 방식과 거의 다를 바가 없다. 즉, 식구를 먹여 살리기 위하여 다른 사람으로부터 돈을 빌리거나 또는 이미 갖고 있는 소나 전답을 파는 것이다. 우리나라 정부는 국가의 국제적인 부도상태를 막기 위하여 첫째, 해외에서 높은 이자를 주고라도 달러를 빌리려고 노력 했으며 그리고 둘째, 팔 수 있는 서울 요지의 토지나 건물 및 소위 알짜배기 기업들이나 이들의 지분을 싼값에 내다 팔게 되었다. 아마 이 때는 이 방법 밖에는 다른 대안이 없었을 것이다. 그것이 의도적으로 과도했는지는 아직 모른다.

IMF는 이러한 극심한 위기상황에서 우리나라에게 가장 많은 달러를 빌려준 국제 기관이며 우리나라는 이 때 그의 반대 요구를 거의 다 들어 주었다. 이들이 원한 그 대가는 바로 자유시장경제메카니즘의 대폭적인 수용이었다.

우리나라는 냉전시기에 미국의 맹방이었으며 베트남 전쟁시에 전투병을 파병하여 우리와 크게 관련 없는 전쟁에서 미국을 도와 함께 피를 흘렸던 나라이다. 우리나라에 IMF 금융위기가 닥치자 미국에 구원의 손길을 내밀었다. 한국은 미국이 그렇게 단호하게 거절하리라고는 꿈에도 생각하지 못했다. 미국은 사실상 미국의 국민들의 나라라기보다는 국제금융재벌이 장악한 나라이다. 국제금융재벌들의 눈에 한국과의 관계는 냉전시대가 남긴 잔해에 불과했다. 미국의 일부 인사들은 이러한 관점에 격렬한 반론을 제기했다. 울브라이트 국무장관이나 국가안보고문의 의견은 형제의 나라 한국을 마땅히 도와야 한다고 주장했지만 월가를 대표하는 재무부는 끝까지 반대했고 당시 클리튼 대통령은 재무부의 손을 들어 주었다. 맹방 사이에 위급시 도움의 거절행위는 배신이다. 재무부 로버트 루빈(Robert Rubin)이 보기에 이번 금융위기야 말로 한국 경제의 빗장을 열어 젖힐 절호의 기회였다. 루빈 장관은 국제금융재벌 세력과 깊이 연계되어 있는 인물로 추정된다. 그는 구원을 청하는 옛 맹방인 한국을 과거보다 훨씬 가혹한 조건으로 대하라고 지시했다. IMF는 미국 재무부의 압력 아래 한국의 원조 조건에 온갖 가혹한 조건을 덧붙였다. 한국이 즉시 미국에 유리한 조건으로 미국과의 모든 무역마찰을 해결할 것을 포함했다. 분노한 한국인들은 IMF가 언제나 미국편에 서서 갖가지 불합리한 조건을 내건다고 비난했다. 클리턴 정부의 수석경제고문이던 스티글리츠는 미국 재무부가 한국에 대하여 전면적이고 신속하게 금융시장을 개방하도록 무모하게 압력을 넣은 것은 미국의 안전과 이익에도 도움이 되지 않고 월가의 은행 재벌만을 도울 뿐이라고 주장했다.

한국 정부는 하는 수 없이 미국의 조건을 받아들이고 미국이 은행 지점들을 한국에 설립하도록 허락했다. 외국 기업들이 보유할 수 있는 상장회사의 지분을 26%에서 50로 상향 조정했으며 외국인 개인이 보유할 수 있는 기업의 주식 지분은 26%에서 50%로 늘어났다. 금융회사의 투자에 관해서는 외국기업 및 외국인에 비하여 국내기업 및 국내인들의 역차별 까지 발생하였다. 한국기업은 반드시 국제회계원칙을 따라야 했으며 금융기관은 국제회계사무소의 회계감사를 받아야 했다. 한국 중앙은행은 독립 운영되어야 한다고 했다. 필자의 견해로는 이 조건은 국제금융재벌세력이 미래의 장악을 위한 포석이라고 생각된다. 그리고 완전한 자본계정하의 화폐자유교환, 수입허가증 수속 투명화, 기업구조조정감독, 노동시장계혁 등 각종 개혁 조치가 잇달았다. 미국의 금융재벌들은 한국의 대기업에 진작부터 군침을 흘리고 있었다. 한국이 협의를 체결하기만 하면 당장이라도 달려들어 먹이감을 물어뜯을 판이었다. 특히 화폐발행권을 가진 중앙은행인 한국은행을 접수하여 경제식민지화 하려는 의도가 가장 컸을 것이다.

그러나 한국민은 위기에 처한 나라를 구하겠다는 일념으로 금모으기 운동을 벌였고 한국정부는 월가의 속셈을 알아차리고 파산 신청 준비를 마친 대기업의 안건을 일괄 동결했다. 그리고 은행의 700~1500억 달러나 되는 부실채권을 정부가 과감하게 떠안았다. 160조에 이르는 공적자금을 사용하여 외국자본에 의한 기업의 인수합병을 막아 한국의 대기업을 거의 하나도 갖지 못하게 하였다. 우리 정부가 부실채권을 접수할 때 은행의 통제권은 다시 우리 정부의 손으로 들어갔다. 그리고 IMF는 은행에 의한 구조조정 밖으로 배제되었다(쑹훙빈, 2009, pp.345-349). IMF는 우리나라 은행을 지배한 다음 갑작스러운 BIS기준적용, 부채비율에 의한 대출회수, 상호출자금지, 투명경영등으로 심각한 금융위기를 조장하여 대기업들을 헐값 매입할려고 한 것이다. 우리 정부의 지도자는 이 때 경제관련 실력을 유감없이 발휘한 셈이었다. 그러나 이것도 화폐발행권을 가진 한국은행이 국제금융재벌에 민영으로 종속되지 않았기 때문에 가능한 일이었을 것이다. 그리고 우리정부 및 우리국민에 의한 한국은행의 국영의 지배권이 얼마나 중요한 것인가를 절감케 하는 사건이라고 볼 수 있다. 이것은 앞으로도 늘 경각심을 가져야 할 사안이다. 아이러니칼 하게도 국제금융재벌의 앞잡이 역할을 한 IMF는 한국을 자신들이 성공적으로 구조조정한 전형적인 사례로 사방에 선전하고 있다는 점이다.

자유시장경제체제의 도래를 과거부터 역사적으로 고찰해 볼 때 시민사회 형성과 시장 영역의 확대가 동시에 이루어짐을 주목할 수 있다. 중세시대의 봉건 귀족체제를 무너뜨리고 통일국가의 근대 시민혁명이 일어난 당시에는 상업자본이나 산업자본의 형성과 밀접한 관련이 있다. 이렇게 새로 발흥하는 자본가 계급들은 자신들의 자본이나 상품이 거래되는 활동의 영역, 즉 시장(Market)을 확대하기 위하여 신분의 구속에서 벗어나 자유롭게 스스로 결정하여 거래하고자 하는 시민 대중이 필요했다. 그리고 또한 자본 증식을 위하여 봉건 영주의 경계를 넘어서서 보편적인 거래되는 영역으로 시장들이 보다 확대될 필요성이 있었다.

강력한 근대 시민 통일 국가들은 이러한 자본가들의 신분 해방과 시장 확대의 요구를 충족시켜 주고 이로서 자본가들의 이익이 증대됨으로 통치자의 권력과 자본가의 이해관계는 서로 맞아 떨어지게 되었다. 이와 같이 자유 민주주의와 자유 시장 메카니즘은 병행하여 발달 되었다. 따라서 공산주의를 신봉하는 입장에서는 이러한 결과를 가져오는 프랑스 혁명을 부르조아 혁명이라고 부르고 경제적 불평등구조와 착취에서 해방하고자 한 러시아 혁명은 프로렐타이아 혁명으로서 그 양 혁명의 속성의 완연히 서로 차이가 있음을 명확히 하고 있다.

산업혁명으로 사람이나 가축의 근육의 힘으로 생산하던 수공업의 상황에서 벗어나 동력이나 엔진의 힘을 사용하는 공장제공업으로 변환되었고 또한 기계화, 자동화, 정보화 등으로 자본 선진국들의 생산력은 급격히 증가하였다. 따라서 노동생산성과 자본장비율이 높아지고 잉여물의 축적도 함께 매우 빨라지게 되었다. 그리고 이러한 경쟁력 때문에 발생하는 국내의 대량 실업(失業) 사태나 갈등을 막고 내부의 모순을 외부에서 타개하고자 선진자본국들은 해외로 식민지 개척을 나서게 된다. 동력, 기계화, 자동화, 정보화 등의 생산기술들은 전투함이나 군사적 무기에도 적용되었고 제한적인 식민지 영토들을 사이에 두고 치열한 국가간 전쟁이 이루어 졌다. 이는 바로 시장 메카니즘의 영역이 국제적으로 점차 확대되는 것을 의미한다.

제국주의론에 의하면 식민지를 개척에 앞섰던 선진 자본 열강들이 나중에야 국가를 통일하고 후발로 해외 진출하려던 독일과 한바탕 전쟁을 치른 것이 1차 세계대전이요, 또다시 독일, 이태리, 일본의 파쇼 동맹국들과 열강연합국들이 서로의 식민지 확대를 사이에 두고 벌인 치열한 전쟁이 2차 세계대전라고 해석하고 있다. 일반적으로 선진국들은 자본증식의 목적으로 자유무역주의를 선호하고 후진국들은 자국의 유치산업 보호를 위한 보호무역주의를 고집한다. 그러나 이러한 제국주의의 식민지 침략은 식민지 지역의 사람들로 하여금 전통적인 신분사회에서 해방시켜 시민사회로 개혁시키고 상업적 자유 거래를 확대할 수 있는 시장의 발달과 정치적 민주주의를 함께 이식시켰던 것이다.

1 차 세계 대전 당시 러시아 말기 트로츠키는 제국주의론을 주장하면서 민족간 국가간 전쟁이 촉발되면 각 나라의 내부의 국내의 불평등구조는 노동자 계급혁명을 유발하지 못한다고 보았다. 따라서

민족간 전쟁을 피하면서 국제적 노동자들의 계급투쟁으로 나아가기 위하여 이러한 제국주의 침략을 소극적으로 대항하려고 하였다. 그러나 그는 스탈린의 일국사회주의와 갈등을 빚으면서 실패하였다. 스탈린은 러시아를 제외한 다른 나라의 계급 혁명에 대한 기대는 포기하고 1차대전을 적극 수행하였다. 그리고 러시아만의 계급혁명을 성공시켜 제국주의 시장 확대를 막았었다.

중국은 도시의 불평등 구조 보다는 농촌의 불평등 구조를 이용한 계급투쟁으로 역시 제국주의 시장 확대에 장막을 쳤다. 모두 원래의 마르크스 계급투쟁 이론의 오류를 증명한 역사적 사실이라고 할 수 있다.

제국주의 열강들의 식민지 침략은 2 차 세계대전 후 정치적으로는 그 지역들을 대개 독립국가로 만들어 주었지만 경제적으로는 여전히 선진자본국에의 종속성을 유지케 하였다. 왈렌스타인과 같은 종속 이론가들은 한 국가 단위에서의 불평등 구조 보다도 국제적인 나라 사이의 불평등 구조가 더욱 심각함을 주장하였다. 자본의 중심국(Core)과 주변국(Periphery) 사이의 국제적 갈등으로 세계 전체 사회를 분석하였다.

자동화 정보화 등 기술혁신을 통하여 생산양식의 대변동을 먼저 달성한 선진국들에 의하여 자신들의 경쟁력 있는 자원들을 전 세계로 진출시키고 자본재증식에 보다 효율적인 자유시장경제체제를 전 세계로 확장시켰다. 이 자유시장경제체제는 지구상의 전 세계의 시장이 하나로 통합되는 현상을 글로벌(Globalization)의 시대라고 한다. 이 글로벌의 특징은 경쟁력 있는 자원들이 국경을 넘어서서 쉽게 들락날락할 수 있는 체제이다. 재품, 서비스, 기술, 지식, 금융, 인력 등 온갖 자원들이 최고의 경쟁력을 갖을 때 전 세계의 시장을 석권할 수 있는 무한경쟁의 시대가 도래한 것이다. 따라서 점차 세계 1등만이 중요하고 2등은 점차 설 땅이 점차 좁아지는 형국이 된다. 따라서 글로벌시대를 흔히 무한경쟁의 시대라고 그 의미를 해석하는 것이다.

전부 아니면 전무(all or nothing)의 시대이며 따라서 어떡하든지 경쟁력에서 이기는 것이 매우 중요한 시대라고 할 것이다. 대규의 투자와 위험 그리고 대규모의 기회가 동시에 찾아오는 시대이다. 합종연횡이 빈번한 네트워크의 시대이며 서로 협력하여 무한한 제 3의 방향의 시너지 효과를 창출할 수 있는 시대이기도 하다.

세계총자본이 가장 축적되어 있는 중심부를 중심으로 주로 자동화 정보화의 신기술의 활용에 의한 생산양식의 대변동으로 세계의 역사를 크게 변화시키는 태풍의 진원지가 되고 있다. 강대국은 해외진출의 압력을 강화하여 왔다. 이 생산양식의 대변동을 선진적으로 달성한 이 국가들은 부강한 나라가 되었으며 그리고 그들의 비교 우위적 경쟁력을 해외로 파급시켜 온 것이다.

이러한 나라들은 노동생산성 및 자본장비율이 높아서 노동의 자본결합 비율이 매우 낮아질 것이다. 가령, 노동생산성이 3배 증가했을 때 다른 생산요소의 증감이 없다고 가정할 때 노동의 자본결합 비율은 1/3으로 떨어질 것이다. 즉 기존의 상태보다 약 인력이 1/3로 준다는 뜻이 된다. 그러면 이 선진 국가의 기업이나 사회는 당연히 실업상태에 빠져야 하나 현실은 오히려 인력난이나 고임금을 경험하고 있는 실정이다. 왜 그럴까? 이는 이들 국가들이 그 비교 우위 경쟁력을 해외로 전가시키기 때문이다.

만약에 이들 국가가 그 실업상태를 그대로 두면 국가 내부의 심한 불안 상태에 빠지게 될 것이기 때문이다. 제국주의론에서는 제1

차 세계대전과 제2차 세계대전을 서구의 열강들이 이러한 해외진출 과정에서의 식민지 확보를 위한 상호 충돌이라고 해석하고 있다. 대개 역사적으로 볼 때 일반적으로 선진국들이 자유무역주의를 옹호하는 반면 후진국들은 보호주의 무역을 취하게 된다. 오늘날 선진국들은 WTO(World Trade Organization)체제를 전 세계로 관철시키고 있다. WTO는 다자간 합의체제이고 FTA(Free Trade Agreement)는 양자간 협의체제이다. 그러나 기본 정신은 마찬가지이다. 우리나라는 이해득실로 볼 때 이들의 중간 수준에서 원래 중립적인 태도를 취하고 있었다고 할 것이다.

자본주의 및 자유시장경제체제의 발달은 교육과 인간관계 영역에서도 파급적 영향을 미친다. 자본의 재증식이 우선시되는 상황에서 전인교육은 붕괴되고 교육은 산업사회의 인력부품생산을 위한 공장과도 같아진다. 대학마저도 진리를 탐구하는 기능이 점차 상실되고 자본증식 효율성 기준에 의한 평가와 시장메카니즘에 편입되는 현상을 보이고 있다.

인간관계도 절대적 신분적 관계가 해체되고 비교우위의 경쟁력 개념에 의하여 상대적 거래적인 인간관계로 변모하게 된다. 기업에서 사용자와 종업원이 가족관계와 같은 절대적인 인간관계가 아니라 필요에 따라서 서로의 관계가 얼마든지 교체될 수 있는 상대적인 인간관계로 하게 된다. 사용자는 필요에 따라 얼마든지 종업원을 해고할 수 있으며 종업원은 더 좋은 근로조건을 찾아 얼마든지 이직할 수 있다. 심지어 남녀관계도 점차 자유시장메카니즘의 영향 하에 놓이게 된다. 파트너사이는 절대적인 영구성을 갖는 인간관계가 아니라 상호 매력의 경쟁력이 없으면 다른 파트너로 얼마든지 대체 가능한 상대적인 인간관계로 변모하여 이 경우에도 배신이 아니라 오히려 그 정당성이 인정되는 경향을 점차 보이게 된다.

기업 환경 변동 및 새로운 기업경영패러다임

첫째, 자유시장경제메카니즘이 도래하면 경기변동의 폭과 깊이가 심화된다. 이 경우는 기업 환경의 불확실성(uncertainty)이 크게 증가됨을 뜻한다. 기업 환경의 불확실성이 높을 때 기업은 스피드(speed) 경영의 필요성이 높아진다. 아이템의 수요변동이나 capacity의 변동을 빠르게 대응하는 스피드 합의도출 및 결정이 매우 중요하다. 스피드는 오늘날 주요한 경영전략의 내용이 되고 있다. 그리고 기업구성원들에게도 역시 스피드가 높은 행위가 필요하다. 그리고 조직의 신축성(flexibility)을 높인다. 경기변동의 흐름을 좇아가기 보다는 포괄적으로 각 조직구성원들이 재량권을 갖고 돌발적인 상황에 스스로 알아서 잘 대처하도록 계층도 많이 줄이고 권한 위양도 크게 위임하고 분권적인 자율(self-regulated)인 조직으로 만드는 방법 따위이다. 오늘날 관료조직을 버리고 유연한 조직으로 나아가는 경향과 관련된다.

둘째, 제 3의 시너지를 창출하기 위한 네트워크 형성의 경향과 위험분산을 위한 시도가 나타난다. 외부로부터 어려운 상황이 도래했을 때 보증 받거나 보호받을 수 있는 외부지원세력과의 관계(relationship) 맺기를 잘 해 두는 방법이다. 그리고 보험(insurance) 및 포트폴리오, 선물, gpt징(hedging) 등 위험분산 방법들이 동원된다. 앞으로 우리나라도 이 분야가 상당히 많이 발전 되리라고 예상된다.

셋째, 자유시장경제메카니즘의 도래로 일반적으로 많은 분야에서의 시장의 폭과 깊이가 확대되고 심화될 것이다. 이는 자본주의 사회적 성격이 더욱 심화된다는 의미가 있다. 종래에는 거래되지 않던 많은 영역들이 시장메카니즘으로 크게 편입된다. 특히 자본시장의 발달, 기업매매시장(혹은 M&A시장)의 등장, 기술노동시장의 등장을 주목할 만하다.

넷째, 자유시장경제메카니즘의 도래로 자본시장의 여러 가지의 제약 및 규제들이 많이 철폐되기에 이르렀다. 주식투자의 일일 상한가 하한가의 폭이 대폭 확대되었으며 외국인들의 투자한도의 규제가 크게 해제되었다. 오늘날은 오히려 역차별의 문제가 제기될 정도이다.

다섯째, 자유시장경제메카니즘의 도래로 말미암은 기업매매시장 혹은 M&A시장의 발달은 경영의 패러다임을 근본적으로 새롭게 혁신시키고 있다. 즉, 전통적인 경영에서 가치경영(Value Management)으로의 전환이다. 종래에는 기업은 창업한 소유자가 계속 운명을 같이하며 조직구성원들과 공동체를 형성한다고 주로 생각하는 풍토였다. 따라서 이때는 기업 소유자가 기업을 매매하고 그 대금을 챙긴 후 직원들을 버리고 떠나면 이는 직원들에 대한 부도덕한 배신자로서 비판을 받기가 일쑤였다. 그러나 자유시장경제메카니즘의 도래로 이제는 기업이란 그 가격이 기업의 매매시장에서 높게 형성되었을 때는 상품처럼 언제든지 적기에 매각할 수 있는 대상으로 인식되게 되었다. 그리고 이때에도 도덕적인 비난을 받지 않을 수 있는 풍토로 바뀐 것이다. 따라서 이렇게 기업을 매매할 수 있는 대상으로 인식될 때의 최고경영자의 경영방향은 그렇지 않을 때 보다 훨씬 더 스케일이 큰 가치경영으로 나아가게 된다.

기업을 매매할 수 없다고 생각할 때의 최고경영자는 주로 당기순

이익의 실현이나 재무구조의 개선만을 추구할 것이다. 이를 전통적인 경영패러다임으로 부를 수 있을 것이다. 그러나 이와는 달리 기업을 매매할 수 있는 대상으로 인식할 때의 최고경영자는 이러한 전통적인 경영패러다임을 포함할 뿐만 아니라 또한 이를 훨씬 넘어서는 보다 더 광범위한 영역의 전략을 추구하게 된다. 즉, 첨단지식 및 기술의 개발 또는 첨단인력의 확보, 조직 및 시스템의 슬림화나 효율성 제고, 각종 관계의 향상, 윤리경영 및 투명경영 등을 통해서도 기업매매시장에서 매매할 수 있는 기업의 가치 자체를 증가시키는 가치경영이라는 새로운 경영패러다임이 등장하는 것이다. 가치경영을 실현하기 위한 전략수립이나 기업성과 평가방법을 BSC(Balanced Scorecard) 기법이라고 한다. 그리고 지식경영은 가치경영의 전략 중에서도 특히 첨단지식 및 기술의 개발 또는 첨단인력을 확보한 때라고 할 수 있다. 대개 첨단기술기업일수록 전통적인 경영전략의 비중이 매우 줄어들고 또한 기업매매상의 기업실제가치와 회계장부상의 기업가치 사이의 괴리가 더욱 커지는 경향이 있다.

여섯째, 지식 및 기술노동시장이 새롭게 등장하게 된다. 종래부터 단순 미숙련 노동자의 노동시장은 존재하여 왔으나 지식 및 기술노동시장은 거의 존재하지 않았었다. 이러한 노동시장이 존재하지 않을 때 지식 및 기술노동자들은 고용상태에서 상당히 높은 연봉을 받게 되지만 실직되었을 때는 대안(代案)이 없어 기회소득은 거의 제로상태가 된다. 반면에 이러한 지식 및 기술노동시장이 발달되었을 경우에는 직장을 벗어나도 기존의 연봉과 별로 차이가 없는 소득을 받을 수 있다. 경우에 따라서는 때로는 직장 밖에서 오히려 더욱 많은 소득을 받을 수도 있다. 이러한 상황에서 각 기업은 유능한 기술인력을 확보하거나 유지하기 위해서는 노동시장의 조건보다 더욱 경쟁력 있는 보상체계로 만드는 것이 반드시 필요할 것이다. 그렇지 않으면 고급 기술 인력이 유출되는 기술인력 공동화 현상을 불가피하게 경험하게 될 것이다. 이를 막기 위하여 기업들은 직능급제를 도입하지 않으면 안 될 것이다. 그리고 오늘날 연봉제의 가장 중요한 핵심 부분은 바로 이러한 직능급제에 근거해야 올바르다고 할 것이다. 보상체계로는 연공급제(Seniority-based payment), 직무급제(Job-based), 직능급제(Skills-based), 성과급제(Performance-based)의 4가지로 나눌 수 있다. 직능급제는 보상을 사람의 능력에 결부시킨 경우이며 반면에 직무급은 보상을 담당하게 되는 일과 결부시킨 것이다. 따라서 환경이 불확실할 경우는 직능급제가 더욱 인력활용의 신축성을 갖을 수 있고 이 경우 다능직능(Multi-skills)이면 더욱 바람직 할 것이다. 그 밖에 직능급은 인력개발을 촉진시켜 노사갈등을 줄이는 효과도 있다.

일곱째, 공급과잉 현상 및 독과점 철폐의 현상이 나타난다. 국내의 기업들이 자동화나 정보화를 통하여 노동생산성이 향상되어 재화의 공급이 증가할 것이다. 뿐만 아니라 국경의 장애가 사라져서 외국의 경쟁력 있는 재화가 물밀듯이 밀어닥치게 된다. 따라서 공급과잉의 상황으로 크게 전환되는 양상을 보이게 된다. 관리경제메카니즘에서부터 자유시장경제메카니즘으로 전환됨에 따라 국내의 독과점 업체들의 수익이 크게 줄고 또한 이 독과점체제의 이익을 유지하기 위한 각종 조합이나 협회들이 거의 유명무실하게 된다. 이는 비단 영리조직의 영역뿐만 아니라 비영리조직 영역의 경우에도 마찬가지로 같은 현상이 나타난다. 의사회, 약사회, 변호사회, 사법서사회, 교육기관 등의 독과점 이익의 체계도 마찬가지이다. 그리고 기존 근로자들의 신분상 독점이익도 역시 앞으로는 크게 붕괴될 것이다.

여덟째, 다품종 소량생산의 경향이 나타난다. 공급과잉(공급>수요)의 상태에서는 수요자들을 성공적으로 확보하기 위한 공급자들 사이의 치열한 경쟁이 생긴다. 경쟁에서 밀려서 수요를 초과하는 공급만큼은 쇠퇴하든지 아니면 시장에서 사라져야 할 것이다. 이러한 공급자들 사이의 경쟁은 역으로 기업의 환경을 더욱 역동적으로 만들고 또한 불확실성을 높이는 원인이 되기도 한다. 공급과잉의 상태와 수요자들을 향한 공급자들 사이의 치열한 경쟁은 고객만족의 경영을 필요로 하며 또한 차별화 고급화의 전략을 필요로 한다. 이 경우는 자연히 다품종 소량생산의 형태를 지향하게 된다. 그러나 오늘날 기업들은 이러한 다품종 소량생산의 경우의 비용 상승의 문제와 시장 점유의 실패 때문에 CAD/CAM, FMS, CIM, SI 등의 정보시스템 기술을 적극 동원하여 다품종 대량생산의 능력을 갖추는 방향으로 그 돌파구를 열어가고 있다. 그리고 TQM(Total Quality Management)은 이러한 공급초과 상황에서 공급자는 수요자로부터 1 점이라도 더 좋은 평가를 받기 위하여 치열한 경쟁적인 노력을 하게 된다. 이제는 내용물의 품질만 좋아서는 경쟁우위를 확보하지 못하게 되었다. 따라서 그 품질관리의 개념과 영역이 더욱 더 확대되어 간다. 디자인, 포장, 가격, 납기, 친절, A/S, 브랜드이미지, 기업이미지 까지 차별화, 고급화 시키지 않으면 안 된다. 이와 같이 품질관리의 개념이 아주 넓어지면 모든 경영활동 자체가 바로 이 확대된 품질관리의 영역과 거의 같아지게 된다.

그리고 자유시장경제메카니즘의 특징으로 말미암아 오늘날 경영패러다임이 크게 변동하고 있다. 그 주요한 변동내용을 다시 요약해 보면 다음과 같다.

첫째, 가치경영의 패러다임이 나타난다. 당기순이익이나 재무구조의 개선 등과 같은 전통적 경영 패러다임에서부터 더욱 넓은 경영전략의 체계를 갖는 가치경영이라는 새로운 패러다임으로 전환하게 되었다. 이를 뒷받침하는 경영전략수립 방법 및 평가방법으로서 BSC기법이 많이 활용되고 있다. 전통적인 재무적인 측면분만 아니라, 첨단기술의 확보 및 인재육성, 조직 및 시스템의 경쟁력 그리고 각종 기업관련자와의 관계 개선 등이 기업 전체의 가치를 향상시키는 요인이 됨을 의미 한다. 이러한 가치경영은 자유시장 메카니즘의 발달로 기업이 전체적으로 거래의 대상이 될 때 나타난 현상이라고 하겠다.

둘째, 지식경영이 나타난다. 가치경영 중에서 특히 첨단지식 및 기술의 추구와 개발, 그리고 이들의 고급인력을 확보하고 육성하는 문제를 강조할 때 지식경영이라고 한다. 기업은 이러한 지식경영의 방법을 통하여 기업 자체의 가치의 향상을 실현할 수 있다고 본다. 지식은 형식지와 암묵지로 나누고 형식지는 책이나 데이터베이스 등으로 기록이 가능한 것이며 반면에 암묵지는 사람과 결부있는 지식이다. 전자는 지시전수를 위하여 주로 시스템의 개발에 투자하나 후자는 인간관계를 향상시키는 데 주력하게 된다.

셋째, 네트워크(network) 경영이 나타난다. 기업을 정보처리 메카니즘으로 보고 네트워크 형성과 관리를 기업 활동의 본질로 보는 것이다. 이를테면, 매우 방대한 회원 가입자의 확보에 성공한 IT산업의 포탈시스템(portal system) 자체로 말미암아 매우 높은 기업가치로 인정받는 경우와 같다. 오늘날 많은 체인점이나 다국적기업과 같은 정보처리형 기업의 속성이 이러한 네트워크 경영이다. 이것은 바람직한 경영자에 대한 패러다임이 옛날에는 통제 중심이었던 반면 점차 네트워크 중심으로 나아가게 한다.

넷째, 윈윈(Win-win) 전략 경영을 많이 취하게 된다. 기업간 서로 경쟁하기 보다는 무진장한 제3의 이익의 영역을 새로이 개척하기 위하여 상호 협력의 길로 가는 것이다. 협력 관계의 맺기(collaboration)와 타협 및 협상(negotiation)의 접근이 중시된다. 이것은 오늘 기업 환경이 매우 불확실하고 급변하며 대규모의 투자와 대규모의 기회가 동시에 다가오는 상황과 밀접한 관련이 있다. 개별기업의 단독으로는 감당할 수 없는 거대한 투자와 기회를 각 기업들 사이의 긴밀한 협력으로서 이러한 대규모 프로젝트에 공동 대처하여 능히 공동이익을 추구할 수 있는 것이다. 오늘날 바람직한 경영자의 능력도 조직의 통제(control) 보다 점차 외부의 관계 맺기(relationship) 방향으로 그 비중이 더욱 옮아가는 이유도 여기에 있다고 할 것이다. 기업 내부적으로도 기술혁신 혹은 조직혁신을 통하여 기업경쟁력 향상을 통한 공동이익의 추구의 영역이 존재하게 되었으며 제 관계자들 사이의 타협과 협상이 이루어지는 윈윈전략의 경영이 중시되었다. 특히 오늘날 협력적 노사관계가 여기에 해당되는 대표적인 예이다.

다섯째, Broad leadership이 중시된다. 윈윈전략의 경영은 자기집단을 다른 집단에 대비하여 더욱 경쟁적으로 승리하기 위한 리더십 발휘가 아니라 여러 외부의 관련 조직들과 함께 발전하고 공동이익을 추구하는 큰 그림(big picture)를 그리며 조직공동체(community organization)의 조직생태학(ecosystem)적인 접근을 취하는 것이다. 따라서 수직적이며 계층적이고 조직통제적인 리더십이 아니라 오히려 수평적으로 보다 개방되고 포용하는 넓은 마음의 리더십이 요청된다.

여섯째, 직능급제와 연봉제이 적용된다. 자유시장 경제메카니즘이 도래되고 노동시장이 발달함에 따라 일반적으로 지식경영이 강조된다. 기업들은 고급인력의 능력이나 기술에 근거하여 보상하는 직능급제의 비중을 높여야 한다. 직능급제는 보상이 사람 자체와 결부되는 방법이다. 만약에 이 직능급제가 노동시장의 형성된 임금 조건에 비하여 더욱 경쟁적이 되지 못하면 고급인력들을 당연히 외부로 유출되기 때문이다. 그리고 연봉제의 원래의 기본 취지는 이러한 직능급제를 바탕으로 새로운 보상체계를 만드는 것이다.

5. 금융자유주의에 대한 국가공권력의 통제

공권력이 없는 자유사회

물론 공권력이 너무 강하면 자유를 잃을 수 있다. 반면에 공권력이 완전히 없는 진공상태가 되면 과연 어떤 사회가 될까? 아마도 조직폭력배나 고리대금업자 및 마약상이 활개치고 이들이 사회를 주도하게 될 것이다.

금융자본거래를 완전히 자유화되면 어떤 결과가 나타날까? 이 경우도 역시 마찬가지이다. 공권력이 없는 완전 자유주의 상태의 사회여건 하에서의 자본은 우선 조폭, 고리대금, 매점매석 및 마약판매 등이 결합한 세력이 장악하고 주도할 것이 뻔하다. 더군다나 정보기술로 무장한 스피드와 파생상품 등의 복잡성은 더욱더 공권력을 무력하게 만들 것이다. 지금의 글로벌 금융위기는 오늘날 세계적인 자유주의 경제체제의 및 자유주의 정치상황 속에서 세계의 각국의 공권력이 이 거대한 금융 강패의 세력과도 같은 국제금융재벌 세력 및 국제투기꾼들의 횡포를 통제하지 못한데서 기인한다. 이들은 세계 주요 화폐발행권을 장악하여 화폐발행과 초인플레이션을 이용하여 세계의 부를 강탈하고 또한 소위 "화폐과잉공급 및 긴급회수전략"

을 통하여 파산한 부동산과 자산을 헐값으로 매수하고 하여 금융자본 재증식을 향하여 치닫고 있으며 더욱더 빈익빈 부익부의 사회로 몰아가고 있다.

따라서 이러한 공권력 없는 사회는 오직 약육강식의 정글의 법칙만이 존재하는 양상일 것이다. 결국 가난한 자들의 존재가 점차 사라지고 구매력이 소진되며 결국 점차 부자들끼리도 서로 물어뜯고 싸우는 때까지 이러한 약육강식이 계속될 것이다. 이 과정에서 전세계의 경제의 거품이 빠지며 심각한 경제적 침체현상이 빚어질 것이지만 날로 빈익빈부익부의 비율은 더욱 강화될 것이다. 그리고 이때 국가, 공권력 및 법적 규제조차도 자본을 소유한 강자의 편에 서서 그들의 도구가 될 것이다. 국제적이든 국내적이든 그 약육강식의 야만성 적용의 법칙은 동일하다. 따라서 순수한 민주주의에 근거하여 세워진 국가 및 세계의 공권력만이 이러한 국제적 금융재벌의 세력에 대항하거나 통제할 수 있다. 그 외에는 전혀 다른 방법이 없다.

부동산이나 자산의 가격이 아주 조금씩 인상하는 것이 세계경제를 안정화시키기 때문에 세계의 대부분의 국가들은 이를 애써 지향하고 있다. 반면에 국제금융재벌세력들은 화폐의 무제한 발행 및 화폐의 과잉공급에 의한 경기과열과 그 직후 갑작스러운 자본회수에 의한 국가, 기업 , 개인의 파산이 자본재증식에 더욱 효율적이기 때문에 이러한 극심한 경기변동을 의도적으로 유도한다. 국제금융재벌세력과 공권력의 지향하는 바는 이 점에서 상호 근본적으로 다르다. 즉 국가 공권력은 경제를 안정시키려고 하나 국제금융세력은 속성상 경제를 마구 흔들어 대는 것이다. 그런데 만약 국가 공권력마저도 민주세력이 아니라 금융재벌세력이 장악 하면 더욱 경기변동이 심해지는 것이다.

오늘날의 국제금융재벌의 세력은 세계의 각국의 공권력을 압도하여 그 통제에서 거의 완전히 벗어나 있는 실정이다. 개별 국가의 공권력은 이 국제금융재벌 세력과 영향력의 증대로 말미암아 상대적으로 더욱 왜소해진 것이다. 미국도 물론 결코 예외가 아니다. 미국의 공권력 조차도 이들의 세력을 제대로 통제하지 못할 뿐만 아니라 오히려 이들의 수단적 도구적 앞잡이 노릇을 하는 형국이 되고 있다. 자유주의 세계질서 혹은 자유시장 경제체제는 정치적 의회주의와 그 속성을 같이하여 형식적 정치적 민주주의를 구현하는 듯하나 실질적 경제적인 민주주의는 이러한 국제금융재벌세력에 의하여 점차 실종되어 가고 있다. 그리고 진정한 의미에서 각 국가들의 독립이 위협받고 있으며 국민 개개인의 인권들이 이러한 실질적 경제적 민주주의의 실패 및 역행으로 말살되어 가고 있다. 이는 당초 대중에 의한 민주주의의 공권력이 자본을 많이 가진 자의 극 소수를 위한 비민주적 공권력으로 변질되는 형상이 초래되면서 국제금융재벌 세력에게 국가 공권력의 사실상 종속되는 양상을 지니게 된 것이다.

자본과 공권력의 대결에서 자본의 규모가 작을 때는 자본이 국가의 공권력 하에 존재할 수 있었다. 그러나 지금 형성 되고 있는 세계의 총자본덩어리의 규모는 이제 이러한 개별 국가 공권력의 통제를 거의 완전히 벗어난 것이다. 자유와 자본은 공교롭게도 그 지향하는 속성이 같다. 자본은 자유 속에서 형성되었고 또한 자유하에서 그 운영 및 증식이 보다 더 용이하였다. 그러나 이러한 자본은 자유주의시장경제체제와 병행하여 발전한 자유주의적 의회정치 속에서 그 주도세력을 구축하며 국가 공권력을 오히려 자신들의 자본 증식을 더욱 효율적으로 촉진하기 위한 수단적 도구로 전락시키고 있다. 따라서 이제는 대중을 기반으로 한 진정한 민주주의 공권력에 의하여 국제금융재벌세력을 통제하는 세계시스템이 필요하다. 각국의 공권력이 공조하여 이러한 통제를 담당해야 할 각각의 몫이 있겠지만 전반적으로 세계적인 차원에서의 통제도 필요하다. 세계정부의 통제라고 해서 긍정적인 측면만이 있는 것이 아니다. 이 세계정부도 극소수의 국제금융재벌의 수단적 도구로 떨어지게 되면 더욱 악조건의 상황으로 치닫게 됨은 말할 것도 없다.

국제금융재벌세력의 치부방법

자본과 노동이 결합하여 부가가치를 창출하던 과거의 생산양식이 동력화, 기계화, 자동화, 정보화 등을 거치면서 노동을 생산현장에서 점차 배제시키며 자본 스스로 재생산을 가능케 하는 생산양식으로 대변동이 이루어졌다. 이러한 기술혁신을 먼저 달성하여 생산양식의 대변동을 가능케 했던 선진강대국들은 자신의 이러한 강력한 경쟁력을 바탕으로 더욱 효율적인 자본재증식을 위하여 해외로 진출하여 개방적 글로벌 자유시장경제체제의 질서를 만들어 나갔다.

사회주의 견제세력이 무너진 이후 세계의 총자본 덩어리는 기술혁신에 의한 자본이 스스로 자본을 재생산하는 생산양식의 대변동을 통하여 마치 굴레 벗은 말처럼 질주하였다. 세계의 총자본 덩어리는 스스로의 재증식을 향하여 전 세계를 하나의 시장으로 통합시키고 국경을 무력화시키면서 약소국들의 유치산업을 초토화시켰다. 그리고 자연을 파괴하고 자원을 고갈시키고 인류의 고상한 문화, 전인교육, 진리탐구의 학문들을 시장체계에 편입시키고 종속시켰다.

글로벌 자유시장경제체제는 정보화기술로 더욱 스피드가 붙었으며 세계총자본이 자본재생산을 하기에 더욱 호조건의 능율성 있는 환경을 만들었다.

인류사회에는 고대 중세로부터 꾸준히 생산, 약탈, 전쟁, 착취 등을 통하여 잉여물이 축적되어 왔다. 더군다나 중세기 말의 세계 무역을 통한 상업자본의 형성 및 산업사회의 산업자본의 형성은 이러한 잉여물 혹은 잉여금의 축적을 가속화시켜 왔다. 그러나 이것은 점차 금화 혹은 지폐의 화폐로 전환되어 금융자본을 형성하였다.

초기에는 금화, 은화등 귀금속들이 화폐로 등장 하였지만 점차 화폐발행 및 증가가 쉬운 지폐가 등장하였다. 지폐는 초기에 일정부분의 금태환이 이루어졌지만 나중에는 완전 금태환이 불가능한 지폐가 일반화되었다. 지폐는 화폐를 만들어내는 비용에 비하여 액면 가액이 너무나 크기 때문에 화폐발행의 마진이 아주 크다. 따라서 이러한 화폐발행권을 누가 갖느냐는 매우 큰 이권의 문제가 아닐 수 없다. 보유한 금을 근거로 한 금태환 지폐 발행이 아니라 이제는 국가의 미래의 국민 세금을 담보로 한 채무지폐의 성격이 일반적이다. 지폐의 발행으로 잉여물 및 잉여금의 축적이 대부분 금융자본으로 전환되었다. 생산양식의 대변동으로 산업자본이 스스로 산업자본을 재생산하는 형태에서 더 나아가 "금융자본이 스스로 금융자본의 재생산"을 가능케 하는 효율적인 글로벌 금융시스템을 만든 것이다. 즉, 국제금융재벌세력은 자신들의 금융자본의 재증식을 통하여 더욱 극단적으로 빈익빈 부익부의 세계질서를 만들어 나갔다.

국제금융재벌 세력은 화폐발행권을 장악하고 발행한 화폐를 소유한 후 이를 방출할 때마다 국가로부터 국가채무이자수입을 획득하고 전세계를 향하여 기축통화제도를 고수함으로서 인플레이션에 의한 부의 이동을 시도한다. 그리고 전 세계에 "과잉유동성과 긴급회수전략"의 반복을 통하여 수많은 국가들에게 외환위기를 초래케 하여 헐값으로 파산한 기업이나 부동산을 매입하여 이익을 챙긴다. 뿐만 아니라 자원독점, 과잉대출 및 고리대금을 활용, 파생상품의 거래를 통하여 부를 증식하여 나간다. 더군다나 인터넷 관련 정보기술의 발달은 이러한 금융거래를 빠르고 효율적으로 진행시키는 촉진 역할을 하고 있다. 국제금융재벌세력들의 치부 방법을 좀 더 체계적으로 정리하여 보면 다음과 같이 열거할 수 있다.

첫째, 우선 화폐발행권을 장악하는 방법이다. 화폐의 발행할 때 거기에 드는 비용은 그 액면가격에 비하여 훨씬 적다. 더군다나 금 지금이나 금화로 바꾸어 주는 것을 보장하지 않는 지폐를 발행하는 각 나라의 경우는 더욱 그 마진이 클 것이다. 글로벌 금융위기와 같은 상황이 발생하면 각국의 금융기관이나 기업들의 부도를 막기 위하여 혹은 각국의 외환위기를 극복하기 위한 구제 자금이나 스와프 자금을 위하여 더 많은 달러의 발행을 요구하게 된다. 달러 이외의 각 나라의 화폐 발행의 경우도 마찬가지이다. 지금 달러를 발행하는 미국연방준비은행(FRB)는 미국의 중앙은행으로 인식되고 있지만 실제는 주로 유태인이 그 지분을 갖는 민영은행이다(쑹훙빈, 2009, 화폐전쟁). 이 FRB는 미국 정부로부터 독립되어 있다. 이들의 세력이 지배하는 대부분의 유럽 선진국들의 중앙은행도 역시 마찬가지의 상태이다. 그리고 그 화폐발행권에 의한 이익을 전 세계로 확대함으로서 이를 더욱 증대하기 위하여 더 나아가 세계은행 성격의 기구를 통한 화폐발행권 장악의 방법이다. FRB의 의장을 미국대통령이 임명한다고 해서 FRB가 미국 정부와 동일시되는 것은 결코 아니다. FRB 기관은 연방(Federal)이라는 명칭을 사용하여 마치 공공기관인 것처럼 세상 사람들에게 혼란을 주었다. 가장 주요한 문제는 발행한 화폐를 누가 소유하느냐의 문제이다. 발행된 화폐는 소유자가 누구든 그의 이권이 되고 있다. 미국정부 및 미국 국민들이 이 발행화폐를 소유하지 못하고 항상 채무의 형태로 빌려가는 것이다. 발행된 화폐를 이와 같이 빌려서 가져가느냐 아니면 채무의 부담 없이 그냥 가져가느냐가 판단의 기준이다.

둘째, 채무화폐의 발행 방식이다. 화폐발행권자는 화폐를 발행하여 정부에 제공할 때 그 국가의 국민들의 미래의 세금 수입을 담보로 하는 채권을 매입하는 방식으로 발행한다. 이는 채무화폐의 성격을 갖으며 화폐의 발권은행은 이러한 채권에 대한 매년 이자를 수입으로 갖는다. 미국 정부는 스스로 화폐를 발행하여 쓰지 못하고 필요한 화폐가 있을 때 마다 FRB에게 빚을 지는 형태가 되었다. 물론 역사적으로 이러한 채무화폐 발행의 방식을 정지시키기 위하여 국제금융재벌 세력과의 치열한 투쟁을 하였으나 결국 실패하였고 지금 아무도 이러한 구조를 바꾸지 못한다. 링컨, 케네디 대통령의 암살 및 레이건 대통령의 암살 미수사건은 이러한 문제와 관련이 있다고 보는 견해도 있다(쑹홍빈, 2009).

셋째, 전쟁에 의한 화폐 특수를 노리는 경우가 있다. 세계 제 1차, 2차 대전을 통하여 엄청난 화폐가 발행되었고 국가들이 채무를 지게 되었다. 전쟁의 배후에는 언제나 이러한 화폐의 발행권자들의 이해관계가 매우 밀접하게 관련되어 있음을 부인할 수 없다(쑹홍빈, 2009). 구조적으로 국제금융재벌의 극단적인 자본재증식의 한 방법으로 전쟁을 항상 필요로 하고 있다.

넷째, 각 국가의 외환위기 상황 이용하는 방법이다. 이를테면, 달러를 과잉으로 공급하였다가 갑자기 긴축을 함으로서 각 나라를 외환위기에 빠뜨린다. 투기자본을 앞세워서 국가경제를 뒤흔드는 것이다. 그리고 이러한 외환위기 때문에 국가부도 상황의 악조건에서 가격이 땅바닥으로 떨어진 기업 및 부동산을 아주 헐값으로 매입한 후 이를 되파는 방식이다. 달러를 충분히 공급하여 경제를 정상화시킴으로서 구입한 기업 및 부동산을 높은 가격으로 만들어 놓고 이를 팔아서 큰 이익을 챙기는 방식이다.

외환위기에 빠진 국가들에게 IMF나 IBRD를 통하여 구제 금융을 대부할 때는 국제표준회계처리, 은행 BIS기준요구, 자본시장개방화, 재벌해체, 고금리정책요구, 관세율인하 및 수입제한 및 금지 철폐 등의 요구를 하여 기업들이 갑작스러운 악조건의 기업환경으로 말미암아 부도를 맞을 때 이를 국제재벌금융 혹은 이들이 사주하는 국제투기꾼들이 더욱 싸고 유리한 조건으로 매입을 한다. 이 방식으로 IMF때 우리나라가 철저히 당한 것이다. 고위험 투자의 헤지펀드나 기업사냥꾼의 벌처 펀드(Vulture fund) 등의 활약이다. 골드만삭스와 같은 미국투자은행도 이러한 이미지를 벗어나지 못하였다(한국경제, 2009. 8. 4).

이 모든 과정은 국제금유재벌들이 어항 속에 물고기를 키우는 것과 같다. 금융재벌들은 마치 어항에 물을 붓듯 시중에 돈을 풀어 경제 주체에게 대량으로 화폐를 주입한다. 돈을 풀면 각계 각층에서 더 많은 돈을 벌 욕심으로 밤낮을 가리지 않고 일해서 부를 창출하는데, 어항 속의 물고기가 각종 양분을 흡수해 점점 살이 오르는 것과 같다. 금융재벌들이 수확의 시기가 왔음을 알고 어항의 물을 빼면, 물고기들이 잡혀 먹히는 순간을 기다리는 수밖에 없다. 그리고 이 어항의 물을 빼고 고기들을 처분하는 시기는 금융재벌 그들만이 알고 있다. 경제의 발전과 쇠퇴, 재산의 축적과 증발은 모두 금융재벌이 진행하는 과학적 사유이 가져오는 필연적 결과이다(쑹훙빈, 2009, pp.117). 밀턴프리드먼(Milton Friedman)은 FRB가 1929-1933년 사이에 통화유통량의 3분지 1이나 감축했으며 그 결과 세계 경제 대공황을 몰고 왔다고 보고 있다(쑹훙빈, 2009, pp.173). 세계 경제의 불황으로 말미암은 인류의 비극의 대부분의 책임은 이를 책동한 FRB 및 국제 금융 세력들이 져야 할 것이다.

다섯째, 인플레이션을 조장하는 방법이다. 하이인플레이션으로 경제가 망가진 역사적 경험으로는 독일 바이마르 공화국 당시 100조 마르크짜리 지폐를 발행할 정도였다. 벽지를 사는 것 보다 지폐로 벽을 바르고 장작을 사는 것 보다 돈을 직접 태우는 것이 더 싸게 먹힐 정도에까지 물가가 폭등하였다. 독일국민들은 이러한 경제 혼란의 주범을 유태인들로 보고 극도로 이들을 증오하였다. 유태인들은 그 당시 독일의 금융권을 장악하고 화폐발행권을 가졌으며 독일의 재산의 약 80%를 장악하는 재벌세력들이었다. 그리고 자원 및 생필품의 매점매석하여 국민들에게 극심한 고통을 주고 폭리를 취하는 인간들로 비쳤다. 따라서 누구든지 앞장서서 유태인들을 비난하면 할수록 정치적 지지도가 높아졌으며 히틀러의 파시즘이 이러한 경제적 정치적 상황을 잘 이용하여 등장한 독재정권의 좋은 예가 된다. 인플레이션은 민주주의와 상극이다.

1980년대에 영국으로부터 독립했던 짐바브웨가 지금도 비슷한 하이퍼인플레이션으로 비참한 고통을 격고 있다. 시장에서 계란 3개를 사려면 100억 짐바브웨 달러가 필요하다. 맥주한잔을 마실려면 2000만 달러짜리 지폐 3묶음을 내 놓아야 하고 빵 한 덩어리를 살려면 더 큰 부피의 돈을 아예 자루 채 내 놓아야 한다. 지금 인플레이션은 매년 몇 억 %씩 증가하고 있다. 짐바브웨 역시 무가베의 극도의 독재정권이 들어서 있다. 외국인 자산을 강제로 빼앗고 물건을 소유하고 있는 자는 의무적으로 강제로 싸게 팔아야 한다. 역시 인플레이션은 역시 시장경제와 민주주의를 파괴시키고 있는 경우이다. 그리고 하이퍼인플레이션은 인류를 극도의 가난으로 내몰아 죽이는 길이다. 헝가리도 지난날 전후에 4000조 % 인플레이션을 겪은 바 있으며 1980년대에 아르헨티나도 수십억 %의 물가상승률을 기록했다. 2001년 터어키도 한때 오버나이트 하루 금리가 7000%에 이를 정도로 물가상승을 경험하기도 했다.

돈 풀어 거품을 만들고 이 거품으로 발생한 글로벌 금융위기를 다시 돈 풀어 해결하려는 지금의 이 경제위기의 처방은 다시 또 더 큰 거품 붕괴를 불러올 것은 자명한 일이다. 그리고 이를 해결하기 위한 더 큰 화폐공급과 이에 의한 더 큰 인플레이션을 대처하기 위한 강력한 공권력의 등장은 쉽게 독재 정치 체제로 나아가게 될 것이다.

다섯째, 귀금속, 유가증권 및 주요 원자재 자원의 매점매석을 통한 방법이다. 금이나 은을 집중적으로 매집하여 가격을 올리거나 과도하게 방출하여 가격을 떨어뜨리는 작전을 통하여 막대한 그 차이 이익을 노리는 방법이다. 주식이나 채권 등의 유가증권이나, 석유, 철광석, 곡물, 천연가스 등의 매점매석을 통하여 가격을 조작하는 것이다.

여섯째, 파생상품을 개발하여 위험성이 크지만 높은 이익을 꾀하는 방식이다. 이번 글로벌 금융위기의 시발점으로 보는 부실주택담보부채권의 거래시장도 이러한 파생상품의 일종이다. 파생상품은 신용창출을 통한 추가 화폐 발행 공급의 효과가 있으며 유동화 과정을 통한 과도한 대출을 추진하는 전략이기도 하다.

일곱 번째, 전 세계의 주요 다국적 기업에 투자하고 세계 시장 차원에서 주요 상품의 독과점을 꾀하는 방식이다.

여덟째, 고리대금의 불공정 거래이다. 아프리카는 경제적으로 보면 미래의 희망이 거의 없다. 왜냐하면 아무리 열심히 일하고 경제를 발전시켜도 외국의 금융채무의 이자의 규모가 너무나 크기 때문이다. 아프리카 전체의 매년 GDP 합계가 약 2조 달러로 추산되는데 금융이자가 약 3조 달러나 이르기 때문이다. 독일이 세계 제 1차 대전 직후 베르사이유 조약에서 과다한 전쟁배상금 때문에 히틀러 정권이 나타나고 제2차 대전이 나타났듯이 아프리카도 유사한 전철을 밟을 가능성이 있다.

IBRD의 통계에 따르면 1980-1986년 사이에 세계 100여 개 채무국이 국제금융재벌들에게 지급한 이자만 해도 3260억 달러이며 원금 상환으로 3320억 달러를 지급했다. 개발도상국들은 1980년도의 4300억 달러의 채무를 갚는데 6580억 달러의 비용을 지출했다. 그렇게 했는데도 1987년 109개 채무국들이 연체한 금액이 1조 3000억 달러나 되었다. 이렇게 이자가 눈덩이처럼 불어나고 있으니 개발도상국들이 아무리 발버둥 쳐도 채무를 갚지 못하는 상황이 된 것이다. 이에 국제금융재벌과 IMF는 채무국의 파산을 신청받아 그 절차를 진행했다. 은행재벌들의 채무해결방안을 수용한 나라들은 수많은 핵심 자산을 헐값에 내주었다. 여기에는 수도, 전기, 천연가스, 철도, 전화, 석유, 은행, 등이 포함되었다. 국제금융재벌세력들이 계획한 세계경제의 "통제하면서 해체하기"의 살상력이 얼마나 치명적인가를 실감하게 되었다(쑹훙빈, 2009. p.311).

저개발 국가들은 경쟁력이 약한 산업들이 선진국의 강력한 산업에게 밀려 초토화되었다. 이들 국가들의 보호무역주의 정책이 철회

되는 즉시 유치산업들이 망하고 그 대신 고리의 외국의 상품과 자본이 들어온다. 일차적으로는 이 나라의 자연환경이 파괴되는 대가로 유해 산업쓰레기를 발생시키는 석유화학산업들이 들어온다. 그리고 이차적으로는 채무 자본의 원리금을 지불하기 위하여 자원이나 그 채굴권을 헐값으로 팔아치우게 된다. 그리고 3차적으로는 채무 자본 원리금을 지불하기 위하여 유흥 산업 및 성매매가 창궐하게 된다. 4차적으로는 원리금을 지불하기 위하여 더 대가를 치를 것이 없으면 범죄적인 인신매매, 마약 및 장기 밀매, 인권유린, 인체 실험 등이 불법적으로 이루어진다. 세계보건기구(WHO)에 관한 뉴스에 의하면 전 세계의 인구의 1억이 기아에 허덕이고 매년 3000만 명이 굶어 죽는다고 보고하고 있다. 이러한 인류의 불행의 가장 큰 근본적인 원인은 국제금융재벌 세력에 의한 자본주의 세계시스템의 모순 때문이라고 본다.

파생상품 통제의 움직임

최근 우리나라 은행들은 대출대비 예금의 비율인 예대율을 낮추고 또한 낮은 금리로 자금을 조달하기 위해 주택담보대출을 담보로 한 MBS 발행을 추진해 왔다. 그러나 금융당국이 차입자의 동의를 반드시 받도록 요구하고 나섰기 때문에 하반기 추진 중인 주택저당채권(MBS) 발행에 제동이 걸렸다. 따라서 각 은행들은 당초 예상했던 유동화 규모를 크게 줄여야 한다. 은행들이 MBS를 발행할 경우 주택담보 대출자산을 특수목적회사(SPC)에 넘기기 때문에 집을 팔 때 기존 대출을 넘겨주는 명의 변경도 불가능하다(한국경제, 2009. 8. 5).

부실채권 발생에 대한 공권력의 통제가 얼어붙은 채권시장을 더욱 마비시킬 우려도 있다.

금융위기의 발생지인 미국의 오바마 정부는 파생상품 감독 규정에 관한 최종판을 마련하여 11일 미 의회에 제출했다(매일경제, 2009. 8. 13). 만약 이 법안이 최종 확정 되면 60조 달러 규모의 신용파생상품 시장은 급속히 위축될 것으로 보인다. 이 법안에 따르면 미국은 규제가 힘들었던 장외 신용파생상품을 감독이 가능한 거래소나 전자시스템을 통해 거래되도록 유도할 방침이다. 거래관계가 매우 복잡하고 쌍방 간의 다양한 계약에 따라 거래 내역이 불투명해 신용파생상품은 지금까지 감독의 사각지대에 놓였었다. 손실도 동시 다발적으로 연쇄성을 가졌고 그 손실규모도 파악하기가 힘들었다. 앞으로는 파생상품의 가격형성 과정이나 거래과정을 투명하게 하고 거래에 따른 위험을 낮추자는 구상이다. 이는 지금까지 금융권의 무분별한 파생상품의 투자가 서브프라임모기지 부실문제로 금융위기를 몰고 왔다고 판단하기 때문이다. 앞으로 파생상품이 금융시스템에 몰고 온 위험을 줄이고 투자자에게 손실을 입히는 잘못된 투자관행을 억제하는데 초점을 맞추고 있다. 표준화 되지 않은 맞춤형 파생상품에 대해서는 높은 증거금을 요구하여 표준화된 파생상품의 거래소를 이용하도록 유도하고 미 증권거래위원회(SEC)와 상품선물거래위원회(CFTC)는 비은행파생상품 딜러들을 감독할 수 있도록 하였다. 그리고 FRB는 그 위에서 신용파생상품 청산거래소(ICE)를 감독할 더 큰 권한을 갖게 되었다.

국가공권력의 통제능력

견제와 균형(Checks and Balance) 혹은 반권력(counter-power)은 매우 중요한 문제이다. 흔히 효율성을 중시하는 조화(Harmony)를 중시하는 경향이 많으나 통제를 위한 갈등(Conflict)도 역시 매우 중요하다. 갈등은 민주주의의 본질이며 그리고 인권존중을 가능케 하는 근원이다. 그리고 이는 윤리적이고 투명하며 공정한 조직 사회를 만드는데 꼭 필요한 메카니즘이기도 하다.

한번 비유적으로 설명해 보자. 강자는 약자에게 어떤 행위를 할 수 있을까? 강자는 약자에게 어느 정도 까지 가해할 수 있을까? 인간을 포함한 모든 생물의 세계에는 약육강식(弱肉强食)의 법칙이 일반적으로 존재하여 먹이 사슬의 체계를 이루고 있다. 가령 횟집에 가면 도마 위에서 물고기가 처참하게 난도질당한다. 그러나 그 집 주인은 물고기의 고통에는 아랑곳 하지 않는다. 횟집 주인은 물고기에 대하여 절대적인 힘을 갖고 있다. 푸줏간의 소가 도살당할 때도 소는 아무런 저항을 하지 않고 도살자의 도살 행위는 그냥 사무적으로 당연한 일을 하는 일상사일 뿐이다. 옛날에는 노예의 주인에게 그의 생사여탈권이 달려 있었다. 죽이든 살리든 오직 강자인 상전의 마음에 의존한 적이 있었다. 강자와 약자 사이의 절대 권력사이에서는 상호 넘지 못할 신분(Status)이 있고 강자가 약자에게 할 수 있는 가해 행위는 무제한(無制限)이었다.

그런데 어느 사냥꾼이 밀림에서 사자가 지나가는 것을 보았다. 사자를 향하여 총을 쏘고 싶지만 혹시 실패하여 자신이 잡아먹힐까 봐 발사를 자제하였다. 사자도 총을 든 그 사람을 보았지만 과거 총소리에 놀란 적이 있는 사자는 사냥꾼을 노려만 보다가 슬금슬금 사라졌다. 이 경우 사냥꾼과 사자는 서로가 서로에 대하여 견제하는 힘, 즉 견제권력(counter-power)을 가졌기 때문에 서로가 서로에게 가해하지 않고 평화적으로 헤어지는 무언의 타협을 한 것이다. 사냥꾼과 사자의 생존은 이 견제권력과 타협에 의하여 죽어야 할 어느 한 쪽이 보존된 것이다.

근래에 "쇼생크의 탈출"이라는 영화에서 교도소의 폭동을 그린 적이 있었다. 지나치게 교도소 수감자에 대한 교도관들의 학대에 반발한 실화를 바탕으로 만들어진 것인데 그 뒤에 교도소 수감자들의 재 폭동을 우려하여 수감자들의 인권과 자유를 상당히 보호하는 민주적 장치를 마련하였다고 한다. 근로자가 단결하여 일으키는 노사분규는 사용자로 하여금 근로자의 근로조건 및 작업안전과 환경에 대하여 무분별한 횡포를 부리는 것을 막게 한다. 노동조합법은 근로기준법에 의하여 제대로 보호되지 못하는 경제적 약자인 근로자들의 지위 상태를 근로자들 스스로가 단결된 조직적 힘을 형성하여 강자인 사용자를 견제케 하기 위한 법적 취지를 갖고 있다.

독재자가 권력남용 및 잔학한 횡포를 자행할 때 국민이 저항하여 그를 처벌한 역사를 갖고 있으면 그 다음 통치자는 국민의 저항권을 두려워하여 국민의 자유와 인권을 존중하게 될 것이다. 이러한 권력을 가진 자에 대한 저항권은 견제권력이며 이 견제권력으로 약자들의 생존과 자유 인권을 보장받게 된다. 영국의 민주주의는 청교도혁명으로 왕권을 제약한 마그나카르타 협약에서 출발하였고 프랑스의 민주주의는 프랑스혁명에 의한 루이 16세와 귀족들의 단두대 처단과 같은 절대 권력의 제한 혹은 타도에 근거하고 있다. 이러한 견제권력을 중심으로 사회구성원 사이의 광범위한 타협이 이루어지는 질서를 우리는 사회계약이라고 한다. 주권재민(主權在民)에 의한 공화제는 왕정을 아예 없애면서 국민이 뽑은 통치자와 맺는 사회계약의 성격을 갖는다. 손문이 주장한 민권주의의 요체는 이러한 주권재민 민주주의의 공화정 성격을 갖는다.

절대적 권력의 시대에서 상대적 권력의 시대로 옮아가는 것은 신분의 사회에서 계약의 사회로 옮아가는 것을 의미한다. 신분사회를 타파하고 근대사회로 이행할 당시 유럽의 루소는 사회계약론을 제창하였다. 그리고 존 로크와 몽테스큐는 견제권력의 중요성을 강조한 권력분립 이론을 주장하였다, 이는 홉스가 묘사했던 바와 같은 만인에 대한 만인의 투쟁과 같은 약육강식의 야만적 사회에서 점차 인간의 자유와 생명이 보존 되는 문명사회로 이전됨을 말한다.

인간의 생명, 자유와 평등, 인권, 인격 존중 및 양심 보존은 이러한 견제권력 사이의 타협적 사회적 계약의 산물이다. 그리고 이것은 절대적 권력관계인 신분사회를 극복한 근대 문명사회의 탄생으로 인간이 누리는 진보된 삶의 모습이다. 그 서로 견제하는 권력이 상호간에 평등하고도 균형을 이루면 이룰수록 불평등하고 어느 한쪽에 치우친 경우보다 더욱 더 잘 보호될 것이다. 분명히 견제와 균형은 민주주의를 가능케 하는 가장 주요한 일차적인 환경 여건이다.

자유주의는 양면성을 갖고 있다. 사회계약은 신분에서 해방되어 각 의사결정의 주체들이 자기 책임 하에 자율적으로 상호간 거래, 협상 및 타협을 하여 합의에 이르는 것을 말한다. 이 때 계약당사자들의 자기결정성과 거래 행위 그리고 자유경쟁이 보장되는 것은 정치적 형식적 민주주의에 해당된다. 이러한 정치적 형식적 민주주의는 자유로운 세력 경쟁을 통한 교환적 속성상 정치적 의회주의와 시장의 확대 발전을 가져왔다. 이 정치적 형식적 민주주의는 이로 말미암은 불평등 현상을 막기 위하여 등장하는 경제적 실질적 민주주의인 민생주의와 차이를 갖는다. 중국의 손문도 이를 각각 민권주의와 민생주의로 표현하여 구분한 바가 있다.

사회계약은 그 속성상 각 주체들이 갖고 있는 권력이나 견제권력, 과거의 각각의 영향력 경험과 그리고 현재, 및 미래의 영향력 가능성 등이 반영된 내용이 될 것이다. 사회계약은 일반적으로 대개 불평등한 사회계약으로 이루어지며 평등한 사회계약은 오히려 상당히 특수한 경우라고 할 것이다. 그리고 아주 극단적인 불평등한 사회계약은 약자로 하여금 신분사회의 구성원 상태와 별로 다를 바 없게 한다. 즉, 신분사회와 계약사회 사이는 권력배분의 불평등 정도에 따라 그 속성들이 다양한 상호 관계로 나타난다.

채무자가 너무 금전이 급박하여 어느 악덕 사채업자에게 매우 높은 고리대금이자나 신체포기 각서를 써주는 계약은 매우 불평등한 계약일 것이다. 이 때 채무자는 비록 계약상의 권리, 의무를 갖지만 심각하게 그 사채업자에게 신분적으로 종속된 상태일 것이다. 깡패가 어느 건물소유자를 협박하여 헐값에 그 건물을 넘길 때 비록 그 거래계약서를 작성 하였지만 이는 건물 소유자가 협박에 못 이겨 한 것으로 순수한 자유의지에 의하여 매각한 것이라고는 보기 어렵다. 따라서 분명한 것은 비록 계약사회라고 하더라도 극단적으로 어떤 압력에 못이겨 이루어진 불평등한 사회계약은 강자에 대하여 약자가 그의 견제권력으로 거의 견제하지 못한 신분사회의 상태와 마찬가지라는 점이다.

불평등한 사회계약일 경우에는 여기에 불만을 품은 구성원들 당사자들이 언제든지 기회를 봐서 이러한 사회계약을 자신들에게 유리하게 변동하려고 다시 시도할 것이다. 그리고 간혹 강자들도 역시 약자들에 대하여 기존 사회계약을 파기하고 약자를 공격하여 더욱 새로운 불평등 사회계약을 맺으려고 시도할 것이다. 불평등 사회 계약의 속성은 강자는 더욱 자유롭게 약자는 더욱 부자유스럽게 만드는 것이다. 이러한 경우는 사회가 역동적으로 변동하는 사회변동의 원인이 될 수 있다. 이 변동이 점진적 평화적으로 진행되는 경우도 있지만 혁명적 파괴적으로 이루어지는 경우도 있다. 사회계약은 그 사회구성원들의 현실적인 권력배분 상태를 반영하게 되며 사회계약과 권력배분 상태의 양자 사이에 차이나 모순이 발생할 경우에는 사회의 역동적인 변동의 원인이 된다.

자유 민주주의와 시장 메카니즘을 생각해 보자. 민족(혹은 국가)는 대외적인 타민족과의 관계에서 가급적 평등한 거시적인 사회계약이나 조약을 체결하려고 한다. 약자의 방어적인 민족주의는 강자의 공격적인 민족주의와는 달리 도덕적 민주주의가 될 수 있다. 이는 민족주의 역량으로 이러한 평등적 계약관계를 달성하면 그 민족의 정치적 자율성이 국제적으로 평등하게 확보되기 때문이다. 이는 또한 파생적으로 내국민의 자유와 정치적 민주주의를 실현할 공간의 정도를 더 확대할 수 있기 때문이다. 즉 민족주의는 내국인의 민주주의를 실현할 수 있는 범위를 실현하는 의의가 있다.

민족은 국제적으로 평등적 사회관계를 달성한 수준의 범위 내에서 내 국민의 사회계약을 허용하는 틀을 규정하게 된다. 이는 대개 헌법이나 법률로서 규정 된다. 국가와 개인 간의 관계는 공적(公的)인 사회계약 혹은 공법(公法) 관계로, 그리고 개인 간의 관계는 사적(私的)인 사회계약 혹은 사법(私法) 관계로 규정된다. 이러한 공법 및 사법관계는 내국민의 민주주의와 자유를 향유할 수 있는 틀인 셈이다. 그리고 이러한 정치적 민주주의의 수준은 시장 메카니즘을 활성화시키거나 거래를 제한하는 정도를 결정하는 원인이 된다. 이 정치적 민주주의와 시장 메카니즘은 경쟁과 교환이라는 동일한 논리적 속성으로 같은 방향으로 나아가는 것이다. 공법은 내국인 스스로가 실질적인 권력을 행사하지 않더라고 상호간의 사적인 경쟁 및 계약 체결을 공정하게 하기 위하여 경쟁 및 거래의 틀을 규정한 것이다. 내국인들은 이러한 공법 및 사법 그리고 기존의 계약의 틀 안에서 합법적으로 최대한 자신에게 유리한 활동을 하려고 경쟁하는 노력하는 것이다.

정치적 민주주의의 확대와 공정한 규범은 시장의 메카니즘을 매우 발전시키고 경제발전의 원동력이 될 것이다. 그러나 이러한 정치적 민주주의는 반드시 경제적 민주주의의 실현으로 이어지지는 않는다. 비록 정치적으로는 자유를 향유하고 있다 하더라도 경제적으로는 점차 돈의 노예가 가난한 사람들이 점차 많이 나타나는 것이다. 정치적 민주주의의 보장 하에 자유 경쟁의 과정이 누적됨에 따라 다시 사회적 불평등 구조는 더욱 심화되고 이는 다시 역으로 자유 민주주의를 위협하는 원인으로 나타나는 것이다.

이러한 경제적 민주주의에 관한 관심의 필요성을 손문은 민생주의(民生主義)라고 하였고 특히 대토지 소유제를 개혁하는 지권평균제(地權平均制)를 주장 하였다. 오늘날 중국의 경제가 러시아의 경제와 다르게 매우 발전하는 것은 국내적으로 사회의 효율성을 극대화시키는 적정불평등을 유지하는 환경이 되었기 때문이다. 사회적 전체 효율성의 극대화는 정치적 민주주의와 경제적 민주주의를 조화시키는 것이다. 즉 자유와 평등을 조화시키는 것이다.

그리고 민주주의와 민족주의의 관계를 고찰해 보자. 민족이 국제 민족간 세력 경쟁을 통하여 어느 수준의 거시적인 민주적 평등관계를 달성하였다 하더라도 내국인에게 미시적으로 어느 정도로 정치적 민주주의를 부여될 것인가는 전혀 별개의 문제이다. 민족주의를 외부적 견제 관계인 거시적인 측면과 내부적 견제관계인 미시적인 측면은 다른 차원으로 접근할 필요가 있다. 가장 대표적으로 체제의 형태가 영향을 주는데 자본주의와 공산주의는 국민에게 주는 자유의 정도가 상당히 다르다.

개인의 자유, 권리, 인권 등은 민주주의가 지향하는 궁극적 목표와 내용이라고 한다면 견제와 균형을 통한 사회계약은 이를 추구하는 민주주의의 방법이나 형식이라고 할 것이다. 민주주의를 정의할 때 이 양자를 혼선을 빚는 경우가 많다. 민주주의의 목적이나 내용을 강하게 표방하는 어떤 세력이 있다고 하더라도 이는 결코 민주주의와 전혀 상관이 없는 결과를 낳을 수 있다. 민주주의를 실현하려는 올바른 방법이나 형식이 뒷받침되는 세력이 아니면 민주주의 세력이라고 결코 보기 어렵다.

사회학자 마이클(Michael)은 그의 "과두지배의 철칙(The Iron Law of Oligarchy)"라는 그의 이론에서 아무리 좋은 이념을 가진 조직도 점차 세력이 커지면 과두지배 곧 독재로 떨어진다고 말한다. 있다. 즉 이념의 성격과 조직의 성격은 다른 문제임을 지적한 것이다. 사랑과 인간존중의 이념을 가진 기독교가 중세시대를 거치면서 그 종교조직이 비대해짐에 따라 수많은 사람들을 종교재판이나 마녀사냥 등으로 화형에 처하는 잔학성을 지녔다. 그리고 인간의 해방을 꿈꾸는 공산주의가 점차 권력을 장악하게 되자 인간을 대량학살하고 무참히 인권을 탄압하는 프로렐타리아 독재체제로 가게 됨을 역사적으로 여실히 보아왔다. 어느 권력집단 민주주의 이념을 표방한다고 해서 반드시 민주주의 사회를 실현하는 것은 아니다.

약소국의 거시적 대외적 민족주의는 민족 간의 민주주의를 다루는 도덕성을 지닌다 할지라도 미시적 대내적으로는 얼마든지 자국민들에게 독재체제로 나타날 수가 있다. 따라서 민족 내에서도 자국민들 사이의 민주주의를 실현하려면 역시 권력의 집중을 막고 분립된 권력들 사이의 견제와 균형에 의한 삼권분립체제가 확립되어야 한다. 민주주의 발전을 위해서는 민족주의의 도덕적 이념을 지나치게 강조한 나머지 삼권분립의 정신을 무시하는 과오를 경계하여야 할 것이다. 그리고 또한 사회구성원들이 자기 결정의 영역을 넓히고 공정한 경쟁과 절차의 룰을 규범으로 만들며 또한 시장 메카니즘을 확대시켜야 할 것이다.

경제발전과 민주주의는 밀접한 관계가 있다. 자본주의 세계체계의 거센 물결이 우리나라에 밀어 닥치고 자유시장경제 메카니즘으로 전격 개방됨에 따라 정치적 자유 민주주의는 더욱 확대되는 경향이 있다. 반면 우리 사회의 환경은 매우 불확실해 지고 있으며 빈익빈 부익부(貧益貧富益富)의 경제적 불평등구조는 더욱 심화되고 있다. 자기결정, 경쟁, 교환, 타협의 성격을 갖는 자유민주주의는 그 본질적 속성상 자유시장 경제 메카니즘과 같은 것이다. 의회민주주의도 본질적으로 보면 정치 세력 사이의 거래 시장이라고 볼 수 있다.

따라서 자유민주주의가 발전하면 자유시장경제 메카니즘도 동시에 발전하고 반면에 자유시장경제 메카니즘이 발전하면 자유민주주의도 함께 발전하는 것이다. 즉, 이 양자는 상호 보완적 영향을 미치는 것이다. 그런데 자본주의 세계체계의 강력한 영향력은 개별 국가들이 세계 전체의 시장과 결합되어 있는 자유시장경제 메카니즘을 제약하지 못하게 하고 있다. WTO, FTA 협약 체계는 이런 역할을 하고 있다. 그러나 우리나라 정부도 필요에 따라 공권력으로 이러한 자유시장 경제메카니즘에 제약을 가할 필요가 있을 때가 있다. 이 경우 내국인이나 기업에게는 제약을 가하나 외국인이나 외국기업에게는 그것이 불가능하여 역차별의 현상을 빚는 경우도 있다.

국가가 자유시장 경제메카니즘을 제약하는 이유로는 국가가 공공의 이익을 위할 때, 많은 세금을 거두어야 할 때, 경제적 불평등구조를 시정해야 할 때, 사회복지를 실현해야 할 경우, 수출을 증대시켜야 할 때 그리고 인플레이션이 심할 때 등이다.

가령 만약에 우리나라가 외환위기를 다시 직면하게 된다면 외환부족으로 말미암아 나라를 마비되는 것을 막기 위하여 외채를 많이 들여오든지 아니면 외환 획득을 위하여 반드시 수출을 증대시켜야 할 것이다. 수출을 인위적으로 억지로 증대시키기 위하서는 수출단가를 낮추어야 하며 이를 위하여 불가피하게 노동자의 임금인상 및 노사분규 억제를 위한 공권력을 사용하게 한다. 그리고 나라 전체의 세금을 보다 많이 징수하여 수출업체의 경쟁력을 집중적으로 지원하게 된다. 그리고 다른 한편 저임금 근로자들이 생존하는데 지장이 없도록 농산물 가격을 통제해야 함으로 결국 공권력으로 농민도 탄압하게 된다. 더구나 만약에 인플레이션이 되면 수출단가가 더욱 떨어지게 해야 함으로 더욱 노동자와 농민을 더욱 옭죄게 된다. 그리고 정부에 대한 불만 저항도 탄압하지 않을 수 없게 된다. 이와 같이 국가의 경제와 국민의 자유는 밀접한 관련이 있다. 현재 우리나라의 노동자 농민의 자유 수준과 민주주의 정치 체제는 경제발전과 밀접한 관련이 있다.

사회윤리와 통제시스템도 갈등 메카니즘과 관련이 있다. 사회윤리 및 부정부패의 방지는 민주주의와 밀접한 관련이 있으며 또한 그 민주주의의 척도라고도 할 수 있다. 권력을 가진 자가 횡포를 부리거나 월권을 하는 것을 잘 견제하고 막아야 이 나라의 사회윤리 및 부정부패의 방지가 가능하기 때문이다. 정부의 권력을 국민들이 잘 견제하고 감시하지 못하면 독재가 이루어지고 국민들의 인권이 침해당할 수 있다. 뿐만 아니라 권한남용을 통하여 엄청난 부정부패를 저지를 수도 있게 된다. 이를테면 지금은 회수불가능한 과거 수 십 조원의 공적자금의 행방을 국민들은 도무지 알지도 못한다. 우리 국민들은 이러한 대규모 비리의 권력자들에 대하여 엄격하고도 정확한 심판을 하여야만 나라가 깨끗해지고 올바른 민주주의 질서를 확립할 수 있게 된다.

사회윤리는 사회구성원들의 정신적인 도덕성이나 개별적 양심에게만 맡길 수 없다. 적절히 견제 및 감시를 하는 통제시스템이 갖추어지지 않으면 그 실현이 불가능한 것이다. 이 통제시스템은 마치 무시험 감독으로는 수험생들의 부정행위를 잘 저지할 수 없는 논리와 흡사하다. 오늘날 민주사회를 이루는 민중운동에 큰 주역을 담당했던 대기업들의 강력한 노동운동의 지도부들이 때때로 비윤리 및 부정문제로 수사를 받고 있다는 뉴스를 접하고 있다. 뿐만 아니라 이들은 중소기업에 비하여 매우 고임금의 상태임에도 불구하고 기업들의 경영 및 생존이 불가능할 정도로 극단적인 노사분규를 계속함으로서 국민들로부터 이제는 견제와 감시를 받아야 할 지탄의 대상으로 간주되고 있는 듯 하다.

투명한 조직을 만들거나 직장에서의 윤리 실현도 민주주의를 사회 전반에 뿌리를 내리는 문제와 관련된다. 직장에서의 민주주의와 윤리실현은 바로 나라 전체의 민주주의와 사회윤리 실현에 도움을 주는 밑거름이 될 것이다. 이 직장 조직의 문제도 권력 남용이나 횡포를 견제할 감시할 수 있는 통제시스템과 관련이 있다. 우리나라의 크고 작은 수많은 조직들은 이러한 통제시스템의 부재나 부실로 많은 비윤리적 비리가 발생하고 있다. 국제기관에서 조사하는 사회적 윤리 측정 지수가 우리나라의 경우 매우 낮은 것은 이러한 이유에 연유한다고 본다. 서구의 윤리 지수가 높은 것은 결코 개개인의 심성이 우리들 보다 도덕적이기 때문이 아니라 바로 이러한 통제시스템의 발달 때문일 것이다.

최근 우리나라 금융기관에서 무려 수백억 원 규모의 금융사고가 자주 일어나는 것은 오늘날 우리나라 사회 전반의 사회윤리의 실정을 단적으로 말해주는 것이다. 부정을 저지르는 범죄자가 완벽하게 문제를 무마할 수 있는 완전범죄의 자신과 능력을 충분히 갖출 때 비윤리적 범죄가 일어날 가능성은 매우 높은 것이다. 금융기관뿐만 아니라 공무원 조직, 공기업, 사기업, 심지어는 병원, 군대, 학교 등에서도 마찬가지이다. 이러한 비윤리적 범죄를 막을 주 있는 제도적 장치, 즉 통제시스템이 잘 갖추어지지 않은 그 조직의 구성원들의 인권침해는 물론이고 또한 귀중한 자원들도 줄줄 밖으로 새 나간다고 보면 틀림이 없다. 그리고 이는 조직의 경쟁력을 크게 훼손시켜 파멸에 이르게 하기도 한다.

이러한 통제시스템은 기존의 규정 자체를 무시하고 권한 남용이나 월권을 하는 것을 감시하는 것을 포함하여 비리를 잘 견제하는 통제시스템의 새로운 규정, 제도 및 조직을 잘 만드는 것도 중요하다. 예를 들면 서구 사회처럼 윤리위원회(Ethics Committee), 내부고발제(Whistle Blowing)나 징벌적배상법(Punitive Damage Act) 등은 검토할 만한 제도이다.

우리나라 기업들은 최근에 기업 환경의 급변에 따른 조직혁신을 할 때 효율성(Efficiency)을 위한 수평적 프로세스 혁신(Horizontal

Process Innovation)에 치중한 경향이 있다. 이제는 윤리 경영을 통제시스템을 구축하기 위한 수직적 프로세스 혁신(Vertical PI)도 함께 하여야 할 필요가 있다. 이 경우에는 통제시스템을 정교하게 만들기 위한 상당한 전문적인 지식 및 기술도 필요할 것이다.

세계자본덩어리의 무한 권력

중심국(Core)을 중심으로 한 거대한 자본의 덩어리인 세계의 자본주의 세계체계(World system)는 대규모 사람들의 유대(Solidality)에 의한 사회주의 세계체계를 대부분 붕괴시키고 홀연히 자본증식의 자기 길을 질주하고 있다. 즉, 자본주의 세계체계에 대한 사회주의 세계체계의 견제 권력(counter-power)이 사라지고 자본주의 세계체계가 독주하게 되었다는 뜻이다. 그리고 산업사회에서의 빈번하고 치열한 노동 분규로 말미암은 자본 측의 부담은 점차 동력, 자동화, 자동화, 정보화 등의 첨단기술로 그 노동을 대체(代替)하는 방향으로 나아가고 있다. 이는 생산과정에서 인력을 배제시키고 "자본이 스스로 자본을 재생산"하는 생산양식(Mode of production)의 대변동의 속성을 갖는다. 그리고 산업자본이 복잡성, 광역성, 스피드 거래의 특징으로 자본 재증식에 더욱 효율적인 금융자본으로 전환됨에 따라 "금융자본이 스스로 금융자본을 재생산"하는 생산양식 형태로 더욱 진화한다.

오늘날 세계의 역사를 움직이는 세계총자본덩어리는 좀 구체적으로 록펠러의 스텐다드오일 그룹 및 국제금융재벌들과 결탁한 금융의 거두들이다. 이 중에서 가장 영향력 있는 세력은 유태계의 로스차일드가이다. 이들은 FRB의 화폐발행권 및 금리조정권한으로 미국 정부를 조정하면서 미국민 및 세계인의 재물과 자원을 수탈하고 있는 것이다. 뿐만아니라 이들은 신문과 잡지 그리고 방송 등 대부분을 통제하고 정치인들에게 강압적인 영향력을 행사하여 이들의 부패에 동원시키고 있다(쑹훙빈, 2009, p.147). 최근 글로벌 금융위기를 겪으면서 많은 사람들이 국가의 공권력에 의한 금융통제를 주장하고 있으나 이는 오히려 정부의 권력위에 있는 세계자본의 권력을 더욱 강화시켜 착취를 더욱 쉽게 하는 파시즘체제로 변동하는 꼴이 될까 우려된다. 따라서 "공권력의 금융통제의 문제"는 결코 단순하게 쉽게 생각할 수 없는 진퇴양난의 구조로 되어 있다.

자본주의 세계체계의 중심국인 경제적 제국주의 선진자본 국가들은 전 세계에 각 나라의 국경을 타파하고 자유시장 경제체제와 정치적 민주주의를 확대하고 있으며 전 세계의 문화를 하나의 산업주의 문화로 수렴시키고 있다. 기술혁신으로 생산양식의 혁명을 먼저 달성한 나라들은 그 우위의 경쟁력을 해외로 진출시킴으로서 국제적 자유 교환의 이익을 계속 축적하여 자본주의 세계체계를 더욱 강화시키고 있다. 반면에 주변국의 나라들은 선진 자본을 침탈로 착취상태를 면치 못하고 있다. 엄청난 외채에 대한 원리금의 상환 압력으로 극도의 내핍생활이 요구되고 있으며 환경산업, 폐기물의 장소가 되고 있으며, 섹스 산업, 장기 매매 등의 인권 침해적 교환도 자행되고 있다고 한다.

선진 자본국은 국내에서 비록 경제적 불평등이 심하더라도 세계체계의 중심부에 속함으로서 대대적인 해외 진출로서 판로를 넓혀 오히려 고용 증대를 촉진하고 있다. 또한 해외에서 벌어들인 자본잉여물의 축적된 여유는 자국 내 훌륭한 사회복지의 실현을 가능케 하고 있다. 그리고 삼권분립을 통하여 높은 수준의 정치적 민주주의를 실현하고 있다. 그러나 대외적으로 보면 이들 선진자본국의 자본은 자유교환의 명분으로 무자비하게 약소민족들을 착취하는 이중적 체제 혹은 이중적 도덕성을 지니고 있다. 그리고 국제적 독점적으로 자본이익을 향유하고자 국경을 넘어 자본과 상품의 자유로운 상호이동은 장려하지만 반면에 국제간 인적자원 이동은 극히 제한을 가하고 있다.

지금 굴레 벗은 말처럼 질주하며 약소민족들을 착취하는 자본주의 세계체계의 세계자본덩어리의 세계적인 권력을 견제할 수 있는 충분한 힘을 가진 존재는 이제 지구상에는 아무도 없다. 우리나라 민족도 역시 이 도도히 흐르는 이러한 거대한 역사적 흐름을 거역할 수는 없다. 다만 민족의 생존을 위하여 현재의 반주변국(semi-pheriphery) 상황에서 우리 자신이 자본주의 세계체계의 중심국인 선진자본국 수준으로 더 가까이 나가는 수 밖에는 다른 방도가 없다. 개별국가의 작은 공권력으로는 저항 및 선택 문제에는 한계가 있다.

경제체제 형태로는 원래 자본주의 세계체계에 대응하는 방식에 따라 자유시장경제메카니즘, 관리경제메카니즘, 폐쇄경제메카니즘의 세 가지가 있다. 우리나라는 특히 IMF 외환위기를 계기로 자본주의 세계체계의 팽창 압력을 크게 받아들여 관리경제메카니즘에서 자유시장경제메카니즘으로 크게 변환하였다. 이로서 우리의 국경이 활짝 개방되어 무한 경쟁의 시대가 열리고 자유시장경제메카니즘이 국내외로 확대되어 우리나라 사회 전체에 큰 영향을 미치고 있다. 그리고 이러한 변화는 기존의 정치, 경제경영, 사회, 문화 등의 패러다임을 근본적으로 변혁시키고 있다.

세계총자본의 권력은 우리나라의 재벌의 해체와도 관계가 있다.

우선 우리나라의 재벌의 형성 과정을 보면 역사적 필연성이 있다. 우리나라의 근대화 초기에는 산업이 유치한 수준이었고 국제경쟁력이 떨어져 보호무역주의가 불가피하였다. 이때에 국내에서 기업 활동을 먼저 시작하여 자본축적을 이룬 기업가가 자본의 추가 증식을 위하여 새로운 투자처를 모색하지 않을 수 없었다. 그러나 동일한 제품으로는 국내시장이 이미 포화된 상태이고 반면에 해외로 진출하기에는 아직 기술수준이나 국제경쟁력을 갖추지 못했다. 이 때에 이 자본기업가들이 할 수 있는 유일한 길은 국내에서 다른 종류의 아이템(items)을 찾아 다양한 진출하는 것이다.

따라서 우리나라 재벌은 문어발식으로 수 십 개의 기업을 거느림으로서 국내의 모든 종류의 산업을 독점하는 탐욕스러운 형태를 띠게 되었다. 우리나라는 그간 산업화의 속도가 매우 빨랐기 때문에 일본처럼 이런 재벌의 모습이 두드러지게 되었다. 그리고 이는 국민들 사이의 빈부격차에 대한 위화감을 조장시켰다. 더군다나 경제 개발을 강력히 추진해 오던 과거의 군사독재 정권들이 이러한 재벌들과 긴밀히 결탁하여 큰 사업을 추진하고 또한 각종 특혜적 이권과 정치자금을 상호 수수하였기 때문에 오늘날 민주화운동의 과정에서 재벌이 크게 비판을 받고 재벌해체론 까지 등장하는 지경에 까지 이르게 되었다.

그러나 재벌은 우리나라 경제발전에 지대한 공로를 갖고 있다. 재벌은 그 강력한 자본력과 조직력, 정보력으로 해외무역을 강력히 추진할 수 있었다. 별다른 자원이 없는 우리나라는 수출만이 살 길인데 재벌은 그간 이를 매우 잘 수행하여 주었다. 뿐만 아니라 수입장벽의 역할에도 매우 효율적이었다. 재벌들에게 속한 산하 기업들과 그 사원들 및 사원가족들은 자기들이 속한 재벌의 상품을 주로 사용함으로서 외국 상품이 들어오는 것을 잘 막아서 우리나라의 외화 유출을 절약한 셈이다. 예를 들어, 현대의 기업과 그 사원들의 가족은 현대컴퓨터, 삼성은 삼성, 대우는 대우, LG는 LG컴퓨터를 사용하는 방식이다. 재벌은 신규 투자사업 때에 그 위험부담을 산하 여러 기업에서 서로 상부상조함으로서 분산시키고 있다. 그리고 재벌은 정부와 서로 힘을 합쳐 우리나라 대규모 기간산업들을 육성하는데도 큰 역할을 하였다.

외국에서는 우리나라의 재벌들이 정부와 결탁하고 또한 재벌 소속 기업들 사이 상부상조함으로서 엄청난 국제경쟁력을 확보하여 자신들의 시장을 공략하여 빼앗는 것을 불공정경쟁으로 보아 심히 못마땅하게 생각해 왔다. 이러한 외국의 재벌에 대한 불만 수준은 그만큼 우리나라에게는 재벌이 국제경쟁력 상 유리했었다는 것을 확실히 반증하는 것이다. 우리나라 IMF 외화위기 때 외국 자본을 유치하는 조건으로 갑자기 IMF가 은행의 BIS(Bank for International Settlements) 기준을 제시함으로서 대기업에 대한 대출을 갑자기 크게 제한하여 또한 재벌 관련 기업 간 상호출자금지 및 투명성을 요구함으로서 우리나라 재벌의 해체를 추진하려고 한 적이 있다. 우리나라 은행이 국제결제기능을 유지하기 위하여 부채 비율을 일정 수준으로 낮추지 않을 수 없었고 이는 재벌로부터 갑작스러운 자금 회수로 이어져 재벌 대기업들이 엄청나 부도 위기를 경험하게 되었다.

이 때 재벌 대기업들의 주식은 폭락하거나 일부 재벌 소속 기업들은 헐값으로 매각되지 않을 수 없었다. 이 때 교활한 외국의 국제투기자본들은 이 때를 절호의 기회로 삼아 아주 적은 자금으로 우리나라 재벌들의 대기업들을 인수하여 갔다. 그러고는 화폐공급 완화정책으로 이 기업들을 다시 정상화 시킨 후 즉시 그 부동산이나 고정자산을 고가로 대거 팔아치워서 수익 실현 하여 처음 출자 자본을 거의 모두 회수해 간 반면 주식지분은 그대로 유지하고 있는 것이다. 요즈음도 정부가 재벌비리를 조사하거나 언론에서 정치비자금 등으로 재벌을 비판하거나 심지어는 시민단체들이 재벌들의 비윤리 문제를 공격할 때 마다 외국 투자 자본은 위기에 처한 재벌의 대기업들을 IMF때와 같은 수법으로 날름날름 먹어 삼키고 있는 것이다. 이는 그야말로 우리나라를 국제투기자본의 놀이터로 만들어 우리나라의 국부(國富)를 엄청나게 유출시키는 일이 아닐 수 없다. 따라서 우리나라의 많은 재벌 비판자들은 지금까지 하나는 알고 둘은 모르는 셈이다.

재벌이 우리에게 주는 단점은 부익부빈익빈의 불평등 심화 문제이고 국민적 위화감 조성의 문제이다. 그리고 각 분야의 문어발식 확장으로 창의적인 첨단 기술력을 가진 소규모의 신생 중소기업 기업들이 재벌기업들의 규모나 자금력 때문에 공정 경쟁을 하지 못하고 아깝게도 망한다는 점이다. 그러나 사업 종류의 영역이 확장된 문제점은 앞으로 그리 걱정하지 않아도 될 것이다. 점차 세계화되고 개방화됨으로서 재벌도 국제경쟁력을 확보하기 위하여 국제경쟁력의 비교우위가 있는 분야만을 선정하여 이를 집중적으로 투자하여 키우고 나머지는 정리하여 자금회수를 하지 않을 수 없는 상황이 도래하고 있기 때문이다. 그리고 재벌의 문어발식 확장은 보호무역주의 시대의 산물이고 세계체계의 중심국으로 진입하는 과정에서는 당연히 이러한 문어발식 현상의 해소가 불가피하기 때문이다.

그리고 재벌의 또 다른 해악의 하나는 연쇄부도의 문제인데 이를 더 살펴보자. 재벌의 대기업 전체의 자본금의 극히 작은 비율을 갖고 있음에도 불구하고 재벌 전체의 경영권을 장악하는 모순을 내포하고 있다. 이것은 재벌 소속 기업 간 상호출자와 상호보증의 방식으로 얽혀져 있기 때문이다 그런데 이러한 재벌의 결합방식은 어느 한 기업이 위기에 빠지면 연쇄 부도로 이어지기 십상이다. 심지어는 이 경우 나라 전체의 경제를 곤경에 처하게 하고 국가의 국제 신인도에도 타격을 주어 국가경제 전체를 위기로 몰고 갈 수도 있다. 따라서 재벌에 대하여 상호출자 및 상호보증 제도를 제한하고 그 대신 일방적인 자회사 투자 방식인 지주회사(Holding Company) 형태로 나아가는 것은 바람직한 일이다.

재벌은 오늘날과 같이 대규모 투자와 대규모의 기회가 같이 찾아오는 급변하는 첨단복합기술 시대에는 매우 국제적인 경쟁력의 강점을 지니는 네트워크(Network) 체제인 것만큼은 틀림이 없다. 우리나라가 자본주의 세계시스템의 선진 중심국으로 진입하기 위해서는 기존의 재벌의 역할을 잘 활용하는 것이 필요하다. 즉 재벌의 장점은 살리고 단점을 줄이는 방식으로 접근하는 것이 바람직하다. 재벌은 아직도 외국의 자본 세력들이 매우 경계하고 싫어하지만 역으로 우리나라의 입장에서는 경제발전의 견인차이기 때문이다.

자본(Capital)의 힘과 유대(Solidality)의 힘

세계자본덩어리의 무한 권력을 통제하기 위한 시도가 이번 글로벌 금융위기를 기하여 적극적으로 시도 되고 있다. 그리고 각 국가들 차원에서도 금융자유주의 피해를 인식하고 국내외 금융거래 및 자본재증식 과정에 대한 감시와 감독을 구상하고 있다. 자유시장경제체제에 대한 반론이 일고 보호주의로 돌아가려는 움직임도 있다.

원래 돈에 대한 통제는 자유에 대한 통제로 연결된다. 금융자유주의에 대한 국가공권력의 통제가 아주 극단적일 경우는 민주주의가 실종되고 필연적으로 독재체제가 등장한다. 극우 파시즘 체제, 국가자본파시즘, 프로렐타리아 독재가 이에 해당된다. 그런데 만약 이러한 국가공권력통제가 온건할 경우는 적정한 국가권력의 간섭과 기능이 이루어지는 의회민주주의, 복지주의 국가의 형태가 된다.

첫째, 만약에 금융자본에 대한 국가공권력의 통제가 오히려 완전히 국제금융재벌세력 및 그 관련 세력들에 의하여 장악되어서 이루어지는 경우에는 극우 파시즘이 된다. 즉, 국가권력이 자본으로부터 나오는 경우이다. 이는 제국주의이론에서 비판하는 독재체제이며 이 세계자본 세력들이 국가권력을 지배하고 팽창하는 과정에서 1차 2차 세계대전 혹은 식민지 전쟁을 일으켰다고 보는 것이다. 이러한 세계적 대자본가들의 세력들은 국가의 입법 행정 사법 기능을 이들의 수중에 장악하고 자본재증식을 위한 도구로 철저히 수단화 했을 때이다. 따라서 이는 비록 국가공권력이 금융자유화를 통제하는 형식이기는 하나 대자본이 소자본의 재산증식과정을 통제하여 더욱더 빈익빈 부익부의 자본재증식을 초래하는 속성을 가진 독제체제이다. 이때는 국제금융재벌세력들이 국가권력보다 상위에 존재하기 때문에 이것이 국가공권력에 의한 금융 통제라고 오해하면 대금융자본의 세력들에게 속기 쉽다. 이 경우는 무늬만 공권력 통제일 뿐 사실상 국민들의 유대(solidarity)에 의한 국가 권력에 의한 자본 및 금융에 대한 통제가 완전 실패했음을 의미한다.

둘째, 국민들의 수적인 우세 및 유대에 의한 국가권력으로 금융통제를 하는 독재를 국가자본파시즘이라고 한다. 처음에는 국가권력이 국민으로부터 나왔지만 독재체제로 바뀐 경우이다. 2차 세계대전 중의 독일, 이태리, 일본의 3나라를 일반적으로 파시즘 체제라고 부르지만 보다 엄밀한 의미에서 보면 독일의 경우는 좀 다르다. 이태리나 일본은 앞에서 언급한 극우 파시즘 독재이라면 독일은 국가자본파시즘이라고 해석할 수 있다. 독일의 경우는 국민 유대(solidality)에 의한 국가권력이 독일의 주도적인 국제금융재벌세력을 통제하는데 성공한 케이스이다. 1차 세계 대전 직후에 독일의 경제는 완전히 피폐하여 절망상태였다. 인플레이션이 수억 퍼센트로 폭증하고 국가의 금융 산업 및 재산의 80%이상을 유태인들이 장악하였다. 국민들의 유태인들에 대한 증오감은 극에 달했고 이들의 세력을 통제하려는 열망에서 히틀러 같은 독재자를 출현시켰다. 히틀러 정권은 무려 600만 명에 이르는 유태인들을 가스실로 보내어 학살하고 이들의 재산을 강제로 빼앗아 국가소유 혹은 독재자의 소유로 만들고 국제금융재벌세력을 독일에서 뿌리를 뽑았다. 그러나 2차 세계 대전에서의 패전으로 이러한 국가자본파시즘은 그 한계점에 다달았다.

셋째, 극우파시즘과 국가자본파시즘 사이의 차이는 전자가 자본에 의한 국가권력이고 후자는 유대에 의한 국가권력이라는 점이다. 그러나 이 양자 사이에는 공통점이 있다. 비록 통제과정에서 독재로 말미암아 극도의 자유의 제한이 있지만 모두 재산의 재인 소유 및 시장체제를 허용한다는 점이다. 그러나 유대에 의한 국가권력의 성격을 갖으면서도 재산의 개인소유 및 시장거래 메카니즘을 파괴하고 계획경제를 실시한 사회주의 극좌 프로렐타리아 독재체제가 있다. 이 체제도 국가권력이 처음에는 국민들에서부터 나왔지만 독재체제로 변질된 경우이다. 이는 구소련 및 동구유럽 등이 해당되며 이들이 만든 사회주의 세계체계는 결국 자본주의 세계체계와의 경합에 져서 붕괴하여 버렸다. 이들의 사회주의 체제는 창의성 및 기술혁신의 열등화, 근로 동기유발의 실패로 생산성 저하, 당 간부들의 재산사유화 경향으로 자본주의와 권력투쟁에 실패하여 역사 속으로 사라졌다.

극우파시즘, 국가자본파시즘, 극좌프로렐타리아의 3가지 독재체제는 모두 통제라는 특성으로 국민들의 자유와 인권을 유린한 속성을 갖는다. 따라서 의회민주주의는 자본의 집중 및 횡포가 적고 또한 국가권력의 통제 및 독재가 느슨할 때에만 가능하다. 다원적인 자본소유 및 다핵적인 국가권력의 소유가 존재하여 이들이 상호 견제할 때 민주주의, 시장주의, 의회주의가 가능함을 역사적으로 파악해 볼 수 있다. 따라서 민주주의, 시장주의, 의회주의는 서로 나란히 병행하여 진행하는 속성을 지녔으며 매우 아슬아슬하게 피어난 역사의 여린 꽃과 같은 것이다. 사회에는 적정자본집중과 적정권력집중이 필요하다. 자본에 의한 권력이든 유대에 의한 권력이든 어느 쪽으로 극단에 이르면 독재체제가 되는 것이다. 그런데 만약 이 양자의 권력이 완전히 대등한 수준이면 사회의 갈등 해결의 기능이나 리더십기능 부재하여 오히려 무질서의 사회가 될 가능성이 많다. 유대의 권력과 자본의 권력 사이의 적정한 격차가 효율적이면서 동시에 민주적인 사회가 될 것이다.

마지막으로 복지국가 체계는 국가권력이 적정하게 자본 및 금융통제를 하는 체제이다. 세금이나 법규로서 자본의 세력을 통제하고 그 혜택을 일반대중에게 돌리는 방식이다. 그러나 이러한 공권력이 총자본세력에 밀려 그 적정 통제를 달성할지는 의문이다. 그리고 필자는 치열한 국제적 무한경쟁의 시대의 복지국가체계에서는 경쟁과 복지의 영역을 상호 분리하는 민생주의를 주장한 바가 있다(남중헌,

신삼민주의, 2003).

정치적 권력적 불평등 구조를 어느 정도로 하는 것이 가장 사회적 부(富)의 창출 및 경제적 발전을 가져올 것인가? 중국의 경제발전의 폭발의 예에서 볼 수 있듯이 이를 위한 최적의 불평등 구조가 존재한다고 본다.

사회의 정치적 권력을 구성하는 그 주요한 원천을 자본, 유대, 명분, 무기, 정보의 다섯 가지로 정리해 볼 수 있다. 그러나 이 중 명분의 힘은 대중운동인 유대의 힘과 결부되는 경우가 많다, 물론 드물게 때때로 자본 쪽에서 더 유리한 명분을 확보하는 경우가 있기도 하다. 그리고 무기는 자본이나 유대의 어느 쪽에서도 도구로서 사용될 수 있다. 그러나 더 좋은 무기와 정보는 대개 자본 쪽에서 구입하여 사용할 가능성이 많고 유대의 힘은 수(數)적으로 밀어 붙이는 힘이다. 따라서 사회의 정치적 권력은 크게 그 원천을 자본의 힘과 유대의 힘의 둘로 줄여서 정리하여 볼 수 있다.

사회의 불평등 구조와 통제시스템은 자본의 힘과 유대의 힘의 상호 경합된 상태에서 결정된다. 자본이 힘이 극도로 유대의 힘 보다 강할 경우(자본>유대)에는 극우의 체계가 된다. 반면에 유대의 힘이 자본의 힘을 완전히 압도할 때(자본<유대)에는 극좌의 체제가 된다. 이 양 극단적인 경우는 사회적 권력의 불평등 구조가 매우 심각하거나 아니면 독재 권력의 공권력 통제 너무 심하여 모두 구성원들의 의욕과 창의성이 말살되어 경제가 잘 발전할 수 없다. 그리고 자본의 힘과 유대의 힘이 동등(자본=유대)하여 자본과 유대사이의 세력평등이 이루어는 경우에는 사회구성원들의 행동의 통일성을 이루지 못하고 통제를 위한 통치력이 마비되어 극도의 불확실성과 무질서 때문에 경제가 잘 발전할 수 없게 된다. 이를테면 이는 구슬이 두개

가 이어져 있으면 굴러가지 못하고 머리가 두개면 잘 움직일 수 없는 것과 같다. 이러한 통치력(혹은 관리력)의 본질은 자본의 힘에 유대의 힘을 차감(자본-유대)하거나 유대의 힘에 자본의 힘을 차감(유대-자본)한 부분이 될 것이다.

그러나 통치력은 양 극단이 아닌 이 차감의 부분이 적정한 수준일 때 경제 발전에 가장 효율적이다. 현 중국의 상황은 수정 사회주의로서 유대의 힘 마이너스 자본의 힘이 적정한 권력적 불평등 구조를 이루고 있는 수준이다. 서구의 수정자본주의는 자본의 힘 마이너스 유대의 힘이 적정한 권력적 불평등을 이루고 있는 것이다. 이를테면 노조의 힘은 유대의 힘이고 사용자의 힘은 자본의 힘이다. 이 양 힘의 세력이 완전히 같기 보다는 적정한 힘의 격차를 두는 것이 경영 및 관리력을 잘 행사하여 경제 발전에 가장 효율적이라는 것이다. 반면에 그 힘의 격차의 양 극단은 어느 쪽이든 근로 의욕과 창의성의 말살하여 경제를 시들게 할 것이다.

국제금융재벌 세력의 탐욕, 폭리, 인플레이션, 모럴 해쩌드, 빈익빈 부익부 심화현상으로 말미암은 글로벌 금융위기의 반복성과 그 비극성은 앞으로 어떻게 극복할 것인가? 전 세계인들이 함께 힘을 합하면 전 세계적인 차원에서 국제금융재벌세력의 움직임을 규제하는 길은 있을 것이다. 각종 NGO의 모임이 그러한 성격을 갖을 수 있다. 2009년 5월 5일부터 8일까지 유엔사회국(UNDESA)과 우리나라 경희대와 공동으로 개최한 제1회 세계시민포럼(WCF, World Civic Forum)과 이와 같은 움직임이다. WCF는 오늘날 인류가 직면하고 있는 세계현안들을 다루는 지속적인 국제포럼이자 학술교육기관, 국제기구, 시민사회단체, 정부, 기업, 언론 등의 협력을 촉구하는 지구협력체제이다. 앞으로도 세계사적인 모순과 시대적 요구에 의하여 이와 유사한 국제 유대를 촉진하는 단체가 무수히 등장할 것이다. 그러나 이 경우에 가장 기대해 볼 수 있는 가장 큰 세력은 국제사회주의 단체의 출현이 될 것이다 그리고 이러한 세력형성 외에는 어느 누구도 감히 이러한 국제금융자본 세력과 맞설 수 없을 것이다. 그러나 어쩌면 이 국제사회주의 유대에 의한 세력마저도 결국 이미 지나치게 커져 버린 국제금융자본의 강대함을 결코 당하지는 못할 것이고 여기에 대한 그 규제가 불가능할 것이다. 이것이 인류의 불가피한 비극적인 운명일 것이다.

적정불평등의 중요성을 중국경제의 발전을 예시로 관련시켜 본다. 오늘날 중국의 경제발전 속도가 매우 빠르게 이루어지고 있다. 그리고 시장경제가 크게 확대됨과 동시에 민주주의 사회로 나아가는 경향을 보이고 있다. 근래에 중국은 구소련의 시행착오를 거울삼아 점진적이고 조심스러운 개방정책을 취해오고 있다. 중국은 구소련의 고르바초프 서기장 때 갑작스러운 개방정책으로 자본제국주의의 강력한 경쟁력이 폭풍처럼 몰아붙여 사회주의 계획경제의 메카니즘이 일거에 붕괴되었던 전례를 거울삼아 미리 잘 대비하고 있다고 보아진다.

개방 전의 중국의 프로렐타리아 독재체제는 공권력이 깊숙이 각 개개인의 자유를 억압하고 계획경제 및 배급제도로서 강제적으로 평등을 실현시킴으로서 시장 메카니즘을 말살하고 민주주의의 발달을 불가능하게 하였다. 그러나 지금 수정사회주의 노선으로 자본주의 시장 메카니즘 및 경쟁 요소를 점진적으로 도입하는 오늘날 과도기상의 중국체제는 매우 강한 경제발전의 의욕의 폭발적 기능이 있음을 증명하고 있다. 중국은 사회주의로 인한 평등한 사회구성원이 원점에서 해방되어 모두 새 출발하는 방식의 공정한 경쟁 상황은 경제발전에 매우 효율적임을 말하고 있다. 국민들이 모두 아직 거대한 자본축적을 못하고 상당히 미미하고 수평적인 원점 제로베이스 경제적 배분상태가 노동 및 경제발전의 큰 원동력이 된 것이다.

반면에 만약 자본주의 사회의 속성이 극단적이 되고 자본의 불평등 구조가 심화되면 거대 자본에 의하여 개인이나 소액 자본의 소유자들의 창의성이나 자율 경쟁을 오히려 말살시켜 경제발전을 저해하게 된다. 이는 공권력에 의하여 강제된 거의 완전 평등의 상황과 마찬가지로 자본소유의 양극화가 아주 심화된 극단적인 불평등의 경우도 경제발전에는 비효율적이다. 따라서 중국처럼 유대와 자본의 세력 사이에 적정한 불평등 구조의 상태가 경제발전에 가장 좋은 여건임을 알 수 있다.

북한도 구소련처럼 갑자기 개방하지 말고 중국처럼 프로렐타리아 독재체제를 점진적으로 벗어나고 점진적인 개방을 취하는 것이 경제발전에 큰 도움이 될 것이다. 즉, 북한이 현 무산자의 평등한 지위의 전 국민들로 하여금 해방시켜 원점에서 새출발하는 분위기를 조성하여 모두가 창의성을 발휘하면서 상호 경쟁하도록 하는 점진적으로 시장경제를 도입한다면 중국처럼 경제 발전의 대폭발을 경험할 수 있을 것이다. 이 경우 중국이든 북한이든 사회주의 국가에서의 고위 당 간부들은 그들의 현재의 정치적 불평등의 기득권을 경제적인 불평등의 기득권으로 변환시키는 작업을 할 것이다. 극단적 사회주의 혁명이 내부에서 다시 발생 하지 않는 한 원래 권력 소유와 재산 소유가 상호 수렴하는 속성으로 볼 때 이 변환 작업은 순조롭게 이루어질 것으로 예상된다.

6. 스태그플레이션 세계대공황 대처방안

글로벌 금융위기의 반복성

2008년 5월경부터 미국의 몇몇 투자은행의 파산으로부터 시작된 글로벌 금융위기는 곧 수출부진 및 내수부진으로 말미암은 재고과다, 생산가동율 저하 및 기업도산 등의 실물위기로 옮겨가게 된다. 그리고 연이어 개인들의 미취업. 해고 등의 대량 실직 상태, 소상공인들의 영업부진 및 부동산 가격하락으로 인한 대규모 채무불이행 및 신용파탄으로 상업은행의 신용위기가 도래할 것으로 보인다.

이러한 글로벌 금융위기, 실물위기, 신용위기의 세계 대공황의 과정은 미국 달러를 중심으로 한 각국의 대규모 화폐발행 및 유동성공급정책으로 확대재정 및 확대금융정책과 공적자금의 대거 투여의 미봉책을 씀으로서 일시적으로는 이러한 위기들의 문제를 쉽게 덮어둘 수는 있을 것이다. 국외든 국내이든 화폐발행 및 공급을 크게 증가시키면 단기적으로 문제해결이 될 것이다. 그러나 전 세계적인 대규모의 화폐발행의 남발로 인한 통화팽창 및 과잉금융 유동성 때문에 장기적으로는 연이어 가파른 인플레이션을 경험하게 될 것이다.

그동안 글로벌 금융위기를 극복하기 위하여 무차별적으로 뿌린 돈 때문에 다시 초(超)인플레이션이라는 재앙이 세계경제를 덮칠 것이다. 주요 선진국들은 지금 경기침체를 벗어나려고 막대한 재정적자를 무릅쓰고 있다. 그러나 국채(國債)가 늘어나는 만큼 각국 정부가 갚아야 할 이자규모도 눈덩이처럼 불어나고 있다. 결국 주요국들의 부채가 세계 경제회복을 가로막는 굴레가 될 것이라는 우려를 낳고 있다. 미국의 순 부채는 2008년 회계연도의 GDP의 41%에서 2009년도에는 65%까지 달할 것이다(조선, 2009. 6. 5). 부채규모가 불어나면서 10년 만기 미국 재무부 채권의 이자율이 작년 3월 3%에서 년말 2.5%로 떨어졌다가 에서 다시 3.8%로 급등하고 있다. 곧 고금리 통화환수의 긴축정책 및 고세금의 정책의 도래는 불을 보듯 뻔하다.

이러한 성격의 인플레이션은 인류의 재산 및 구매력의 감소로 이어져 다시 생산저하 및 경제침체가 불가피하다. 뿐만 아니라 강한 환물사상의 경향으로 원자재 및 자산들의 가격이 폭등하여 이것들이 판매하는 상품가격보다 인상폭이 더욱 빠르게 급증하여 기업들의 채산성을 악화시키면서 더욱 더 경기침체의 원인이 될 것이다. 즉 인플레이션과 경기침체가 동시에 나타나는 심각한 스태그플레이션을 맞이하게 될 것이다.

일반적으로 인플레이션이 있게 되면 경기활성화가 나타나게 된다. 그러나 이 경우는 생산을 위한 자원 활용이 대체로 무제한 가능하다는 전제하에서 나타나는 현상의 경우이다. 따라서 만약 자원이 매점매석이나 독점으로 그 자원 활용이 어려워지고 이들 자원의 가격이 상품의 인플레이션 수준보다도 더욱 빨리 폭등하면 오히려 스태그플레이션이 가속화하게 된다.

실제로 경기회복에 따른 인플레이션의 우려 속에서 각국의 중앙은행들이 금리인하와 화폐공급의 양적완화 정책을 중단하고 조기에 금리인상에 나설 전망이 보인다. 인플레이션이 통제하기 불능의 상태가 되기 전에 유동성 긴축 정책에 나서야 할 것이다. 확대 재정금융정책으로 말미암은 재정적자와 공공부채는 앞으로 긴급하게 해결해야 할 심각한 과제가 될 것이다.

따라서 앞으로 글로벌 금융위기의 경기변동은 반복된 더블딥(double-dip) 형으로 진행될 것이 거의 확실시 예상된다. 대규모 금융유동성공급 확대로 인플레이션과 함께 경기 부양 현상이 나타나고 글로벌 금융위기가 해결된다. 그러나 곧 이어서 스태그플레이션으로 반전되고 더구나 여기에 유동성을 회수하기 위한 금리인상 및 통화긴축정책은 엄청난 악조건의 세계대공황의 경제 환경으로 다시 진입하게 된다. 이 때 수많은 기업과 개인들이 파산을 맞이하고 재산의 엄청난 손실을 감수하지 않으면 안 될 것이다. 그러면 또다시 대규모의 화폐방행 및 공급의 경기부양 정책이 실시될 것이다. 아마도 약 3년 단위로 경제적인 천당과 지옥을 경험하는 갈림길이 있을 것이다. 그리고 이 과정에 전 세계의 약 600조 달러에 상당하는 얽히고 설킨 파생상품의 어느 영역에서 또 다른 위기상황이 터질지 모른다. 그러면 이 문제를 해결하기 위하여 또다시 대규모의 신규 화폐발행을 통한 유동성 확대공급을 시도할 것이다. 이와 같이 글로벌 금융위기는 1차, 2차, 3차 등으로 계속 반복될 것이다.

미국 금융정보 사이트 마켓워치 칼럼리스트 폴 패럴은 2012년 2차 대공황이 온다고 주장하였다. 그 이유로는 이번 글로벌 금융위기가 근본적으로 치유되지 않았다는 점이다. 임시방편적인 구제금융의 투입으로 문제의 원인이던 월가은행들을 살려놨지만 더 큰 재앙을 잠시 미뤄놓은 것에 불과하다는 점이다. 탐욕스러운 월가의 은행들 때문에 다시 새로운 거품이 형성될 것이라고 보고 있다. 그는 경제역사학자 찰스 킨들버거가 제시한 거품붕괴 시나리오에 공감을 나타내고 있다. 위기를 극복했다는 도취감으로 다시 주식 부동산 등의 자산 가격을 상승시키면서 과거의 투기열풍을 다시 재현시킬 것이라는 점이다. 그리고 금융에 대한 고급정보를 가진 은행의 내부거래자들이 자산 가격이 정당화될 수 없는 수준까지 올랐다는 판단이 들 때 갑자기 대규모 매도에 나서고 이 때문에 자산 가격은 대폭락할 것이라는 것이다. 그는 미국의 과잉유동성과 대규모 재정적자 등이 미래를 어둡게 만들고 있으며 금융엘리트들의 탐욕적 행위에 대한 불만이 고조되고 빈부격차가 심해지면 혁명적인 폭동에 직면할 수도 있다는 과격한 예상도 하고 있다(매일경제, 2009. 8. 13). 이 폴 패럴의 견해가 필자의 견해와 비슷하다. 뉴욕대학의 누리엘 루비니 교수나 하바드 대학의 마틴 펠드스타인(Feldstein) 하바드 교수도 역시 더블딥(Double -dip)에 대한 견해를 밝히고 있다(조선일보, 2009. 7. 25).

국제금융재벌세력의 앞잡이들의 말을 절대 신뢰하지 말 것

지금 자본주의세계시스템을 지배하는 국제금융재벌세력 앞잡이들의 말을 절대 신뢰하지 말아야 한다. 이들은 “국제적인 작전 세력”들이라고 할 수 있다. 이들의 겉으로 표현하는 말만 들어서는 안되며 오히려 속내의 숨겨진 그들의 동기들을 이해하려는 관점을 가져야 한다. 지금까지 우리나라 사람들은 근대화의 강한 물결 속에서 오랫동안 서구적인 것에 대한 열등의식과 사대주의 사상에 너무 찌

들어왔다. 그래서 서구에서 우리나라를 평가하거나 조언하는 것에 너무 민감하게 반응하고 따라왔다. 그리고 우리가 지금까지 이루어 놓은 우리 자신의 것을 자주 폄하하는 경향이 있었다. 그러나 이러한 국제금융재벌세력들의 앞잡이들은 과도한 금융자유화를 부추기거나 외환위기를 만들어 우리나라의 경제를 붕괴, 해체시키고 이 때 파산상태의 각종 주요한 기업이나 부동산 등의 자산을 아주 헐값으로 인수한 후 다시 통화유동성 공급을 통한 경기 회복으로 폭리를 실현하는 수법을 쓴다.

순진하게도 수많은 우리나라 지식인들이 지금까지 이러한 앞잡이들의 음모를 모른 채 무조건 이들의 견해에 동조하면서 우리나라 경제에 해악을 끼쳐온 셈이다. 이제는 이들의 주장들을 논문, 책, 신문, 방송, 강연 등에서 접할 때 옥석을 가려서 받아들이는 신중함을 가져야 한다. 이 국제금융재벌세력은 각 국가의 중앙은행 및 주요 투기은행을 장악하고 있으며 또한 각종 언론기관을 통하여 경제뉴스를 주도하고 있다. 뿐만 아니라 많은 국제투기꾼, 경제학자, 정치인, 국제기구 등을 사실상 지배하고 거느리고 있다. 따라서 앞으로 우리나라 언론기관은 상대의 정체를 제대로 파악하지 못한 채 늘 외국에서의 우리나라 경제에 대한 논평만을 대문짝만하게 보도할 것이 아니라 오히려 우리의 입장에서 이야기하는 우리나라의 학자나 지식인들의 견해에도 귀를 기우리는 것이 필요하다. 정치인들도 물론 마찬가지이다. 어떤 의견을 개진하는 사람이나 기관의 유명세에만 의존할 것이 아니라 그들이 과연 소속이 어디이며 누구의 이익을 대변하는 관점을 가졌는지를 잘 살펴보아야 할 것이다.

지난번 IMF 위기는 오랫동안 서구의 각종 세력들이 주장하는 대로 금융시장 개방 및 자유화를 앵무새처럼 따라서 부르짖던 사람들 때문에 우리나라가 국제금융재벌세력들의 투기장으로 변화시킨 탓이다. 국제투기꾼들이 갑자기 달러를 우리나라에서부터 대거 빼감에 따라 외환위기가 찾아왔고 IMF로부터 구제 금융을 요청하지 않을 수 없었다.

이 때 미국 재무장관이 무자비한 은행 BIS 기준을 요구하면서 우리나라 금융기관 대부분을 위기로 몰았고 또한 금융긴축 정책으로 대출을 불가능하게 하여 수많은 기업들을 파산시켰으며 기업의 구조조정이 무자비하게 진행하였다. 그리고 정부의 기업 지원은 모랄해저드(moral hazard)이므로 철저히 이를 금지시켜서 우리나라 경제를 철저히 도살시킬려고 했던 지독한 경험을 한번 되새겨 보라. 이래도 무작정 서구의 언론에 따라 계속 움직여야 할 것인가?

글로벌 경제위기가 진행되면서 아시아 국가들 가운데 수출과 내수를 병행한 '폐쇄적 대형국가'와 수출의존도가 높은 '개방형중소국가' 사이의 상반된 현상이 나타나고 있다. 중국, 인도, 브라질, 인도네시아 등 인구, 국토 경제규모 측면에서 대형인 국가들은 외부충격이 상대적으로 적었을 뿐만 아니라 경기회복도 비교적 빠르게 진행되고 있다. 금융시장이 덜 개방되고 수출과 내수를 병행했기 때문이다. 그러나 홍콩, 대만, 한국과 같은 개방형 소형국가들의 경우 세계경제 침체의 영향을 더 많이 받았고 회복도 대형국가에 비하여 더딘 편이다. 대형국가들 보다 시장이 더 개방되어 있고 국가경제의 비중이 수출 쪽에 쏠려 있었던 까닭이다. 세계화가 진전된 국가들이 글로벌 금융위기의 충격에 더 노출되는 것은 당연하다(조선, 2009. 6. 23). 외국의 언론들이 강력하게 자유경제체제로의 개방화를 주장해 온 것은 국제금융재벌세력의 자본재증식과 관련된 주장이며 우리나라의 많은 학자나 관료들도 그간 여기에 덩달아 춤추는 꼴이 된 셈이다. 작은 나라지만 관리경제체제를 고집스럽게 유지해온 말레이시아는 이러한 국제금융재벌세력이 일으키는 글로벌 금융위기를 조용하게 잘 비켜가고 있는 것이다. 대개의 개방형소형국가들은 극심한 세계의 경기변동 앞에 마치 바람 앞에 등불과 같은 처지가 된 것이다.

영국의 유력경제지인 파이낸셜타임즈(FT)는 2008년 10월 14일 신문 한면 전체를 할애하여 한국경제에 대한 신랄한 비판 기사를 실어서 우리나라 정부를 당혹하게 한 적이 있었다. FT의 유명세 때문에 이 외신을 국내언론이 인용하고 그것을 또다시 다른 외신들이 받아서 서울발(發) 기사로 전 세계로 타전 하는 확대재생산을 통하여 우리나라를 더 큰 위기로 몰고 가는 것이다. 가라앉는 분위기(Sinking feeling) 이라는 제하의 기사로 한국이 1997년과 같은 외환위기를 재현할 가능성이 있다고 보도했다. FT는 우리나라 재경부 장관이 달러를 구하기 위해 씨티그룹과 모건스탠리 최고경영자를 만날 예정이며 포스코가 외환시장 안정을 위해 10억 달러의 채권을 발행하는 등 한국이 1997년의 외환위기 때와 비슷한 모습을 연출하고 있다고 보도 했으나 우리 정부는 사실이 아니라고 반박했다. 뿐만 아니라 이들은 한국만 콕집어서 아시아에서 금융위기의 감염 가능성이 가장 높은 국가라고 평했다. 그리고 한국 정부를 '정신분열증 환자' 혹은 '경제국수주의'라고 비난하면서 우리의 반외자적 경제 정책들을 폄하하였다(한경비지니스, 2008. 10. 27, p.20). 생각건대, 금융으로 먹고 사는 영국으로선 자본의 국경 간 이동이 최대한 자유로운 편이 그 나라의 국익에 도움이 될 것이다. 그리고 우리나라의 경제위기가 극심해야 국제금융자본세력의 본거지 중 하나인 그들이 이번 기회에 헐값으로 사냥할 수 있는 우리나라의 기업이나 부동산 등의 자산이 많아 질 것이기 때문이다.

이번 금융위기가 미국에 시작하여 바로 영국 및 유럽으로 번진 케이스이다. 파생상품 거래의 연결성, 복잡성 스피드의 속성으로 안심 했던 국가들이 놀라서 갑자기 자신들의 발등의 불을 커야할 상황이 된 것이다. 서구 선진국들이 함께 공조하여 수행하는 이러한 위기 대처의 방법을 보면 우선 부실금융회사를 가려내 부도내거나 부실이 덜한 곳으로 넘기는 것이었다. 거의 동시에 내려진 조치가 막대한 공적자금의 조성이었다. 이 돈으로 부실의 자산을 사들여 문제가 된 금융회사를 살려나가게 한다. 다음 수순은 과감한 금리 인하였으며 이는 거의 전 세계적으로 단행된 것이었다.

이러한 서구의 선진국들의 대처 방법을 10 년 전 한국의 외환위기 때의 접근방법과 비교하여 보면 판이함을 알 수 있다. 당시 우리나라는 달러를 끌어들이기 위하여 고환율정책을 취하였고 동시에 물가상승을 억제하기 위한 엄청난 고금리 정책에 들어 갔다. 그리고 이 후유증으로 수많은 기업들이 쓰러졌으며 외국자본에 헐값으로 팔아넘겨 졌다. 이는 갑자기 달러를 긴급 회수하는 국제금융자본세력이 원래 의도했던 바였다고 할 수 있다. 이와 같은 고금리 처방은 글로벌 금융위에서의 미국, 유럽 등의 일반적으로 취하는 강력한 저금리정책과 근본적으로 상반되는 것이며 이 고금리조치는 바로 그 때 IMF가 강력히 요구한 것이다. 2008년도에 노벨 경제학상을 받은 폴 그루그만도 당시의 IMF의 정책을 잘못된 것이라고 강하게 비판한 바가 있다(한경비지니스, 2008. 10. 27, p.18). IMF의 고금리처방은 우리나라의 경제의 발전을 위한 관점에서 주장한 것이 아니라 바로 국제금융자본세력을 위한 것임이 점차 밝혀지고 있다. IMF는 근검 절약하여 저축율이 높으며 또한 근로시간이 많은 매우 부지런한 우리나라 국민들을 인정하기는 커녕 더욱 사치를 줄이고 소비를 줄여 외채를 갚아야 한다고 우리나라 국민들을 조롱하였다. 이들이 지원한 약 600억 달러는 그 당시 우리나라를 아직 탈출하지 못한 투기성 외국자본의 회수를 돕는 자본이었다. 이렇게 우리나라의 최악의 국가 부도를 막아준 것은 그 쪽 입장에서 보면 다음 기회의 사냥을 위한 최소한의 경제 양육의 종자를 남겨둔 것과 흡사한 논리이다. IMF는 우리 정부가 화폐를 찍어 유동성을 증가시켜 금융위기를 해결하는 방법을 막았고 공적자금의 지원을 도덕적 해이라고 비난하였다. 이는 미국이나 유럽이 지금 진행하는 방식과 정반대의 견해였다. 우리는 이제 IMF가 누구를 위해서 무엇을 주장하는 기관인지를 제대로 이해할 필요가 있다. 그리고 여러 국가들이 최근 IMF에 몇 %씩 출자 지분을 갖고 있는 것은 이 기관의 근본적 정체를 은폐하기 위한 들러리 전략일 뿐임을 이해하여야 한다.

IMF 외환위기 때에 진로의 채권은 당시의 상황을 잘 보여주는 대표적인 사례의 하나이다. 1997년 진로그룹이 부도가 나자 채권회수가 불가능하다고 판단한 국내은행들은 1조4659 억원 어치의 채권을 액면가의 8%이 1261억원에 한국자산관리공사에 매각했고 이를 다시 골드만 삭스 등이 액면가의 19%인 2742억원에 낚아챘다. 진로는 흑자부도에 해당된다. 영업자체는 탄탄해지만 계열사에 대한 무리한 지원이 위기를 불렀다. 이후 진로는 알자기업으로 부활했고 3조원이 넘는 가격에 매각되어 골드만삭스에 대박을 안겨줬다. 국부유출의 논쟁을 불러일으킨 골드만삭스의 진로투자를 벌처펀드라고 할 수 있다. 벌처펀드(Vulture fund)는 파산기업이나 부실기업을 싼값에 인수하여 경영을 정상화 시킨 후 비싼 값에 되팔아 짧은 기간에 고수익을 추구하는 펀드를 말한다.

벌처투자는 매물이 최고의 바닥의 악조건의 지점에 도달했을 때 독수리처럼 쏜살같이 먹잇감을 낚아채야 한다. 따라서 벌처투자는 '기업리스크에 대한 분석 능력'이 최고의 자산으로 보며 하이리스크 하이리턴(high risk high returns)을 추구하는 것이다. 원래 벌처라는 용어는 죽은 동물의 고기만을 먹는 독수리과 새를 의미한다. 미 사모펀드 오트리는 한국의 저가 자산 매입을 위해 이미 30억 달러를 배정해 두고 있다(한경비지니스, 2008. 10. 27, pp.57-63). 진로뿐만 아니라 그 당시의 극동건설, 외환은행, 한미은행, 제일은행, 만도기계, 무학소주 등의 사례도 마찬가지이다.

외환은행의 경우는 2003년 론스타가 인수하는 투자원금이 2조 1548억원이었으나 그간 배당금으로 6000억 원대의 수익을 올렸고 일부 지분매각 등을 합하면 투자원금의 85.4%에 해당하는 1조 8399억원을 이미 회수한 셈이다. 나머지 지분 51%를 경영권 프리미엄을 고려하지 않은 채 분할 매도를 하더라도 주당 888원기준으로 2조 9000억원 가량을 더 벌어들일 것으로 보인다. 금융위기가 없을 때의 가격이라면 4조원이 넘는 추가수익을 거둘수 있을 것이다. 론스타의 외환은행의 인수 건에 관해서는 국내여론이 적대적으로 형성되고 세금추징논란 및 헐값매각 의혹 편법에 문제점이 제기되고 있다.

벌처펀드는 1930년 대공황 때에 탄생했지만 1980년대에 초 중남미지역의 지독한 경제위기로 부실기업이 쏟아져 나온 것이 계기가 되었다. 1990년에는 장기불황에 빠진 일본도 벌처펀드의 사냥터였다. 1991년 최고가에 비하여 80%이상 폭락한 상업부동산과 기업들이 투자대상이었다. 일본장기신용은행, 아사이테크, 니혼테레콤이 그 예이다. 벌처펀드의 투자의 타깃은 파산기업과 채무구조조정기업, 사업구조조정기업 등 문제가 밖으로 들어난 기업들이다. 뿐만 아니라 파산기업의 주식이나 채권 그리고 부동산이나 빌딩 등도 대상이 된다. 점차 벌처 펀드는 민간의 영역을 넘어서서 경제가 어려운 국가의 국채로 확대되고 있다. 페루 ,잠비아, 콩고와 같은 나라에 들어가 이들 정부의 국채를 사서 원금과 이자를 받아내고 있다. 그리고 소송을 통해서 국제지원금을 얻어 챙긴다. 이렇게 저개발 국가들을 희생양으로 삼는 벌처투자를 마치 '벼룩이 간을 빼먹는 악행' 이라고 비난받을만 하다.

미국의 서브프라임모기지론의 부실사태로 시작한 이번 글로벌 금융위기로 말미암아 그동안 잠잠했던 벌처펀드가 다시 활기를 얻고 벌처투자 시장이 광범위하게 형성될 것이 전망된다. 경기위축으로 기업들의 부실이 악화, 부동산 거품의 소멸로 부채위기가 심화되면 벌처투자의 대상들은 무궁무진 할 것이다. 방대한 벌처펀드들의 조성이 이루어지고 그 핵심에는 국제금융재벌세력이 도사리고 있을 것이다. 이번 글로벌 금융위기와 그 반복성이 우연이 아니라 그 이해관계 구조로 볼 때 배후에 국제금융재벌세력의 기획이라는 의심을 결코 지울 수 없는 것이다.

다행히 오늘날 우리나라의 증권시장에서의 개미군단이나 기관투자자들이 단순히 외신의 주장에 단순히 부회뇌동하지 않고 오히려 그들의 저의와 음모가 무엇인지를 파악하려고 하면서 스스로 판단하여 지혜롭게 대처하는 능력이 점차 성숙되어 가는 모습을 볼 때 점차 안도의 숨을 쉬게 된다. 우리나라는 국제금융재벌세력의 "화폐과잉발행공급 및 간급회수전략"에 말려들지 않도록 하는 것이 중요하다. 우리나라도 해외 벌처펀드의 농간에 대항하기 위하여 수조원대의 자본규모를 조성한 한국자산관리공사가 버티고 있다. 국제경제전쟁에 대한 우리의 전위조직인 셈이다.

IMF 때 김대중 정권이 무려 160조원에 다하는 공적자금을 얼마나 깨끗하게 사용했는지는 사실상 모른다 그러나 우리나라 경제를 해체시켜 주요 자원과 기업들을 마치 죽은 고기 값으로 사려고 했던 국제투기꾼들의 시도를 상당히 잘 방어했던 능력만은 인정하지 않을 수 없다. 현 이명박 정권도 통화스와프를 성공적으로 진행시키며 사후 인플레이션을 우려하면서 매우 신중하게 통화량 공급을 하는 과정을 살펴보면 지금까지는 이 1차 글로벌 금융위기를 잘 슬기롭게 헤쳐 왔다고 사료된다. 미네르바가 이미 지적했듯이 미국의 투자은행의 파산 및 국제투기꾼들의 작전 때문에 우리나라에 엄청난 국가부도의 위기가 작년에 닥쳐온 것은 사실이었던 것 같다.

앞으로 우리는 세계의 경기가 호경기와 불경기를 교차시키면서 달러를 반복적으로 풀었다가 다시 옥죄는 방식을 거듭함으로서 우리나라 주요기업들을 도산시키고 각종 부동산의 값을 바닥으로 만들어 국부를 갈취하는 국제금융세력 및 그의 앞잡이인 국제투기꾼들의 농간에 놀아나지 않도록 능력을 키우는 것이 매우 중요할 것이다.

미국에 대한 지나친 경제적 의존 탈피

우리가 미국에 상당히 종속(dependent)되어 있는 것은 우리나라의 존립과 발전에 필요한 주요한 자원(resource)을 미국이 갖고 있기 때문이다. 미국은 우리가 필요한 방대한 수출시장과 군사력의 자원을 갖고 있다. 미국의 경제 규모는 우리나라의 약 20배가 되니 우리가 미국이라는 한 나라와의 통상관계를 맺는 것은 바로 우리나라와 같은 경제규모의 20개국과 동시에 통상하는 것과 같으므로 결코 무시할 수 없는 수출 시장이 된다. 그리고 미국이 핵탄두미사일, 미사일 방어체계 및 항공모함 등이 우리나라를 지원하는 안보체제는 우리나라 국방비를 크게 절약시키는 요인이 된다. 미국으로부터 방대한 수출시장 활용과 군사력의 자원을 얻는 대신 우리나라는 지금 미국으로부터 독립(independence)을 어느 정도 포기하고 통제를 받고 있는 셈이다. 월남전, 인도네시아, 이라크, 아프카니스탄의 파병은 근본적으로 우리가 원하지 않아도 미국의 뜻을 쫓게 되는 그러한 사례가 된다.

오늘날 미국은 정치적 경제적 군사적으로 매우 위험스러운 존재가 되었다. 부시정권의 약 8년간 독선적인 파행으로 미국은 팍스아메리카나의 시대를 계속 끌고 갈수 있는 도덕적, 경제적, 정치적 힘을 대부분 상실 하였다(조선일보, 09. 5. 13, 전성철글). 대량살상 무기가 없는 이라크를 침공하였고 교토기후협약을 파기하고 테러리스트들에 대한 고문을 자행하면서 미국이 자랑하던 도덕적 리더십에 상처를 입었다. 그리고 미국의 경제적 리더십은 사실상 크게 훼손된 상태에 있다. 미국은 자신들이 이번 글로벌 금융위기의 발원지라는 사실과 신자유주의를 금융부문까지 거의 무제한 허용했던 것이 문제의 원천임을 부정하지 못한다.

미국 국민이 끝없는 빚잔치의 향연을 벌여온 소비지상주의 삶과 투자은행들의 탐욕이 미국의 경제를 거품으로 치닫게 하고 있다. 세계 최하위의 저축율과 세계 최대의 무역적자와 재정적자는 모두 이런 거품적 삶의 행태가 가져온 필연적인 결과들이다. 더군다나 중국을 비롯한(중국은 약 7000억 달러) 세계 주요국은 미국의 채무를 거의 3조 달러나 갖고 있다. 미국은 세계에서 가장 큰 채무국이며 계속되는 천문학적인 무역 적자는 미국경제가 구조적인 취약성을 갖게 하였다. 미국이 상실하는 힘의 공백의 대부분을 지금 중국이 채우고 있는 듯하다.

미국은 자신들이 안고 있는 천문학적인 채무를 달러발행의 남발로서 해결하고 있다. 이것의 부도덕성은 이미 극치에 달한 셈이다. 그리고 이 달러 발행 행위가 본질적으로 민영 중앙은행인 FRB를 통하여 국제금융재벌의 이익이 되고 있음을 이미 논한 바 있다. 미국 자체는 아니더라도 미국을 통하여 투기판을 벌이는 국제금융재벌의 세력은 크게 4가지 방법으로 우리나라에게 위협이 되고 있다.

첫째, 화폐발행 및 인플레이션 조장을 통하여 우리의 재산을 강탈해 가고 있으며 둘째, 우리나라에 달러공급을 증대하여 우리나라의 정부, 공공기관, 은행, 기업 등으로 하여금 외환의 채무를 증대시킨 후 갑자기 통화긴축 및 달러를 회수조치를 통하여 우리나라 경제를 해체시키고 각종 자산을 헐값으로 거두어 가거나 셋째, 파생상품의 파탄에 의하여 갑자기 달러가 빨려감으로서 외환위기가 초래되거나 하는 경우이다. 넷째, 화폐발행권을 가진 우리나라 중앙은행인 한국은행의 지배권을 접수하려고 시도할 것이라는 점이다.

그러나 이젠 미국의 경제적 의존에 탈피하는 대안을 강구하든지 또는 다각도 전략을 구사해야 할 것이다. 자원의존관점은 자원의 획득 혹은 통제권을 확보하여 독립을 지향하는 많은 방법들을 시사하고 있다. 국제금융세력이 만드는 미국의 경제적 파탄 및 해악으로부터 가급적 멀리 떨어져 있어야 할 것이다(소에지마 타카히코, 2008).

중국과의 교역을 증대시키고, 중국의 위안화 및 일본의 엔화와의 무제한 통화스와프협정을 체결하고 남북한이 통일하여 경제의 수출 의존도를 줄여서 경제적 자급자족 및 독립성을 신장시키고 미국외의 전 세계의 국가와도 가급적 많은 FTA협정을 체결하고 또한 주요자원 공급국과는 장기계약을 체결하는 방법 등이다. 최근 정부의 인도 및 유럽과의 FTA 추진은 잘하는 일이다. 그리고 달러에 대한 대체 통화수단으로서 금괴를 많이 보유하는 방법도 의미 있다.

변동환율제를 조정할 충분한 외환보유고의 필요성

지나친 개방과 신자유주의는 많은 문제점을 낳는다. 금융자율화의 제1단계는 대내적자유화(internal financial liberalization)로서 이자율의 인위적인 제한, 과도한 지불준비율 설정, 특정부분에 대한 우대금리정책이나 정책금융지원 등의 간섭을 하지 않는 것이다. 은행들을 민영화하고 금융억압을 해소하여 이러한 금융자유화로 나아가면 자원의 합리적이고 효율적인 배분이 이루어지고 경제성장으로 이어지는 효과가 있다고 Mckinnon-Shaw 그룹이 주장하고 있다. 이번 미국에서 시발된 글로벌 금융위기는 미국 정부가 취한 필요이상의 금융규제(financial deregulation)의 완화와 그 결과로 일어난 금융감독(financial supervision)의 약화라고 여겨진다. 예컨대 금융상품을 완전히 자유화하여 수많은 복잡다단한 파생상품들이 홍수처럼 생겨나고 이것들은 통제 불능 상태가 되고 투자은행(investment banks)들의 영업은 감독대상에서 완전히 제외되어 있는 상황이었다. 이것은 미국의 국제적 금융경쟁력 제고라는 미명하에 묵인되고 장려되었는데 문제는 금융위기가 미국만의 사태로 국한되지 않고 전 세계적으로 파급된데 그 심각성이 있다. 그리고 금융자유화의 제2단계는 대외적 자유화로(external finance liberalization)으로서 변동환율제를 채택하고 또한 외국 투자 및 투기 자본의 자유로운 유입 유출이 가능토록 정부가 해외자본에 대하여 개방하고 통제를 가하지 않는 것이다. 그러나 1970년 후반부터 강한 추세를 나타낸 신자유주의적 금융자유화 정책의 실험은 이제 거의 다 실패하였고 남미를 비롯한 수많은 국가들에서 엄청난 금융위기로 귀결되었다. 즉 변동환율과 금융위기는 매우 밀접한 상관관계가 있음이 역사적으로 증명되었다.(김성환, 2008).

특히 단기성 해외자금이 과도하게 들어와 금융기관들의 무분별한 방만한 경영 및 대규모 대출을 유도했고 그 결과 금융부문 뿐만 아니라 실물부문에서도 무거운 채무구조로 취약성을 면기 어려웠다. 이러한 상황에서 외국의 투자자들의 갑작스러운 자금철수는 궁극적으로 금융위기라는 대형사건으로 발전하지 않을 수 없을 것이다. 우리나라의 IMF 재정위기도 이 때 국제금융재벌의 앞잡이인 국제투기꾼들의 작위적인 농간에 기인한 징후들이 여러 곳에서 발견할 수 있다. 외국자본의 거래제한 철폐 시도, 재벌해체 및 연결재무제표 작성의 요구, BIS엄격 적용으로 기업들의 도산, 위기에 처한 기업에 대한 정부의 구제금융 지원 금지, 투명경영으로 채권회수의 용이, 수많은 적대적 M&A, 주요 부동산 및 알짜기업들의 주식의 헐값 매수 등 일련의 IMF에 의한 시도들은 그들의 저의를 파악하기에 충분한 것이다.

우리나라의 경제의 위기는 대부분 외환 위기에서 비롯된다. 지난 경험에서도 보았듯이 외환위기에 직면하게 되면 우리나라는 국재금융재벌 및 국제투기꾼 들에게 완전히 발가벗긴 모습이 된다. 정부는 중심을 잃고 이들에게 한없이 저자세가 되며 기업과 부동산은 완전히 싸구려가 되어 청산가격으로 이들에게 팔려나간다. "과잉유동성과 갑작스러운 긴축을 반복"하는 과정에서 우리나라 경제는 여지없이 도살당하는 것이다. 정부는 앞으로 외환관리를 국가 안보적 차원에서 철저히 해야 한다. 우선 외환의 차입과 대출 및 세계외환시장 동향 등에 관한 정보관리를 철저히 해야 한다. 그리고 충분한 외환 보유고를 확보하여 더 크게 다가올 미래의 세계대공황의 쓰나미 부터도 튼튼한 방파제를 가져야 한다.

우리나라 정부는 IMF 재정위기 때 외환관리가 매우 부실하여 외환위기가 발생하였을 때 우리나라의 차입 및 대출규모 조차도 제대로 파악이 안 된 상태였었다. 문제가 터졌을 때에야 부랴부랴 이러한 외환 금액의 장단기 속성을 구분하여 집계하기 시작하였다. 더욱 어처구니없는 것은 IMF 재정위기 경험의 뜨거운 맛을 보았음에도 불구하고 글로벌 금융위기 때에도 역시 민간 은행들의 외환보유고나 차입 규모들을 제대로 파악하지 못하여 위험이 눈앞에 드릴 닥칠 때에야 비로소 외환의 부족을 인식하기 시작하였다. 우리는 우리나라 환율이 내려갈 때 우리나라 외환보유고가 많다고 마구 떠든 엉터리 논객들을 기억하지 않을 수 없다. 이들은 교묘하기 이를 데 없는 국제금융세력 및 국제투기꾼들의 앞잡이 노릇을 했다는 사실 조차도 모른 채 마구 날뛰었을는지도 모른다. 더군다나 분수를 모르고 성급한 금융허브의 구상으로 이러한 투기판의 상황을 더욱 조장하였다. 우리나라 정부는 앞으로 충분한 외환보유고 및 금괴의 재고를 확보하여 변동환율하의 충격을 조정(buffer)할 능력을 충분히 갖추어야 한다. 그리고 평소에 철저하게 외환관리를 할 수 있는 외환관리 정보시스템을 운영하여야 한다.

국제적인 품앗이 관계 추진 및 이슬람 세계와의 교류 확대

국제적 금융스와프(swap)는 이번 글로벌 금융위기에서 우리나라의 외환위기를 극복하게 해주는 주세주인 셈이다. 만약에 이 스와프 외환자금이 들어오지 않았더라면 우리나라는 어쩌면 대외결제 지불불능의 디폴트(default) 상태로 떨어졌을지도 모른다. 그러면 미네르바가 우려했던 그 상황이 그대로 나타났을 것이다. 다행히 현 정부는 외환위기 해결에서 금융 스와프의 도움을 톡톡히 받은 셈이다.

미국의 FRB는 금융스와프를 통하여 달러를 확대발행하고 공급하는 명분을 세계로부터 확보하는 이점이 있었다. 외환위기에 빠진 많은 나라들로부터 훗날의 인플레이션의 문제점 보다는 당장 달러의 추가 공급을 목말라했던 것이다. 그리고 중국은 자신의 위안화를 미래의 기축통화로서 올려놓으려는 포석의 일환으로 위안화의 스와프를 통하여 인심 좋게 거의 무제한 공급하려는 의도를 갖는다. 일본도 여기에 뒤질세라 엔화의 위상을 위하여 스와프에 인색하지 않는다. 미래에는 기축통화의 다극체제가 될 가능성이 있다. 우리나라는 이러한 국제적 금융환경을 잘 이용하여 달러, 위안화, 엔화, 유로화 등의 국제적 주요 통화와의 장기적인 무제한 금융스와프를 체결하는 것이 필요하다. 그리고 특히 앞으로는 아시아 국가끼리 상부상조의 원칙하에 경제적으로 함께 뭉처야 한다. 불확실한 상황에 안전성을 확보하는 방안으로서 국제적 상부상조 품앗이 관계를 반드시 추구할 필요가 있다.

이슬람 세계와의 교류 확대에도 노력할 이점이 크다. 글로벌 금융위기 이후 국제금융시장에서 활발히 움직이는 이슬람마니가 한국에 대하여 높은 관심을 갖고 몰려오고 있다. 이슬람 마니가 아직 한국에 대규모 투자를 결정한 단계는 아니지만 이슬람 투자자들이 잇따라 방한하면서 적극적인 탐색을 하고 있어서 올 하반기부터 투자성과가 나올 것으로 금융권은 기대하고 있다. 오일 마니는 석유 수출국들이 석유 수출 대금으로 조성한 자금을 뜻한다. 주요 석유수출국에는 중동국가 뿐만 아니라 노르웨이, 러시아 등 비이슬람 국가도 포함된다. 중동 석유수출국들의 오일마니는 대부분 이슬람 마니에 속한다(조선, 2009. 6. 8).

이슬람 마니는 미국 및 유럽계 자금 시장이 얼어 붙은 상태에서 저금리의 장기 달러 자금을 구할 수 있는 대안으로 꼽힌다. 국제금융시장에서 이슬람 마니의 사용 비용은 미국 및 유럽 자금의 금리보다 1.5% 가량 낮다. 국제금융시장의 자금난이 발생할 때 장기자금을 확보하는데 이슬람 마니가 큰 도움이 될 수 있다.

이슬람 마니는 이자 수수료를 금지하는 이슬람 율법(샤리아; Sharia)에 따라 운영되는 자금을 가리킨다. 돈을 금리를 받고 빌려주는 것이 아니라 돈이 필요한 사람에게 투자하고 그 이익을 배당받는 개념이다. 즉 이슬람 율법은 이자를 받지 못하도록 금지하고 있기 때문에 서구식의 대출 방식을 그대로 적용할 수는 없다. 이자대신 대출금에 대해서 원금과 함께 주식처럼 배당금을 지급하는 방식을 써야 한다. 즉, 원금보장과 이자를 갚아 주는 채권도 아니요, 원금을 보장하지 않고 이윤을 배당하는 주식도 아니요, 원금보장과 이윤 배당을 결합하는 제 3의 방식이다. 채권투자 자금을 주식투자 자금 형태로 전환하는 매개적 기능의 가상회사의 설립과 이 과정에서 이자소득세 및 배당소득세의 이중과세가 되는 것을 막기 위한 상법 등 관련법을 보완하는 작업이 선행적으로 필요하다.

각종 금융규제와 자본흐름의 과정

비록 자유시장경제체제 및 금융자율화, 변동환율의 기조를 유지하지만 정부가 헤지펀드, 파생상품의 거래, 주식의 공매도, 민간외환도입, 자본거래규모, 국가의 기간산업에 대한 외국자본의 지분제한 등에 대하여 정부가 적극적으로 연구 검토하여 적정한 금융규제를 실시하는 것이 필요하다. 특히 최근 새로운 투자규모로 급부상하고 있는 중국, 아랍 등 신흥투자국 국부펀드에 대해서는 경계를 할 필요가 있다. 지난해 가을 독일에서는 국부펀드의 유입을 통제하겠다는 취지에서 유럽연합(EU) 회원국이 아닌 국가가 독일기업의 지분 25% 이상을 인수할 때 심사를 강화하는 법안을 통과시켰다(조선, 2009. 5. 15).

미국행정부는 연방준비은행(FRB) 및 연방예금보험공사(FDIC)으로 하여금 앞으로는 헤지펀드 및 파생상품 등을 감독하는 위기관리 기능을 대폭 확대하는 대규모 금융개혁방안을 마련하였다(매경, 2009. 6. 5). 뿐만아니라 유럽연합(EU)도 역내금융규제 개혁방안에 원칙적으로 합의했다. 월스트리트저널에 따르면 EU 27개 회원국 정상들은 6월 18일 벨기에 브뤼셀에서 열린 정상회담 첫날 새로운 범유럽 금융감독기구 설립 등을 주요 내용으로 하는 금융개혁방안에 의견을 모았다. EU 정상들은 금융위기 재발 방지를 위해 유럽중앙은행(ECB)이 관장하는 '유럽시스템리스크(ESFC)' 설립을 승인했다. 정상들은 또 다른 범유럽기구를 통해 각 정부가 은행 보험사 기타 금융회사를 감독하는 기준을 만들기로 합의했다. 다만 단일규제기구 설립에 부정적인 영국의 입장을 감안하여 이번 새롭게 설립될 범유럽기구들은 개별정부가 구제금융 결정을 하는 금융 주권에는 그 영향을 미치는 권한을 제한하도록 하였다(한국경제, 2009. 6. 20)

우리 정부도 더 이상 국제금융재벌 세력들의 견해를 대변하는 사람들의 말을 쉽게 따르지 않고 국익을 위하여 스스로 판단하는 능력을 갖추는 것이 반드시 필요하다. 국내외 모두의 유동성 관리에 만전을 기하는 것이 필요하다. 국제금융재벌 세력들의 자원의 독점 및 폭리에 대비하는 것이 필요하며 특히 우리나라의 기간산업에 해당되는 주요 기업들도 만약의 경우를 대비하기 위하여 자기자본의 비율을 높이고 현금관리의 중요성을 인식하는 것이 꼭 필요할 것이다.

자본 흐름 과정과 유동성 증대 사이의 관계에도 주목하여야 한다. 최근 우리나라는 글로벌 금융위기로 말미암아 금융기관의 및 기업들의 부도를 막고 또한 서민들의 소비심리를 진작시키는 경기부양을 위하여 확대 금융 재정 정책 을 과감히 실행하고 있다. 지금 시중에 유동자금이 800조나 이르러 과잉 유동성 문제가 논란이 될 정도로 그 규모가 크다고 할 것이다. 그러나 이 800조의 자금은 그 성격에 따라 그 과소 및 과다 여부가 결정될 것이다.

통화량의 전체의 량이나 그 통화량의 유통속도만이 유동성 여부를 결정하는 요인이 아니다. 그 자본의 흐름의 경로가 중요하며 그 경로를 올바르게 관리하는 것이 경제의 위기를 극복하는데 매우 중요할 것이다. 즉 확대재정 및 금융정책만으로 능사가 아니다. 즉 돈을 찍어낸다고 다 해결될 만큼 충분한 일이 아니다. 자금흐름의 직접성 및 간접성 여하를 각론적으로도 잘 관리하여야 할 것이다.

가장 바람직한 돈의 흐름은 기업으로부터 나온 자금이 시간적 간격(time lag)이 없이 바로 기업으로 되돌아가는 자금의 흐름이다. 결국은 기업으로 흘러간다고 해도 그 거치는 단계가 많을수록 그 자금은 경기부양과 관계가 적어진다. 기업으로부터 나온 소득이 바로 구매로 이어지든지 아니면 주식투자나 채권매입으로 이어지는 것이다. 이와 같이 기업으로 직접 되돌아가는 자금의 흐름을 촉진하기 위하여 세금은 가급적 최소로 하고 필요하면 보조금을 지급하는 것도 좋다. 유사한 경우로 기업으로 직접 되돌아가는 자금이 아니더라도 기업의 환경을 호조건으로 만들고 환경의 가치증식을 하기 위하여 지출되는 경우이다. 가치증식이라는 측면에서 이 경우도 생산활동이라고 볼 수 있기 때문이다.

가장 바람직하지 않는 경우는 부동산을 거래를 위하여 대기상태에 있는 자금이라든가 종교적인 기부금, 유흥적인 거래 등과 같이 기업의 새로운 생산 활동과 무관한 돈의 흐름이다. 이 돈이 은행 저금이 되어 결국 기업으로 되돌아간다고 해도 그 여러 단계에서 소모되는 시간적 낭비는 경기부양을 위한 유동성 향상과는 무관하게 된다. 뿐만 아니라 경제의 직접적인 순환과정에서 그 자금의 흐름이 간접적인 경로를 따라 빠진 만큼 위축되는 것이다.

최근에 경기부양정책으로 풀린 과잉유동성에 대한 출구전략이 심각하게 논의 되고 있다. 그래서 통화량회수 및 고이자율을 고려하고 있다. 그러나 이러한 긴축정책을 시행하기 전에 먼저 인플레이션을 자금의 흐름과 관련하여 추적하고 바로잡는 것이 필요하다. 아직 고용지표는 나쁜 상태이며 회복의 시기는 요원하다. 지금 부동산 가격이 폭등하는 현상은 서울 강남지역을 중심으로 한 극히 일부지역일 뿐이다. 따라서 이는 자금의 흐름이 편중된 극히 국지적인 현상이므로 여기에 대한 대응도 선별적으로 이루어져야 할 것이다.

국부펀드에 의한 총성 없는 경제전쟁

글로벌 금융위기 때문에 전 세계의 경제가 태풍권에 진입했음에도 불구하고 북유럽의 노르웨이는 평온하게 지내고 있다. 세계의 경제교과서라고 할 만큼 이 나라의 경제정책은 모범적이다. 노르웨이는 작년에 3%의 경제성장율을 유지했으며 정부의 재정흑자는 11%에 달하며 국가 부채도 전혀 없다. 글로벌 금융위기의 직격탄을 맞은 미국의 재정적자는 국민총생산(GDP)의 12.9%이며 공공부채는 11조에 달하는 것과 대조된다. 뉴욕타임즈(NYT)는 "글로벌 경제위기가 거의 모든 나라를 덮쳤으나 노르웨이만은 비껴갔으며 자기만의 길을 추구했던 노르웨이를 보면 경제학 공부가 된다"고 분석하였다.

노르웨이는 다른 나라들이 흥청망청 돈을 쓸 때 저축을 많이 했으며 다른 나라들이 정부기능을 축소할 때 복지규모를 확장하였다. 인구 460만 명의 노르웨이는 1인당 국민소득이 5만 2000달러로서 룩셈부르크에 이어 세계 2위의 부국이다. 1970년대 북해 연안에서 석유가 터지면서 세계 3위의 석유수출국이 됐다. 지난해 석유수출로 벌어들인 수익이 680억 달러에 달한다. 그러나 여타 산유국들이 빠져든 소비의 함정을 현명하게 피했다. 석유수출로 거둔 수익을 곧바로 국부펀드로 돌려 세계 각국에 투자했다. 작년 가을부터는 3000억 달러 규모의 국부펀드 중 600억 달러를 세계증시에 투자했다. 지난 3월 이후 증시가 반등되면서 막대한 이익이 예상된다. 노르웨이의 국부펀드는 현재 세계최대 규모에 근접했다고 NYT는 전했다.

노르웨이와 공동으로 북해 유전을 개발한 영국과도 매우 대조적이다. 영국은 오일 머니로 소비잔치를 벌였다가 재정적자에 시달리고 있다. 노르웨이에는 부동산 대폭락의 악몽도 없었다. 과도한 주택대출이 없었기 때문이다. 돈을 빌려서라도 일단 집을 사고 보자는 국민도 드물고 노르웨이 은행도 대출에 신중하다. 개인이든 정부이든 과도한 소비지출과 적자는 경제위기를 초래한다는 만고의 진리를 다시 한번 깨닫게 하는 대목이다(조선, 2009. 5. 15).

국부펀드는 앞으로 국가 간의 경제적 경쟁 혹은 총성 없는 경제전쟁의 한 주요한 국면을 보일 것이다. 각 국가는 미래의 경제를 유리한 방향으로 이끌기 위한 주요한 경제 전략으로서 국부펀드를 조성하여 인수합병 및 해외투자를 감행할 가능성이 높다. 이를 잘 이용하는 국가에게는 노르웨이처럼 많은 국익을 가져오지만 반면에 여기에 대하여 대비를 소홀히 하면 엄청난 국부의 유출 및 국가안보의 위기도 초래할 것이다. 비록 경제전쟁이라고 할지라도 모든 전쟁의 경우에 언제나 그렇듯이 "적에게 유리한 것은 우리에게 불리하고 우리에게 유리한 것은 적에게 불리한 것"과 같은 이치이다.

국부펀드는 외환보유고와 같은 정부자산을 가지고 주식, 채권 등 금융상품에 투자하는 정부소유의 투자기관을 말한다. 국부펀드는 장기국채, 회사채,. 주식, 상품, 부동산, 파생상품 등을 다양하게 소유하고 있다. 국부펀드는 대개 석유수출로 축적된 오일마니와 무역수지 흑자로부터 조달된 자금력을 바탕으로 주로 중동국가들이 수익을 내기 위하여 만든 국부펀드 들이다. 이러한 중동의 대표적인 예가 1961년에 조성된 큐웨이트 국부펀드(Kuwait Investment Authority)와 아랍에미리트의 아부다비 펀드(Abudhabi Investment Authority)이다. 그리고 비산유국들이 외환보유액을 활용해서 만든 것으로는 싱가폴의 테마섹펀드와 싱가포르 정부투자공사(The Government of Singapore Investment Corporation)에 의한 펀드가 대표적인 예이다. 우리나라도 후자의 경우로서 한국을 세계의 금융허브로 만들기 위하여 2005년에 200억 달러 규모의 한국투자공사(Korea Investment Corporation)라는 이름의 국부펀드를 만들었다(조선, 2009. 5. 15, 현혜정 글).

우리나라를 세계의 금융허브를 만들기 위하여 세계의 거대한 펀드들을 무분별로 유치하고 금융시장을 활짝 개방한 것이 이번 글로벌 금융위기를 자초한 점이 있다. 그러나 앞으로의 경제전쟁은 불가피하게 각종 펀드들 사이의 경합에 의한 치고 빠지는 진검승부 및 대규모 기업 인수합병(M&A)의 바람이 불가피하기 때문에 궁극적으로는 무조건 '세계의 금융허브의 접근방법'을 비판할 것이 아니라 오히려 그 세부적인 실천 전략의 지혜로움을 추구하는 것이 더 중요할 것이다.

국부펀드는 정부의 자산을 운영하는 정부소유의 투자기관이라는 점에서 헤지펀드나 사모펀드는 다르다. 원래 펀드는 수익을 내기 위하여 개인이나 기관, 단체 등의 다수의 투자자들이 조성하는 투자자금을 말한다. 이와 같이 다수가 조직된 투자자금을 형성하는 것은 개별 투자자들이 갖는 지식 및 정보획득 능력의 한계, 네트워크의 한계 그리고 자금규모의 열세로 투자처의 제약 등을 극복할 필요가 있기 때문이다. 대개는 증권사나 투신사를 통하여 다수의 소액투자자들이 가입하여 만드는 뮤추얼 펀드가 일반적이다.

그런데 헤지펀드(Hedge Fund)는 비(非)공개로 모집된 소수의 고액투자자들의 자금으로 고(高)위험의 파생금융상품에 단기 투자를 하는 펀드이다. 다수의 일반투자자들로 구성된 뮤추얼 펀드와는 달리 헤지펀드는 소수의 투자자들로 구성되기 때문에 대부분 정규의 규제와 감독을 받지 않고 매우 자유롭게 자금이 움직인다. 그리고 그 본거지를 세금이 거의 없는 곳에 페이퍼 회사(paper company)를 두고 있으며 또한 투자성향이 주로 단기 고(高)수익을 추구하기 때문에 대상국가의 금융시장에 심한 불안을 증대시키기도 한다.

사모펀드(PEF, Private Equity Fund)는 비공개로 소수의 투자자들의 자금으로 운영된다는 점에서 헤지펀드와 차이가 없다. 그러나 헤지펀드는 일반적으로 기업의 경영에는 개입하지 않고 단기간 매매차익을 얻는 것을 주요 투자 목적으로 하는 반면, 사모펀드는 기업의 경영권을 인수하여 기업의 가치를 높인 후 이를 되팔아 이익을 얻는 것을 목적으로 하고 있다는 점에서 차이가 있다. 우리나라 외환은행 인수를 통해 많은 이익을 남긴 론스타나, SK의 경영권을 위협했던 소버린 등은 우리에게 익숙한 사모펀드라 할 수 있다.

지금 전 세계의 국부펀드의 자산규모는 2 ~ 3조 달러로 추산되고 있다. 이는 최근 국제 자본시장에서 인수합병(M&A) 붐을 일으키는데 큰 역할을 한 사모펀드와 헤지펀드의 자산을 합친 것 보다도 더 큰 규모이다. 국제통화기금(IMF)에서는 국부펀드가 2012년까지 약 10조 달러로 성장할 것이라고 전망하고 있다. 그리고 국부펀드의 해외투자액은 2003년에 27억 달러에 불과했는데, 해외 인수합병(M&A) 금액이 급속도로 증가하여 4년이 지난 2007년에는 2003년의 무려 24배가 넘는 667억 달러에 이르렀다. 국부펀드의 해외투자가 급속히 증가하는 특징은 눈여겨 볼 대목이다.

그러나 다른 나라의 국부펀드가 자기나라에 투자하는 것을 일반적으로 그리 달가와 하지 않는 것은 무슨 까닭일까? 그것은 국부펀드는 정부소유의 돈이며 투자주체가 주주가 아니고 정부이기 때문에 기업처럼 투자정보가 투명하지 않고 베일에 쌓여 있다는 점이다. 뿐만 아니라 다른 나라의 주요 자원이나 기간산업에 주로 투자함으로서 국가안보를 염려케 한다는 점이다. 국부펀드는 초기에는 주로 미국의 국채와 같은 안전자산에 투자했지만 시간이 지나면서 점차 다른 나라의 자원이나 에너지, 항만, 통신 등 기간산업으로 그 대상을 넓혀가고 있다. 최근 중국의 경우 국부펀드와 국책은행들이 나서서 해외투자에 매진하고 있다. 따라서 국부펀드의 투자배경에는 이윤추구를 위한 경제적 동기뿐만 아니라 모종의 정치적 목적도 숨어있는 것이 아닐까하고 의심하는 나라들이 많다. 이 때문에 최근 미국, 독일, 프랑스, 캐나다, 러시아는 국가안보를 이유로 전략산업에 대한 외국인 투자규제를 강화하는 추세이다. 아랍에미리트의 국부펀드인 두바이월드가 뉴질랜드의 오크랜드 국제공항 지분 20%를 인수하려 했지만 뉴질랜드 정부에서 국가안보를 이유로 거부한 것이 좋은 한 예가 될 것이다.

역으로 보면 우리나라는 외국의 국부펀드에 대하여 규제를 하는 동시에 우리나라의 국부펀드를 조성하여 해외의 주요자원이나 기간산업의 인수합병에 적극 관심을 갖어야 할 것이다. 우리나라의 한국투자공사(KIC)도 최근 글로벌 금융위기 극복을 위하여 각국에서 대규모로 방출한 화폐량이 나중에 세계적인 물가급등인 하이퍼인플레이션을 초래하는 사태에 대비하기 위하여 전통자산 투자 대상인 증권, 채권 뿐만아니라 해외부동산, 원자재, 상품가격지수의 파생상품 등 대체자산 투자로 다변화하여 공격적인 국부를 운영하기로 했다(한국경제, 2009. 7. 16). 6월말 기준으로 KIC의 운용자산규모는 한국은행이 위탁한 179억 달러와 정부의 기획재정부가 위탁한 108억 달러 합하여 총 278억 달러 규모이다. KIC는 호주의 국부펀드(QIC), 말레이시아 국부펀드(KNB)에 이어 쿠웨이트 국부펀드(KIA)와도 전략적 제휴를 위한 양해각서(MOU)를 맺고 있다. 비록 국부운영의 기간과 경험이 짧아서 현재 약간의 손실을 내고 있지만 이것이 잘 운영되면 우리나라의 부를 창출하는 원천이 될 수 있을 것이다. 정부재정도 반드시 균형예산 혹은 적자예산이 아니라 흑자예산으로 운영하고 이를 잘 운용하여 국부를 재창출하여 국민들에게 다시 되돌려 주는 국가 전략도 검토되어야 한다. 이러한 접근이 우리나라 미래를 위한 또 다른 도약의 희망이 될 수 있을 것이다.

자원 확보를 위한 국가전략

글로벌 금융위기로 말미암은 경기부양정책은 심각한 하이퍼인플레이션을 초래할 것이다. 그리고 환물사상에 의하여 각 나라는 화폐 대신 각종 자산을 확보하려고 할 것이다. 자산의 가격이 폭등하여 원가상승압력과 인플레이션에 의한 구매력 급감이 결합된 스테그플레이션 세계대공황이 닥쳐올 것이다. 특히 국부펀드에 의한 각 나라의 자원 확보 경쟁은 국가의 존립을 걸고 치열하게 전개될 것으로 예상된다.

우리나라도 대외수지 흑자 및 흑자재정을 통한 국부펀드의 조성과 자원투자에 보다 적극성을 가질 필요가 있다. 그리고 자원을 갖고 있는 나라와의 긴밀한 외교 및 각 방면의 긴밀한 네트워크를 구축할 노력을 해야 한다. 중동의 유전개발 및 정유시설에 대한 합작투자, 해양 유전시추개발에 대한 광범위한 국가 간 협력체계, 아프리카 및 남아메리카 등지에서의 광산, 목재, 식량 등의 확보 등이다.

우리나라에서 최근 환태평양 혹은 동남광역경제권의 논의는 주목할 만하다. 미래의 자원확보의 차원에서 의의가 크다. 일본, 러시아 중국, 북한, 더 나아가, 미국, 호주, 뉴질랜드와의 국제교류의 관문으로서 환태평양경제권 혹은 동남광역경제권에 대한 정부의 정책은 상당히 가치가 있다고 평가된다. 특히 러시아의 천연가스와 유전, 중국 동북 3성 지역의 방대한 광물 및 식량은 자원 확보와 매우 관련이 있다. 서울 및 인천을 포함한 경인지역이 중국 중앙 지역, 인도, 베트남과의 국제교류의 관문이 되었다면 이 울산, 부산, 창원, 마산, 경남, 대구, 포항, 경북 등의 약 1시간 교통 반경의 영남경제권은 극동러시아, 중국 동북 3성, 일본, 미국, 호주, 뉴질랜드와 원활한 국제교류를 담당하는 관문으로서 역할분담 하는 것이 필요하다. 특히 가까운 일본은 미래에 로봇산업의 기술력과 그 방대한 세계시장의 개척의 가능성이 있으므로 이 지역의 일본과의 산업교류는 미래의 국부를 창출하는 좋은 계기가 될 수도 있을 것이다.

우리나라가 자원 확보 및 기술협력의 이점으로 환태평양 동남광역경제권을 발전시키려는 시도는 이웃 해당 국가에게 무엇인가 그 반대의 유익함을 제공할 수 있어야 연속성을 갖으면서 성공할 것이다. 늘 얻을 것만 생각해서는 안 된다. 그럼, 우리는 이웃 국가들에게 무엇을 줄 수 있을까? 첫째, 러시아는 한반도를 거쳐서 일본에 이르는 천연가스관이나 송유관을 잇는 데에 큰 관심을 갖을 것이다. 그리고 편리한 부동항(不凍港)을 값싸게 임대하여 활용하기를 희망할 것이다. 둘째, 중국의 동북 3성은 한국의 농업 및 광물개발의 생산성을 높이는 기술합작에 관심이 클 것이다. 그리고 역시 한반도를 거쳐서 일본의 큰 규모의 경제권과 연결되는 도로 및 철도망을 필요로 할 것이다. 셋째, 일본은 섬나라이므로 원래 항상 대륙진출의 강한 꿈을 지녀왔다. 2차대전시에 우리나라를 식민지로 만들고 중국을 거처 동남아지역으로 침략전쟁을 감행한 것도 이 때문이다. 이제는 유럽경제 공동체처럼 대륙으로 진출하여 동남아공동경제권을 만들고 그 나라의 수출시장을 보다 쉽게 확대하는데 매우 관심이 매우 클 것이다. 따라서 일본의 서해안과 한국의 영남경제권과의 해저터널로서 철도나 도로를 건설하는 프로젝트와 자유무역지역의 설정은 앞으로 일본의 대규모 투자를 유치하는데 매우 도움이 될 것이다(서해에는 중국의 산동반도와 연결되는 해저터널도 함께 만들어진다면 더욱 금상첨화일 것이다). 환태평양 동남광역경제권의 발전을 위하여 이웃나라에게 가치 있는 무엇을 함께 제공하는 구상을 해야 한다. 이를 위하여 동해안의 철도 및 고속도로를 빨리 건설하여야 한다. 그리고 크고 좋은 항구 시설과 수출자유무역지역을 광범위하게 개발하여 제공하여야 한다. 그리고 한일 간의 해저 철도 및 도로 건설을 추진하여야 한다.

환태평양 동남광역경제권에 대한 논의와 구상이 오래 전부터 있어왔지만 그동안 별로 진척이 되지 못한 가장 큰 이유는 북한의 폐쇄성 때문이다. 북한은 지금 경제가 너무 어려워 국민들이 기아와 토탄에 빠져 있음에도 불구하고 정치적 논리만을 앞세워 큰 국익을 추구할 수 기회를 깡그리 놓치고 있다. 북한이 정치와 경제를 분리하여 환태평양 동남광역경제권의 건설에 동참한다면 북한의 경제발전은 물론 환태평양 동남광역경제권의 성공을 장담할 수 있을 것이다. 북한은 도로, 철도, 송유관, 천연가스관 설치만 허용하고 이를 안정적으로 사용할 수 있다는 확신만 주변국에 줄 수 있어도 막대한 경제적 이득을 챙길 수 있을 것이기 때문이다. 오히려 북한이 개방이나 민간인 접촉의 부담도 없는 이 사업을 왜 적극적으로 나서서 추진하지 않는지 그 쪽 입장에서 볼 때도 도무지 이해가 안 간다. 우리나라는 적극적인 외교로서 북한을 설득하여 여기에 동참토록 하는 것이 필요하다. 만약 지금 실현이 어려우면 현 북한 정권의 세대교체가 일어난 이후의 이러한 새로운 정책을 기대해 봄직하다. 그러나 우리나라는 어느 날 갑자기 이러한 북한의 변화가 갑작스럽게 도래할 때를 대비하여 미리 동해안에 고속도로 건설 및 철도 건설을 추진할 필요가 있다.

일본은 한국에 대한 일제강점기 때에 이미 도로건설 및 철도건설을 계획하고 착공을 하다가 2차 세계대전 종전으로 중단하고 그 건설의 흔적을 남겨 놓았다. 이것은 일본, 한국, 중국, 러시아 유럽 및 아프리카를 있는 교통망의 의미를 갖는 것이고 이미 50년 전에 구상된 것이다. 이때는 당시의 일본의 대륙진출을 위한 일본의 병력 및 군수물자 수송을 위한 목적이지만 이제는 이 교통망과 관련된 이 지역 모두의 물자 및 자원의 교류, 경제 통합 및 발전을 위한 주요 교통망이 될 수 있다는 구상이다.

환태평양 동남광역경제권은 자급자족형 대도시의 형성의 의미도 갖고 있다. 우리나라가 서울을 중심으로 한 경인지역의 발전에만 너무 치중한 나머지 서울과 지방이라는 격차와 위화감과 상호간의 벽이 생겨나고 있다. 서울은 인구의 약 50%, 자본의 약 80%를 차지하고 있다. 국토의 균형발전의 개념으로 많은 혁신도시를 의도적으로 만들려고 하지만 대단한 서울의 흡인력에 휩쓸려갈 가능성이 농후하여 그 성공여부가 매우 불투명하다. 서울의 인구 및 자본 흡인력을 분산시키려면 많은 작은 도시를 새로 만드는 것이 아니라 서울과 대등한 지위를 갖는 능력의 대도시를 만들고 발전시키는 것이 필요하다. 즉, 제2의 특별시을 만드는 것이다. 환태평양 동남광역경제권을 제 2의 수도 제 2의 특별시를 만드는 것이다. 그리고 통일이후 평양을 중심으로 제3의 특별시, 그리고 여건이 조성되면 호남권을 제4의 특별시로 나아가는 것이다.

민생주의(民生主義) 접근

우리나라의 민생주의는 경쟁의 영역과 복지의 영역을 분리하여 접근하는 것이 바람직하다. 이는 치열한 국제적의 무한경쟁의 시대에 살아남기 위한 고육책의 의미도 있다. 자본 및 금융의 통제가 자칫 잘못하면 오히려 국제경쟁력을 훼손하는 형태가 될 수도 있기 때문이다. 글로벌 금융위기에서 경기부양 정책을 실시할 때 기층민의 복지문제를 중시하여 다루었다면 더 효과가 컷을 것이다. 기층민에게 돈이 흘러들어갈 때 투자가 소비에 연결되는 효율성이 더 높을 것이다. 사회안정망 구축을 전시효과가 큰 4 대강 개발 보다 더 우선시했더라면 하는 아쉬움이 크다.

1929년 세계대공황 및 그 이후에 계속 약 10년 마다 주기적으로 다가오는 세계의 경제불황의 경험에서 우리는 확실한 하나를 배웠다. 세계 부(富)의 편중은 생산력과 소비사이의 괴리가 심화된다는 것이다. 소득이 일반대중에게 널리 분배가 되지 않으면 일반대중의 구매력 상실로 소비가 이루어지지 않아 필연적으로 경기침체가 나타난다는 것이다. 과거의 세계대공황 때에도 경기부양을 위하여 엄청난 화폐발행 및 화폐공급량을 증대하는 확대재정금융정책을 시행하였다. 이는 케인즈 경제학자가 주장한 유효수요창출을 향한 접근이다. 이 경우 부의 편중 및 불평등은 시정되지 않은 채로 일반대중의 구매력이 되살아나 경기가 활성화 되었다. 그러나 이와 같은 화폐공급에 의한 구매력 촉진은 자원이 정상 시장 가격으로 무제한 공급이 가능한 경우에 국한하여 가능하다, 자원의 공급이 부족하거나 독과점으로 제한되는 경우에는 아무리 화폐공급이 많아도 원가인상 인플레이션과 소득불평등에 따른 구매력 감소가 같이 나타나는 스테그플레이션의 문제를 피할수 없다. 따라서 불평등 구조를 시정하려는 기층민 중심의 온건한 민생주의 접근은 이들의 구매력을 증가시키는 그 경제적 의미도 매우 크다.

민생주의는 구체적인 개개의 구체적인 인간의 삶을 보장하는 사상이다. 자유를 정치적 자유와 경제적 자유로 나누어 본다면 민주주의는 정치적 자유를 추구하는 것인 반면 민생주의는 경제적 자유를 확보하려는 것이다. 민족주의나 민주주의는 상당히 추상적이지만 민생주의는 상당히 구체적인 실질적 삶의 문제이다. 민족주의와 민주주의는 부당한 지배구조를 깨뜨리고 구성원들의 자유의 공간을 마련하는데 의의가 있다. 그러나 이러한 형식적, 정치적 자유가 주어져도 그 자유의 공간을 채울 경제적 실질적 자유가 뒷받침 되지 않는다면 개개인들의 삶은 행복하지 못하고 때로는 파탄에 이를 것이다. 그리고 이미 확보된 정치적 자유마저도 결국 포기하는 경우도 생길 것이다.

민생주의는 소위 서민들의 피부에 와 닿는 구체적 실질적 삶의 문제이다. 민생주의가 지향하는 목표는 경제적 불평등 구조를 시정하는 것, 저소득층 서민들의 생존보장 그리고 기타 각종 생의 위협으로부터 사회적 약자들을 구체적 실질적으로 보호하는 것이라고 볼 수 있다. 자본주의의 등장은 역사적으로 볼 때 대체로 전통적 신분사회를 타파하고 자유민주주의와 시장경제의 계약사회의 발달을 가져 왔지만 이러한 자유방임사상은 결국 경제적 불평등 구조로 인간의 자유가 다시금 억압되는 모순을 보아 오게 되었다. 자본주의의 이러한 문제점을 시정하는 역사적 필요성에서 수정자본주의, 혹은 복지국가 모델이 나타났으며 이는 바로 여기서의 민생주의의 정치사상과 부합된다고 할 것이다.

민생주의의 목적을 우리나라 실정에 맞추어 각 분야에서 실현하는 필요하다. 경제적 실질적인 민생주의는 정치적 형식적인 민족주의 및 민주주의와 어떤 원리로서 조화를 시키느냐가 주요한 문제이다. 민생주의에는 3가지 접근방법이 있다. 서민들을 구체적 실질적으로 어떻게 하면 잘 살게 할 것인가? 특히 생존을 위협받는 생존선(生存線) 이하의 사회적 약자들을 어떻게 하면 잘 보호할 것인가? 이러한 문제를 해결하기 위한 민생주의는 크게 3 접근방법을 택할 수 있다.

첫째, 우리나라를 극도의 효율성 혹은 성장 위주로 이끌어 가는 방법이다. 경제성장 및 발전을 제일주의로 하여 자본주의 세계시스템의 중심국(Core)로 진입하는 것이다. 세계 전체의 구조로 볼 때 중심국으로 올라서기만 하면 설사 사회내부의 불평등 구조는 심화되더라도 사회의 전체의 위상이 세계시스템의 상층부 위치로 이동되므로 기층민들의 생활여건도 동시에 함께 생존선 위로 옮겨져 저절로 생존이 보장될 수 있다는 것이다. 중심부는 대체로 고임금 상태와 인력난을 경험하는 곳이다. 경제발전과 고용 확대가 최대의 복지정책라고 보는 관점이다. 이 관점은 기업들이 국제경쟁력을 갖기 위하여 정부가 최대한 지원하며 그 기업에게 경쟁력을 훼손하는 일체의 부담을 주지 않으려는 정책을 실시한다. 그리고 이로 말미암아 발생하는 내부 불평등 구조는 거의 시정하지 않는다. 경제발전 제일주의 정책이다.

둘째, 경제적 불평등 구조를 정부가 적극적으로 시정하는 방법이다. 이는 정부가 과세정책을 통하여 부자들의 재산을 세금으로 최대한 많이 거두어 가난한 사람들에게 해택이 많이 쓰는 것이다. 이는 적극적으로 정부가 공권력을 사용하여 불평등 구조에 개입하며 문제를 해결하려는 것이다. 따라서 그 만큼 사회구성원들의 경쟁, 거래, 계약, 자유 시장 메카니즘 등에 간섭하여 자유민주주의를 그 만큼 위축시킬 우려가 크다. 이는 생존선 이하의 기층 서민들뿐만 아니라 사회 전반적으로 거의 비례하여 불평등 구조를 시정하려는 것이다. 즉, 불평등 수준의 기울기를 보다 수평으로 완화시키면서 동시에 사회의 최저 기층민이 적어도 생존선 위에 위치하도록 하는 접근이다. 경제적 불평등 구조를 시정할 뿐만 아니라 정치적 권력적 불평등 구조도 함께 시정하려고 한다. 권력배분과 재산배분을 함께 나아가는 속성이 있기 때문에 서민들이나 기층민들에게 정치적 힘을 실어주는 것이다. 이를테면 노동운동, 농민운동 및 실업자(失業者)동맹 운동 등을 장려하는 따위이다. 계층간 격차를 전체적으로 줄이는 방식이다.

셋째, 이 방법은 필자가 주장하려는 민생주의 정치사상의 요체로서 성장과 복지의 문제를 분리하여 다루는 방법이다. 즉, 경쟁 부문과 보호 부분을 두개의 다른 별도 영역으로 완연히 구분하고 서로 다른 접근의 원리를 적용하는 방법이다.

경쟁의 부분과 복지의 부분은 별도의 문제로 인식하고 각각 독립된 접근방법을 적용하는 것이 바람직 할 것이다. 오늘날과 같은 국경이 점차 낮아지는 세계화(Globalization) 시대에서는 대외적으로 최고의 경쟁력을 확보해야 우리 민족이 생존 번영 할 수 있음을 잊지 말아야 한다. 따라서 경쟁 영역은 그 경쟁을 극대화할 수 있도록 적극 도와주고 반면에 이 치열한 경쟁 과정에서 탈락한 부적응의 사람들에 대해서는 복지의 개념을 적용하는 것이 옳다. 즉, 경쟁과 복지의 영역은 상호 분리하여 각각 철저하게 병렬 추진하여야 하며 반면에 이 양자를 상호 섞어서 평준화하는 개념은 탈피하는 것이 바람직하다고 본다.

이 접근에 의하면 경쟁의 영역은 철저하게 경쟁을 잘할 수 있도록 정부가 강력하게 밀어주고 경쟁에 방해되는 부담을 절대 주지 않는다. 이를테면 국제적으로 펼쳐지는 세계 시장 및 무한경쟁의 시대에서 우리나라를 대표하는 선수급 기업들이 확실히 이길 수 있도록 지원하는 것이다. 그리고 다른 한편 보호의 영역은 철저하게 사회복지 정책으로 보호하는 것이다, 이는 세금으로서 최저 기층 서민들을 모두 생존선 이상으로 보호될 수 있도록 정부가 적극적으로 나서는 것이다. 필자는 이 원리를 적용하여 우리사회의 여러 사례들을 재해석 하고 정책적 대안을 일관성 있게 제시해 보고자 한다.

적극적인 사회복지 정책이 필요하다. 일반 서민들은 정부로부터 과연 무엇을 원할까? 이 점은 쉽게 몇 가지로 정리해 볼 수 있다. 우선 우리나라 안보에 대한 안심을 하고 싶을 것이다. 그리고 강도나 도적 등 각종 폭력과 위협으로부터 치안이 잘 보호해 주기를 원할 것이다. 공정한 행정, 다양한 교육, 양질의 의료서비스 및 문화서비스, 각종 인권 침해나 사생활 간섭을 하지 말 것을 요구할 것이다. 깨끗한 환경, 수도, 공원, 도로, 교량 등 기반시설을 편리하게 이용하고 싶고 불이 났을 때의 소방, 전염병 예방, 긴급 출동하여 응급상황에 대한 지원을 받기를 원할 것이다. 그리고 노약자들은 정부가 생존을 보호해 줄 것을 원할 것이다.

일반 서민들을 위한 정부는 실질적으로 이들이 진실로 원하는 바를 충실하게 충족시켜 삶의 질을 향상시켜야 할 것이다. 최근에 119 소방 및 긴급출동체계는 매우 바람직한 정부 정책이다. 앞으로 이와 같이 서민들의 생활에 직접 도움을 주는 소방, 경찰, 군인, 교사 등의 인원 및 예산은 대폭 늘이고 그 대신 위인설관(爲人設官)을 포함한 방대한 행정 공무원이나 이권 유지 성격의 각종 공단 및 산하 기관들은 약 1/3이하로 대폭 줄여야 할 것이다. 즉 정부조직의 대대적인 구조조정이 필요하다고 하겠다.

정부의 각종 정책 중에서 생존에 크게 위협 받는 기층민들의 복지 및 보호는 매우 중요하고 시급한 문제이다. IMF을 경험하면서 실직하거나 파산한 가정이 많고 계속되는 불경기는 생존선(生存線) 이하에서 허덕이는 사람의 수를 매우 증폭시켰다. 특히 지난 정권은 양지쪽의 사회만을 주로 지원했던 역대의 보수 정권들과는 반대로 지금까지 대체로 외면해 왔던 이 사회의 기층민 사회의 그늘진 부분의 문제들을 잘 해결하기를 기대하면서 급부상한 이념 정권, 진보 정권이라고 볼 수 있다. 그런데 그 정권은 이러한 당초의 국민들의 여망을 이루어주지 못하고 표류했다.

수도 혹은 행정도시 이전, 공공기관이전, 지역균형발전 등등을 통하여 전국의 땅값을 폭등시키고 또한 이들의 땅의 수용을 위한 땅값 보상으로 수십조 원의 정부예산의 낭비를 초래하였다. 그리고 이는 빈익빈 부익부 상황을 더욱 심화시키고 투기꾼들의 거대한 불로소득만을 창출케 하였다. 지난 정부가 중산층의 사람들을 상층부의 사람들과 평등하게 만들려고 각종 시책을 사용하는 것은 바람직하지 않은 행정력 낭비였다. 물론 평등하면 불평등한 상태 보다는 보다 이상적일 수는 있겠으나 생존선 이하의 기층민의 복지와 보호가 더욱 시급하기 때문에 지금은 중산층과 상층부 사이의 평등화 문제에 정부가 개입하지 말고 자율적인 경쟁에 맡기는 것이 더 바람직하고 오히려 생존선 이하의 기층민의 문제부터 적극적으로 챙기는 것이 바람직하다.

민생주의에 근거하여 차별화 될 수 있는 사업은 사회의 안전망

장치라고 볼 수 있는 사회 보장 및 복지 사업이라고 본다. 이를 테면 의료시설을 함께 갖춘 거대한 규모의 복지시설을 대대적으로 전국에 건설하고 스스로 생활하거나 생존하기 불가능한 어려운 경제적 실패자, 파산자, 실업자, 노숙자, 노약자, 미혼모, 고아 등등에 대하여 일시적 혹은 영구적으로 생활 보호 및 취업 알선을 하는 것이다. 정부는 정부의 도움을 필요로 하는 누구든지 수용하여 무료로 먹여주고 입혀주고 또한 치료를 해 주는 것이다. 수용되지 않고 생활보조금만을 지원하는 경우는 급박성으로 보아 그 다음 순위라고 하겠다. 그리고 정부는 우리나라 국민으로서 최저임금수준으로도 일하기를 원한다면 얼마든지 무조건적으로 고용시켜 줄 수 있는 충분한 여건을 만들어야 한다.

정부는 최저임금수준으로도 일할 의사를 갖고 있는 사람들을 무제한 고용시키기 위하여 대규모 각종, 국가토목공사나, 간척지 조성, 혹은 입목사업, 도로, 철도, 교량 건설 등에 가능한 부분에서 일자리를 만들거나 국가 직영 대규모 농업단지조성을 하여 비록 생산성이 임금 수준에 다소 못 미친다 하더라도 사회 복지적 차원에서 모두 저임금 완전 고용을 하는 방법이다. 이것은 보건복지부 산하에 가령 “한국인력공사”와 같은 공기업이나 각종 사회적 기업을 만들어 이러한 완전 고용을 목적으로 추진 운영하는 방안이다. 그리고 나머지의 고임금 고용문제에 관해서는 모두 기업 자율과 인력시장 메카니즘에 맡기는 것이다. 오늘날 중소기업에서 인력 부족을 호소하고 있다고 하나 대개 기술과 능력 및 학력을 갖추었거나 신분이 확실한 사람을 요구하기 때문에 기술이 없는 최저 기층민들에게는 고용이 잘 이루지지지 못했다. 따라서 국가가 직접 나서서 기층민의 재활을 위하여 노력을 하여야 한다.

정부는 비정규직을 매우 고임금의 정규직으로 똑 같이 만들려는 방식으로 고소득 고용을 촉진하는 것은 기업들의 국제경쟁력을 떨어뜨리는 매우 위험한 접근방법이라고 하겠다. 그리고 정부는 그럴 명분도 별로 없다. 뿐만 아니라 국제경쟁을 해야 하는 대기업의 고임금 고용에 대해서는 정부가 조금도 개입하지 않는 것이 옳다. 이러한 고임금 고용에 대해서는 어떤 형태의 고용 할당도 하지 말고 대기업의 완전 자율에 맡기는 것이 바람직하다. 그리고 이들 기업의 임시직에 대해서도 기업의 자율에 맡기는 것이 바람직하다.

그러나 이 사회에서 경제적으로 낙오한 기층민들의 우리나라 산업화의 희생자들이라고 볼 수 있다. 전통 농경사회였다면 평화롭게 잘 살 수 있었을 사람들이 산업화시대에 경제적으로 잘 적응 못했기 때문이다. 사회의 빈부의 격차가 지나치게 극심해 지면 여러 가지 각종 사회 불안의 요인도 될 수 있다. 이들 최빈층의 보호와 복지는 국가 안보차원에서도 중요하다. 정부는 사회에서 자율에 맡겨야 할 부분과 적극 나서야 할 부분을 잘 가려서 대처해야 할 것이다.

한·중·일 금융공조체제의 필요성

미국을 자세히 알고 보면 실제로는 국제금융재벌 세력들의 경제식민지 상태이다. 미국이 지금 선진대국으로서 세계의 여러 국가를 주도하는 양상은 사실상 미국자체가 아니라 국제금융재벌 세력들의 지배 및 투자 하에서 움직이는 미국의 정치조직, 군부, 매스콤, 학계, 투자은행이나 상업은행, 군수산업, 다국적기업 등의 역할에 의한 것이며 대다수 미국민들은 소외된 상태이다. 미국민들은 이러한 국제금융세력들의 들러리를 서고 있으며 때로는 심각한 착취를 당하고 있을 뿐이다. 중국의 베스트셀러인 쑹훙빈의 '화폐전쟁'이라는 책에서는 미국의 중앙은행인 연방준비은행(FRB)마저 이들의 국제금융세력의 의하여 독점되었으며 미국 정부는 스스로 화폐를 발행할 권한이 없으며 다만 이 FRB에게 채권을 발행하여 주면서 이 민영은행이 발행한 달러를 빌려 쓰고 있는 형국이라고 증언하고 있다. 미국의 역대대통령들 중에서 이 국제금융세력으로부터 이 화폐발행권을 국가에게로 찾아오려고 적극 노력했던 대통령들은 모두 의문의 암살을 당했으며 결국 이러한 경제적 국권회복의 의도는 실패했다고 주장하고 있다.

FRB가 달러를 발행하면 그 달러의 소유권은 궁극적으로 FRB가 갖으므로 그 만큼의 FRB의 부(富)가 증가되는 동시에 미국정부의 채무가 늘어나는 것이다. 그리고 미국 정부가 이 빌린 달러를 쓰면 인플레이션을 조장함으로서 미국민들을 가난하게 만드는 동시에 화폐발행권자인 FRB에게로 그 부의 이동이 이루어지는 것이다. 미국민들은 약 12조 달러에 이르는 미국정부의 채무의 원금과 이자를 언젠가는 세금으로 갚아야 한다. 미국민들은 인플레이션에 의한 피해와 세금에 의한 상환부담의 이중고를 겪는 대신 정부의 정책자금 사용으로 혜택을 받는 한가지 부분이 있다. 즉 인플레이션에 의한 피해와 미정부의 정책자금사용에 의한 혜택은 크게 서로 그 효과가 상쇄한다고 해도 미국 정부의 누적된 채무를 미국민이 미래의 세금으로 갚아야 하는 부분은 그대로 남아 FRB의 부의 축적으로 둔갑되는 것이다. 이러한 국제금융재벌세력에 의한 화폐발행권 상실과 경제식민지 상태의 종속 현상은 비단 미국뿐만이 아니라 영국, 독일 프랑스 등 대부분의 유럽 국가들도 유사한 경험하고 있는 양상이다.

그러나 우리나라는 지금 아직까지는 다행히 중앙은행인 한국은행이 전적으로 우리나라의 정부 혹은 우리국민들의 전적인 지배하에 놓여 있다. 우리나라 정부가 약 400조원에 달하는 많은 누적된 부채가 있다고는 하나 만약 추후 국가채무가 없는 화폐발행을 직접 실행하여 우리 정부가 그 발행된 자금을 쓸 수 있다고 국회 또는 국민들이 결정한다면 국가의 부도를 막고 언제든지 다시 정부의 빚이 없는 원점에서 시작할 수도 있다. 즉 중앙은행인 한국은행은 스스로 화폐발행에 의한 이익을 갖지 못하고 국가나 국민에게 공적으로 귀속시킬 수 있다. 이는 미국이나 유럽의 국가들과 근본적인 차이가 있는 점이다. 한 국가가 경제적인 독립국가인가 아니면 식민지국가인가는 바로 그 국가의 화폐발행권을 가진 중앙은행을 아직 국제금융재벌세력(혹은 세계총자본세력)에게 빼앗겼느냐 않았느냐의 여부이다.

미래에는 과거와는 달리 군사력으로 타국가의 정권을 탈취하는 방식으로 식민지를 만들지는 않고 그 대신 경제적인 침략을 하는 방식이다. 우리나라 국민들이 모두 힘을 합쳐 한국은행의 화폐발행권을 보호하는 것은 바로 우리나라의 독립국가의 지위와 관련되는 중차대한 전략임을 결코 잊어서는 아니 될 것이다. 우리나라와 마찬가지로 중국, 일본도 아직까지는 국가가 중앙은행을 국영으로 운영하고 화폐발행권을 직접 장악하고 있으므로 경제적인 독립국가의 상태라고 할 수 있다. 그러나 국제금융재벌 세력은 앞으로는 아시아로 눈을 돌려 한국, 중국, 일본의 중앙은행과 중앙은행의 화폐발행권을 빼앗아가기 위하여 온갖 수단과 방법을 가리지 않고 교묘한 방법으로 집요하게 달려들 것이 명확하다. 지금까지는 국제금융재벌세력이 미국 및 유럽의 경제식민지화의 추구과정에 여력이 없어 아시아 지역에 대한 작전을 소홀히 한 셈이다. 그러나 미국 및 유럽의 경제식민지를 마무리한 현 시점에서는 아시아에 대한 공격을 더 이상 미룰 이유가 없다고 할 것이다. 이미 금융전쟁은 시작된 것이다. 국제금융재벌 세력들은 기존의 세계기축통화인 달러발행권에 대한 지배력을 이용하여 '과잉유동성공급과 긴급달러회수전략'을 사용하여 글로벌 금융위기를 반복적으로 일으키면서 이들 아시아 국가의 부를 긁어가는 경제적인 침략을 이미 점진적으로 진행시키면서 각 나라의 경제적인 목을 조이고 있다. 언젠가는 이들 아시아 국가들이 경제위기를 감당을 못하여 국제금융재벌세력에게 무릅을 꿇고 중앙은행은 전리품으로 진상하는 시기를 노리고 있을 것으로 짐작된다. 이제 한국, 중국, 일본이 금융공조체제를 구축해야 할 중요성과 긴급성이 있다고 할 것이다.

국제금융재벌 세력의 영향력을 막기 위한 달러의 기축통화의 대안으로서 중국의 위안화나 일본의 엔화의 단독으로는 거의 가능성이 없다. 우리나라의 원화는 물론 거론조차 할 수 없는 영향력 수준이다. 오히려 국재금융재벌세력은 세계정부의 세계은행의 개념을 통하여 더욱 화폐발행권에 의한 황당한 부의 축적을 극대화 하려고 하고 있다. 그러나 위안화와 엔화 그리고 원화의 3개국이 화폐통합하거나 이들 국가 간 완전 국제결제, 무한 상호 스와프 체제, 외환보유고공동관리, 합동신용평가기관 설립 등 금융공조체제를 구축한다면 달러의 횡포로 부터 상당히 벗어날 수 있다. 과거에는 우리나라의 최대의 위협은 이웃나라인 일본이나 중국이었다. 그러나 오늘날처럼 교통 통신이 매우 발달한 글로벌 시대에는 오히려 국적 없는 이 국제금융재벌세력들이 호시탐탐 우리나라를 경제적 식민지로 만들고 우리의 경제적 주권을 강탈하려는 최대의 공포로 새롭게 등장하고 있다. 우리나라뿐만 아니라 중국, 일본도 똑같은 공동의 운명에 처해 있다. 빨리 이 3국이 단합된 블럭 경제체제를 만들어야 한다. 해저터널도 만들어야 한다. 한국, 중국, 일본은 빨리 금융공조체제를 구축하고 가급적이면 유럽공동체(EU)처럼 동아시아 경세통합도 이루어야 한다. 이를 위하여 한중일 3개국 국민들 모두가 자유롭고 평화로운 입장에서 상호 협력적 합의를 한다는 전제 조건이 충족되어야 한다. 결코 일방적으로 무력이나 위협, 지배를 해서는 안 된다. 그런데 지금 이러한 금융공조체제 및 경제통합의 최대의 장애는 과거사를 정리하지 못하는 일본의 태도이다. 과거침략에 대한 진정한 사과와 만족할만한 배상책임이 이루어져야 다음 단계로 나아갈 수 있기 때문이다.

지금 유태계를 중심으로 한 국제금융재벌세력은 마치 굴레 벗은 말처럼 질주하는 너무나 거대한 세력이므로 아마도 이 세상의 어느 국가의 권력도 이 세력의 역사성을 뒤엎지는 못할 것이다. 전 세계에 심각한 금융위기와 빈익빈 부익부 빈익빈을 초래하여 전 세계인의 약 4분지1을 빈곤 속에 몰아넣고 매년 3천 만 명이 굶어 죽게 하는 주요 원인이 되고 있다. 우리나라가 할 수 있는 일은 동아시아 한중일 3국이 단합하여 이 국제금융재벌세력의 경제침략을 방어하고 또한 이 들 세력의 진정한 정체와 지배구조를 잘 파악하여 허망하게 속거나 당하지 않도록 현명하게 대처하는 것이다. 우리나라가 정신을 차리지 않으면 순식간에 흥청거리던 모든 것을 이들로 부터 강탈당하여 마치 마르케스 작가의 그린 '백년동안의 고독'이라는 소설의 내용처럼 전 국토가 금방 폐허로 변하고 말 것이다. 앞으로 해외의 유명한 정치인, 금융기관, 국제기구, 언론, 학계 등의 인사들의 평가나 주장들에게 너무 쉽게 현혹되지 않도록 잘 분별하여 들어야 한다. 이들은 사실상 국재금융재벌세력들의 이익을 실현시키기 위한 앞잡이 이거나 대리인일 수도 있기 때문이다. 그리고 우리나라의 정보기관들은 이 국제금융재벌세력들의 기획, 작전 전략, 사용수단, 투자의 움직임 그리고 지배구조 등을 늘 최대한 잘 파악하도록 노력해야 할 것이다.

10. 부록

1. 글로벌 금융위기 반복성의 인과관계 지도 (Causality Map of Repeated Global Finance Crisis)

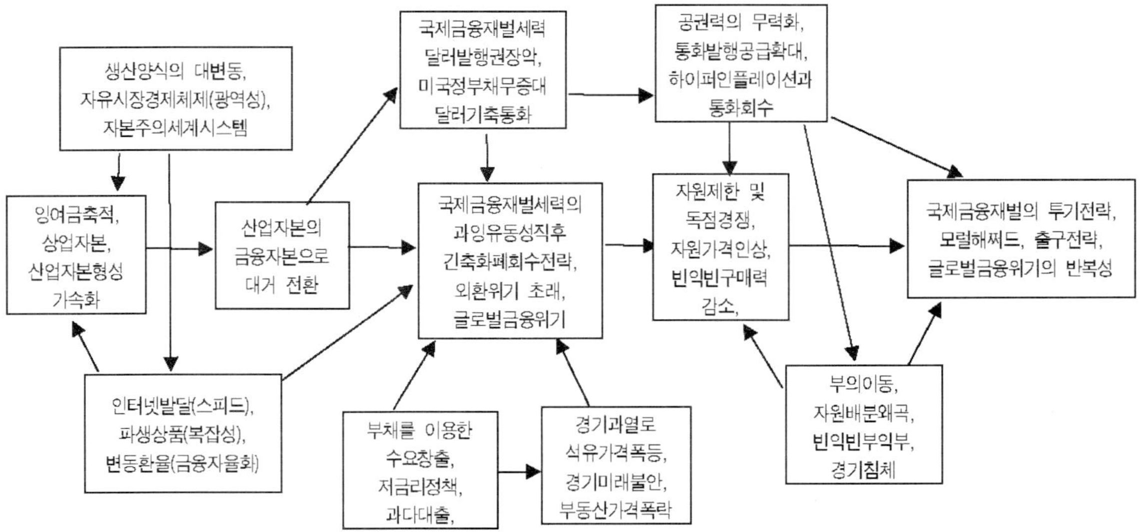

2. 참고문헌

다니엘 벨 지음, 오세철 옮김, 『자본주의의 문화적 모순』, 전망, 1980.
로날드 L. 미크 지음/김제민 옮김, 『노동가치론의 역사』, 풀빛, 1985.
쑹홍빈 지음, 차혜정 옮김., 2009, 『화폐전쟁』, 랜덤하우스코리아(주).
엘빈토플러, 김원호 옮김, 2009, 『불황을 넘어서』, 청림출판.
남중헌, 2003, 『리엔지니어링조직재설계』, UUP.
남중헌, 2005, 『신삼민주의(新三民主義)』, UUP.
남중헌, 1990, 『조직사회의 근본문제』, 형설출판사.
다니엘시로 지음, 남중헌, 이득연 옮김, 『근대세계의 형성과 세계체계』, 대영사.
마틴 울프 지음, 김태훈 옮김, 2009, 『금융공황의 시대』, 바다출판사.
김성환, 2008.12, 『울산대학교논문집 제15권 2호』, 「금융자유화의 재검토」, UUP.
조지소로스 지음, 형선호 옮김, 1998, 『세계자본주의의 위기』, 김영사.
스티브 마빈, 1998, 『한국에 제2의 위기가 다가오고 있다』, 사회평론.
소에지마 타카히코 지음, 박선영 옮김, 2008, 『연쇄하는 대폭락』.
자크아탈리 지음, 양영란 옮김, 2009, 『위기 그리고 그 이후』, 위즈덤 하우스
케빈 필립스 지음, 이건 옮김, 2009, 『나쁜 돈』, 다산북스.
존 헐 지음, 최원석 외 옮김, 1998, 『파생상품의 이해』, 장은경제연구소.
최혁 저, 2009, 2008 『글로벌 금융위기』, K-books.
아사쿠라 케이 지음, 김웅철 옮김, 2008, 『대공황2.0』, 매일경제신문사.

그밖에
조선일보, 월간조선, 동아일보, 월간동아, 중앙일보, 한겨레신문, 경향신문, 국민일보, 매일경제, 한국경제, 한경비지니스.
각종 인터넷 자료 검색, 미네르바의 글.
관세청, 수출입동향
한국은행, 기업경영분석,

Karl Marx, Capital; *A Critique of Political Economy(edited by Engels)*, International Publishing Co., 1967, pp.156-368.
Alvin Toffler, *The Third Wave*, William Morrow and Company Inc., 1980.
DamPour & Fariborz, "Oranizational Innovation;A meta-Analysis of Effects of Determinants and Moderators", *AMJ*, 34, pp.555-590.
Daft, R. L., *Organization Theory and Design*, South-Western College publishing,

1998, pp.346-348.

Lawler, E. E., "Pay the person, not the job", *Industry Week, December 7*, 1992, pp.19-25.

R. S. Kaplan & D. P. Norton, "Linking the Balanced Scorecard Measures that drive Performance," *Harvard Business Review*, Jan-Feb 1992, pp.71-79.

R. S. Kaplan & D. P. Norton, "Using the Balanced Scorecard as a Strategic Management System," *Harvard Business Review*, Jan-Feb 1996, pp.75-85.